JN213991

改訂新版

講座

算数授業の新展開

第1学年

1

新算数教育研究会 編
東洋館出版社

はじめに

　新算数教育研究会では，創設以来，過去半世紀にわたり算数教育の進展とわが国の子供たちの学力向上を目指し，種々の活動を展開してきました。この間，小学校学習指導要領が改訂されるたびごとに，役員，地区理事，支部など新算研の組織をあげ，多くの皆様のご協力により，改訂の趣旨を踏まえた算数科の授業改善に向けての講座を刊行してきました。

　平成29年3月31日の小学校学習指導要領改訂（平成29年改訂とする）を受け，これまで同様，『講座・算数授業の新展開』（全6巻）を刊行することとなりました。金本良通副会長（当時）を編集委員長として，本部役員，地区理事並びに支部の方々の全面的なご協力により刊行の運びとなりました。皆様のご協力に感謝申し上げます。また，この講座が，今後の算数教育の改善・充実にお役立ていただきたくお願い申し上げます。

　第二次世界大戦後の教育課程の基準の編成・改訂について，小学校学習指導要領の改訂に焦点を当てて振り返ると，大きく三つの時期，第Ⅰ期：教育の再建を目指した時期，第Ⅱ期：成長社会への対応を目指した時期，第Ⅲ期：成熟社会への対応を目指した時期に分けることができます。さらに，各時期は，それぞれ第Ⅰ期：1950年代（第Ⅰ次）「経験の再構成としての生活の改善」，第Ⅱ期：1960年代（第Ⅱ次）「教科の特性の強調と内容の系統化」，1970年代（第Ⅲ次）「教育の現代化と数学教育現代化」，1980年代（第Ⅳ次）「数学教育現代化の軌道修正」，第Ⅲ期：1990年代（第Ⅴ次）「教育における質的転換としての新しい学力観」，2000年代（第Ⅵ次）「教育内容の厳選と個に応じたきめ細かな対応」，2010年代（第Ⅶ次）「知識基盤社会への対応と習得・活用・探究の重視」，2020年代（第Ⅷ次）「第四次産業革命（人工知能（AI））への対応と自立・協働・創造の重視」に区分できます。

　平成29年改訂は第Ⅲ期の締めくくりの改訂と位置付けることができます。今後の第Ⅳ期では，「価値ある新たなものを創造する社会」への変容を視野に入れ，「数学が国富の源泉となる経済」，いわば「数理資本主義の時代」[1]の到来を射程においた改革が胎動しています。したがって，言語読解力，情報活用能力，数学的思考力等を支える素養としての数理科学リテラシーを育み，言語としての数学を視野に入れた広い言語観に立って言語力を育成していくことが大きな課題となってくるでしょう。

　以下では，平成29年改訂で特徴的なことで，算数教育を充実させていくために参考にしてほしいことを三つ述べます。

第一は，「人間ならではの強み」に着目していることです。そのため，「解き方があらかじめ定まった問題を効率的に解いたり定められた手続を効率的にこなしたりすること」にとどまらず，「主体的に学び続けて自ら能力を引き出し，自分なりに試行錯誤したり，多様な他者と協働したりして，新たな価値を生み出していくために必要な力を身に付け」ることや「予測できない変化に受け身で対処するのではなく，主体的に向き合って関わり合い，その過程を通して，自らの可能性を発揮し，よりよい社会と幸福な人生の創り手となっていけるようにする」ことが重要であるとしています[2]。問題発見とその解決，つまり広義の問題解決を中核に据えた探究的な学びを遂行できることに大きな期待が寄せられています。そして，算数・数学科における探究的な活動としての数学的活動を，教育の目標，内容，方法の三位一体で捉え，算数・数学科で一貫したこと[3]，とりわけ，教育の内容として〔数学的活動〕が同じ枠組みで統一的に示されていることは意義深いことです。

　さらに，平成10年改訂で「概念」が「意味」に改められ現行まで継承されてきたものから平成29年改訂で「概念」に復活したこと，教科目標が二重の構造で示されることとなり具体的な目標の三本柱で「発展・統合」（第二の柱）と「数学のよさ」（第三の柱）が同時に明示されたこと，いずれも，「人間ならではの強み」への着目からみて評価できます。「概念」は人間が創造したものであり，それにより様々な事象に潜む数理を顕在化することを可能にしてきました。「発展したり統合したり」することは数学的な考察の視点として重要です。しかし，平成元年改訂では，数学教育現代化の軌道修正との関係で，数学教育現代化へのしこりが残っていたこともあり，復活させることができませんでした。そこで，「発展・統合」の動因としての「数学のよさ」を強調することで現行まで継承されてきています。これが，上述のように平成29年改訂では教科目標で同時に示されることとなりました。

　第二に，「理解」の位置付けについてです。「理解（understand）」は，育成を目指す資質・能力の説明等で重要な役割を果たしています。学習評価における観点別学習状況の評価の観点が，学校教育法30条第2項の条文との関係で，従前の「知識・理解」と「技能」が「知識・技能」に統合されたことにともない，学習評価の観点からは姿を消すことになりました。従前の「知識・理解」は'knowledge and comprehension'とされ，「理解（comprehension）」は記憶再生型に近い意味合いで位置付けられており，「理解（understand）」とは質的に異なっていました。ですので，平成元年改訂では，「知識・理解」に代わる観点を検討したこともありましたが，よい案がみあたらず現行まで継続してきていました。

　平成29年改訂で，「理解（understand）」が，育成を目指す資質・能力の説明などでその中核に据えられていることは学習指導の改善で意義深いことといえます。最近，また，「理解させる」との表現が散見されるようになってきましたが，平成元年改訂では小中学校学習指導要領の文面では使役の表現を「理解」で

は使用しないようにしています。それは，第Ⅱ期の学習指導要領では，文部省（当時）から英訳されているものがありますが，そこで「理解させる」は 'to help pupils understand……' と英訳されており，英訳では使役の表現にはなっていません。つまり，理解，思考，判断，表現など「人間ならではの営み」を表現する重要な言葉については，「させられる」ものではないということでしょう。その意味では，教科目標の柱書き（総括的な目標）の重要の要素の一つとして「見方・考え方を働かせる」ことが位置付けられていることは重要です。これは，教科目標ですから，教える側の教師を主語としていますが，真意は「教師は子供たちに数学的な見方・考え方を働かせることを促し，それを顕在化し，適切に対応しつつ，その成長を促すこと」にあるとみて，「子供たちが自ら見方・考え方を働かせて探究を進めるよう導くこと」を重視して，授業改善に取り組みたいものです。

　第三は，言語としての算数・数学の役割についてです。平成 20 年改訂では，思考力・判断力・表現力等を育むために不可欠な学習活動が例示され，それらの基盤となるものは，「数式などを含む広い意味での言語」であるとされ，広義の言語観に立って，言語力の育成が強調されることとなりました[4]。しかし，平成 29 年改訂では，言語力は言語能力と改められています。その背景には「言語」を「日本語及び英語などの個別言語における話し言葉や書き言葉のことを指すこと」と限定し，その言語運用にかかわる能力を言語能力として狭義に用いることとしたからです[5]。

　言語観が，このように広義から狭義へと後退したことに危惧を感じ，「算数・数学ワーキンググループにおける審議の取りまとめ」[6]では，STEM（Science, Technology, Engineering, and Mathematics）教育の推進と OECD 生徒の学習到達度調査（PISA）の読解力の定義をよりどころとして広義の言語観にたち，「言語としての数学の特質が一層重視されてきており，このことに配慮する必要がある。」として言語としての算数・数学の役割を強調することとしています。このことにも十分に配慮したいものです。

　最後に，本講座の刊行に当たりましては，これまで同様，東洋館出版社の皆様，とりわけ，書籍編集部の畑中潤部長には大変お世話になりました。ここに記して感謝の意を表します。

2019 年初夏　　清水静海

（新算数教育研究会・会長）

引用・参考文献
1) 文部科学省・経済産業省／理数系人材の産業界での活躍に向けた意見交換会報告書「数理資本主義の時代」，2019.3.
2) 中央教育審議会答申，2016.12.
3) 平成 29 年改訂小中学校学習指導要領解説，算数編，数学編.
4) 中央教育審議会答申，2008.1.
5) 中央教育審議会教育課程部会，「言語能力の向上に関する特別チームにおける審議の取りまとめ」，2016.8.
6) 中央教育審議会教育課程部会，2016.8.

講座 算数授業の新展開 1（第 1 学年）
目　次

はじめに ………………………………………………………………………… 1

本書の見方 ……………………………………………………………………… 6

Ⅰ　育成を目指す資質・能力に基づく算数教育と第 1 学年の指導の重点 …… 7

育成を目指す資質・能力に基づく算数教育と指導の重点 ……………… 8

授業改善に向けて …………………………………………………………… 14

第 1 学年の目標及び指導内容の重点 …………………………………… 18

Ⅱ　第 1 学年の主要内容とその指導 …………………………………………… 21

A　数と計算 …………………………………………………………… 22

B　図形 ………………………………………………………………… 28

C　測定 ………………………………………………………………… 32

D　データの活用 ……………………………………………………… 36

Ⅲ　算数授業の新展開 …………………………………………………………… 41

1　数に親しみ算数を学ぶ楽しさを味わう
　　　―数の大小比較・一対一対応― …………………………………… 42
　　　［単元］数との出会い

2　順序数を用いて表現する ……………………………………………… 50
　　　［単元］順序数

3　ゲーム活動から数の合成・分解の見方を育てる …………………… 58
　　　［単元］数の合成・分解

4　数の並び方のきまりを見いだす ……………………………………… 66
　　　［単元］数の合成・分解

5　数量の関係に着目し，加法の計算の意味を考える ………………… 74
　　　［単元］加法の意味

6　数量関係に着目し，減法の計算の意味を考える …………………… 82
　　　［単元］減法の意味

7　複数の考えから統合的に考える ……………………………………… 90
　　　［単元］繰り上がりのある加法

8 数量の関係に着目し，減法の計算方法を見いだす ‥‥‥‥‥‥‥‥ 98
[単元] 繰り下がりのある減法

9 数量の関係を捉え，演算決定する
―加法及び減法が用いられる場合― ‥‥‥‥‥‥‥‥‥‥‥‥ 106
[単元] 加減法の図を使った演算決定

10 十進位取り記数法の原理についての基礎的な理解を図る ‥‥‥‥‥ 114
[単元] 100 までの数

11 2 位数の読み方や書き方を基に数の構成を考える ‥‥‥‥‥‥‥ 122
[単元] 100 より大きい数

12 ものの形や特徴の理解し，理由を説明する ‥‥‥‥‥‥‥‥‥ 130
[単元] ものの形

13 立体図形の構成要素に着目し，自分なりの言葉で表現する
―形を表す算数の言葉― ‥‥‥‥‥‥‥‥‥‥‥‥‥‥‥ 138
[単元] ものの形

14 様々な形づくりを通して形の構成の仕方を説明する
―形の構成と分解― ‥‥‥‥‥‥‥‥‥‥‥‥‥‥‥‥‥ 146
[単元] 形づくり

15 日常から見いだした算数を，また日常に戻す ‥‥‥‥‥‥‥‥ 154
[単元] 位置の表し方

16 ものの特徴に着目し，量を捉える ‥‥‥‥‥‥‥‥‥‥‥‥ 162
[単元] 量との出会い

17 量の大きさの比べ方を見いだし表現する ‥‥‥‥‥‥‥‥‥‥ 170
[単元] 長さ比べ

18 量の大きさの比べ方を考える
―面積や体積の比較― ‥‥‥‥‥‥‥‥‥‥‥‥‥‥‥‥‥ 178
[単元] 広さ比べ・かさ比べ

19 時計の動きから時刻を考える
―時刻の読み方― ‥‥‥‥‥‥‥‥‥‥‥‥‥‥‥‥‥‥‥ 186
[単元] 時刻と時間

20 身の回りの事象の特徴を捉える
―ものの個数を簡単な絵や図で表し，読み取る― ‥‥‥‥‥‥ 194
[単元] データを絵図に表す

21 数のまとまりに着目し，数を多面的に捉える
―まとめて数え，等分する― ‥‥‥‥‥‥‥‥‥‥‥‥‥‥ 202
[単元] 発展的な問題

編集委員会一覧 ‥‥‥‥‥‥‥‥‥‥‥‥‥‥‥‥‥‥‥‥‥‥‥‥‥ 210

執筆者一覧 ‥‥‥‥‥‥‥‥‥‥‥‥‥‥‥‥‥‥‥‥‥‥‥‥‥‥‥ 211

本書の見方

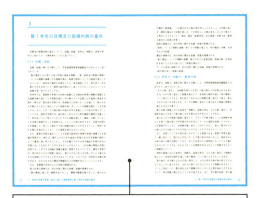

Ⅰでは，学年の目標及び指導内容の重点について解説しています。

Ⅱでは，各領域の内容とその指導について解説しています。

本時における「主体的・対話的で深い学び」となるポイントを解説しています。

Ⅲは，実践となります。最初に「資質・能力」「数学的な見方・考え方」「数学的活動」を踏まえた授業づくりのポイントについて紹介。

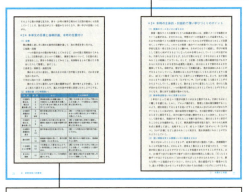

本単元の目標と指導計画が記述されています。主な評価規準の【知】は「知識・技能」，【思】は「思考・判断・表現」，【態】は「主体的に学習に取り組む態度」です。

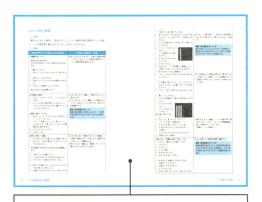

本時の展開です。「資質・能力育成のポイント」が盛り込まれています。

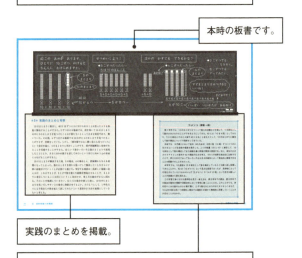

本時の板書です。

実践のまとめを掲載。

大学の先生や小学校の校長先生を中心に，実践者をご推薦いただいた方による指導コメント。客観的な評価が入ることで，本実践の指導のポイントがより分かるようになっています。

I
育成を目指す資質・能力に基づく算数教育と第1学年の指導の重点

1

育成を目指す資質・能力に基づく
算数教育と指導の重点

算数科の目標と指導内容の領域・学年区分の再編，
及び学習活動の充実に向けた数学的活動の役割と
上学年・下学年での特徴

（1）算数科の目標と内容領域，学年区分の見直し

① 「資質・能力」論に基づく目標の設定

　今日のわれわれの生活は，グローバル化が地球規模で進行し，高度に発達した情報社会の中で，物の価値さえ変わっていく日々に翻弄されるかのような様相を示している。この先の将来の社会は，ますます予測困難で，変化の激しいものになっていくであろうことは論を待たない。

　第4次産業革命ともいわれる新しい時代を迎えた現在，すでに進化した AI による様々な判断や制御，インターネット経由で機器の働きを最適化するシステム等が，日常生活の中で実装され，テレビ等のメディアでそのコマーシャルが流れない日はない。これからの時代は，「機械」が人間の仕事の大きな部分を取って代わり，社会や生活を大きく変えていくという予測もなされている。

　このような身の回りの物理的な環境，情報環境の変化，そしてますます予測困難な時代を迎える社会に旅立っていかなければならない現在の子供たちに，どんな資質・能力を身に付けさせるのか。学習指導要領の改訂は，その時々の社会の現状と課題を見極めた上で，現在の子供たちがいずれ社会で中心的に活躍する時代を見通し，将来の社会状況を予測しつつ，その時代に相応しい教育の目標や教科の内容を定め，子供たちの学びを設計するために行われる。

　2017（平成29）年3月に告示された新しい学習指導要領は，日々変化しつつ予測困難な将来の社会の中で，子供たちがそのような変化を前向きに受け止め，人間ならではの感性を働かせて社会や人生をより豊かなものにしていくことを期待する，中央教育審議会の「答申」に対応して作成された。

　算数科の新学習指導要領では，中学校及び高等学校の数学科と共通の総括的な目標として，「数学的な見方・考え方を働かせ，数学的活動を通して，数学的に考える資質・能力を育成する」ことが設定された。また，教科の目標は，算数科の指導を通して育成を目指す資質・能力が三つの柱で具体的に示された。

数学的な見方・考え方を働かせ，数学的活動を通して，数学的に考える資質・能力を次のとおり育成することを目指す。

(1) 数量や図形などについての基礎的・基本的な概念や性質などを理解するとともに，日常の事象を数理的に処理する技能を身に付けるようにする。

(2) 日常の事象を数理的に捉え見通しをもち筋道を立てて考察する力，基礎的・基本的な数量や図形の性質などを見いだし統合的・発展的に考察する力，数学的な表現を用いて事象を簡潔・明瞭・的確に表したり目的に応じて柔軟に表したりする力を養う。

(3) 数学的活動の楽しさや数学のよさに気付き，学習を振り返ってよりよく問題解決しようとする態度，算数で学んだことを生活や学習に活用しようとする態度を養う。

　このように，(1) では知識及び技能に関する目標，(2) では思考力，判断力，表現力等に関する目標，(3) では学びに向かう力，人間性等に関する目標が示されている。今回の改訂では，これまで主として数学的内容に焦点が当てられてきた算数科の指導内容が，子供たちの学びの過程としての数学的活動の中で育成を目指す資質・能力という観点から三つの柱に基づいて整理された。このいわゆる「資質・能力」論の立場から，「主体的・対話的で深い学び」の実現を目指し，そのための具体的な教材研究と授業の設計のあり方を探究することが課題となっており，これまでとはやや焦点の異なる深い教材研究が必要になっている。

　新学習指導要領で示された算数科の特徴は，教科目標と教科内容が，教科の本質につながる「数学的な見方・考え方」に基づいて整理されていることであり，さらに児童の学びの過程が数学的活動のプロセス（「算数・数学の問題発見・解決の過程」）として具体的に想定されていることである。特に，従来は個別の内容に依拠して例示されていた算数的活動の全体が，四つのタイプの数学的活動として示され，主体的・対話的で深い学びを実現する活動が，小学校と中学校の関連が見やすい形で整理されたことが注目される。

②内容領域と学年群（区分）の見直し

　新学習指導要領では，内容領域の構成が一部改められた。内容領域は，「Ａ 数と計算」，「Ｂ 図形」，「Ｃ 測定」（下学年），「Ｃ 変化と関係」（上学年），及び「Ｄ データの活用」の五つの領域となった。これは，小学校における主要な学習の対象，すなわち，数・量・図形に関する内容とそれらの考察の方法を基本とする領域（「Ａ 数と計算」，「Ｂ 図形」，「Ｃ 測定」），さらに事象の変化や数量の関係の把握と問題解決への利用を含む領域（「Ｃ 変化と関係」），不確実な事象の考察とそこで用いられる考え方や手法などを含む領域（「Ｄ データの活用」）が設定されたものである。

　今回の改訂では，児童の発達の段階を踏まえ，幼小の連携の視点，算数科と数

学科の接続の視点から，第1学年，第2学年と第3学年，第4学年と第5学年，第6学年の四つの学年群（区分）で育成を目指す資質・能力と，働かせる数学的な見方・考え方が示されている。重要なポイントは，この四つの学年群（区分）が，数学的な見方・考え方の成長とともに教科内容の質が高まっていく様相を示していることであり，ある学年の学習指導の設計のためには，このような数学的な見方・考え方の成長や，教科内容・教材の学年間のつながりを把握することが欠かせない。

「数と計算」領域は，「数概念の形成とその表現の理解，計算の構成と習得」をねらいとする領域として算数科の内容構成に位置付けられている。そして，その内容は次の四つに分類されている。

① 数の概念について理解し，その表し方や数の性質について考察すること
② 計算の意味と方法について考察すること
③ 式に表したり式に表されている関係を考察したりすること
④ 数と計算を日常生活に生かすこと

このうち，③の内容は，従前は「数量関係」領域に位置付けられていたものであるが，式による表現を用いた説明や式をよむこと等を重視する立場から，「数と計算」領域に位置付け直された。

「図形」領域の内容は，次の四つに大別されている。

① 図形の概念について理解し，その性質について考察すること
② 図形の構成の仕方について考察すること
③ 図形の計量の仕方について考察すること
④ 図形の性質を日常生活に生かすこと

このうち，③の内容は，従来「量と測定」領域の内容であったが，計量も図形を捉える観点として位置付け直され，「図形」領域に移行した。

従来の「量と測定」領域の内容のうち，上記の図形の計量以外の内容は，新学習指導要領では下学年のみの「測定」領域に位置付けられ，この領域で学習する内容は，次の4点が挙げられている。

① 量の概念を理解し，その大きさの比べ方を見いだすこと。
② 目的に応じた単位で量の大きさを的確に表現したり比べたりすること。
③ 単位の関係を統合的に考察すること。
⑤ 量とその測定の方法を日常生活に生かすこと。

「変化と関係」領域は，第4学年から第6学年において新規に位置付けられたものである。従前の「数量関係」領域では，主として「関数の考え」「式の表現と読み」「資料の整理と読み」が取り扱われてきたのに対して，新たに設置された「変化と関係」領域では，大きく二つの内容を取り扱うこととなっている。一つは，「関数の考え」に関わる内容である。これは，身の回りや数学の事象の変化における数量間の関係を把握して，それを問題解決に生かすことに関わる内容である。もう一つは，割合や比に関わる内容である。割合や単位量当たりの大き

さ，比などは，様々な事象における二つの数量の関係について，それらの数量の間に成り立つ比例関係を前提として，乗法的な関係に着目することで得られる概念である。これらは，二つの数量を比較するときに用いられる関係であり，また，その関係を数値で表現する際に用いられるものである。

算数科の新学習指導要領では，これまで「数量関係」領域の一部に位置付けられていた資料の整理や統計的な見方に関する指導内容が，新領域「データの活用」として全ての学年に位置付けられた。また，現行の中学校の「資料の活用」も，「データの活用」に改められ，これによって，義務教育段階の全体を通じて，統計的な内容の学習を強化する教育課程の形が整った。

算数科における「データの活用」領域の学習では，データを様々に整理・表現してその特徴を捉えたり，代表値やデータの分布の様子を知って問題解決に生かしたりするなど，統計的な問題解決の方法について知り，それを実生活の問題の解決過程で生かすことを学習する。そのような統計の学習を通じて，データについて多面的に捉えたり，結果を批判的に考えたりする力を育成すること，統計的問題解決の過程を経験し，そこでの手法を「方法知」として身に付けることの重要性に目を向けることが大切である。

(2) 学習活動の充実と数学的活動の役割：下学年・上学年での特徴
①数学的活動を通した学習の充実

今回の改訂では，「どのように学ぶのか」という具体的な子供の学びの過程について，数学的な問題発見や問題解決の過程を重視することが求められている。特に，問題の発見や解決の様々な局面とそこで働く数学的な見方・考え方に焦点を当てて児童の活動を充実するために，用語「算数的活動」を「数学的活動」と改めることによって，問題発見や問題解決のプロセスを中核に据えた学習指導の趣旨が一層徹底された。

数学的活動は，「事象を数理的に捉えて，数学の問題を見いだし，問題を自立的，協働的に解決する過程を遂行すること」と規定された。「日常生活の事象」及び「数学の事象」を対象として，算数の表現を活かしながら伝え合う活動を中核とし自立的，協働的に問題解決する過程が重視されたのである。また，下学年に特徴的な活動として，身の回りの事象を観察したり，具体的な操作等，小学校に固有の行為を行ったりする活動も重視されている。このような活動を通して，数量や図形を見いだし，それらに進んで関わっていく活動が明確に位置付けられ，幼小の連携も重視されている。

指導計画の作成に当たっては，単元など内容や時間のまとまりを見通して，その中で育む資質・能力の育成に向けて，数学的活動を通して児童の主体的・対話的で深い学びの実現を図るようにすることが大切である。その際，数学的に考える過程を振り返り，その中で数学的な価値の点検を大切にしながら，「数学的な見方・考え方」が三つの柱の全ての面で資質・能力に関わりながら働いて，それ自体がより豊かで確かなものとなっていくという視点を大切にしたい。

1　育成を目指す資質・能力に基づく算数教育と指導の重点

さらに，数学を学ぶための方法である数学的活動は，児童からみれば学習の内容であるとともに目的でもあるとして，『学習指導要領解説算数編』では，そのことが次のように述べられている。

「数学的活動は，数学を学ぶための方法であるとともに，数学的活動をすること自体を学ぶという意味で内容でもある。また，その後の学習や日常生活などにおいて，数学的活動を生かすことができるようにすることを目指しているという意味で，数学的活動は数学を学ぶ目標でもある」

（文部科学省，2017，71～72ページ）

数学的活動の位置付けについては，A～D領域との関係が，縦軸と横軸の関係で「図1」のように示されている。指導内容としての数学的活動は，A～D領域の内容と分けて指導するのではなく，A～D領域の内容あるいは，それらを相互に関連させた内容の学習を通して行われるものであることが強調されている。

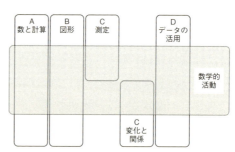

図1　数学的活動とA～D領域の関係
（文部科学省，2017，41ページ）

学習指導に当たっては，方法として，内容として，そして目的としての数学的活動を明確に位置付けて，数学的活動を中核に据えた学習を，各領域の内容の学習と密接に関わらせながら進める必要がある。

②数学的活動の役割：下学年・上学年での特徴

上述の通り，算数科では，数学的活動を通して数学的に考える資質・能力を育成することが目標とされている。実際の数学的活動においては，数学的な見方・考え方を働かせて問題発見や問題解決に取り組むこととともに，解決の後にその過程自体を振り返り，どのような見方・考え方が用いられたかを考察してその意義を知ることが大切である。また，算数科の学習では，数学的な方法の簡潔さや単純さをよしとすること，用いる数学的表現が明確であり的確に意味を示すことに価値があるといったことにも注目し，その検討の過程で学びに向かう力や人間性に関わる資質・能力を育成することが求められる。

このような形で数学的活動を重視する場合，下学年と上学年とで活動の類型が異なることに注意がいる。従前は，各学年の内容に直接関連させる形で4～5個の「算数的活動」が例示されていた。これに対し，新学習指導要領では，数学的活動は基本的には三つの類型に整理され，下学年では四つに類型化されて構造的に示された。

実際，新学習指導要領では，下学年と上学年での位置付けをそれぞれ区別した上で，次のように数学的活動の類型が示されている。

ア　数量や図形を見いだし，進んで関わる活動　（下学年のみ）

イ　日常の事象から見いだした問題を解決する活動　（上学年ではア）

ウ　算数の学習場面から見いだした問題を解決する活動　（上学年ではイ）

エ　数学的に表現し伝え合う活動　（上学年ではウ）

　全学年に共通する活動であるイ，ウ，エは，日常生活と算数における問題発見・解決にそれぞれ対応するイとウ，及び両者において必要となる説明に対応するエによって構成されている。下学年においては，身の回りの事象の観察や具体的な操作等を通して数量や図形を見いだし，それらに進んで関わる活動を重視した活動として，アが追加されている。

　これらの類型ごとの具体的な活動の記述は，第1学年，第2・3学年，第4・5学年，第6学年の四つの帯（バンド）に分けて示されており，各学年段階の学習内容に対応して活動の質が高まっていく様相が示されている。例えば，第1学年におけるイは「日常生活の問題を具体物などを用いて解決したり結果を確かめたりする活動」である一方，第2・3学年では考察対象が「日常の事象から見いだした算数の問題」に，また用いるものが「具体物，図，数，式など」になる。問題解決の振り返りに関わる活動についても，第4・5学年において解決の結果を「日常生活等に」生かすことが，さらに第6学年において「解決過程を振り返り，結果や方法を改善」することが付加されている。

　エは，主として学習過程における数学的表現の使用やコミュニケーションに関わる活動である。説明に用いるものとして言葉，数，式，図，表，グラフなどが挙げられ，第6学年ではそれらを「目的に応じて」用いることが求められている。この場合の説明の対象とは，「問題解決の過程や結果」であり，そこでは事実や手続き，思考の過程，判断の根拠や工夫したこと等が例示されている（文部科学省，2017，72〜74ページ）。

　以上のように，数学的活動を通して行われる学習指導においては，上記の各類型とその意義を考慮して，当該の学年の指導内容に適した数学的活動を設定するとともに，学年段階の上昇に伴って数学的活動自体の質が高まっていくことを，授業場面に即して具体的に検討することが重要である。

引用・参考文献
中央教育審議会（2016），「幼稚園，小学校，中学校，高等学校及び特別支援学校の学習指導要領等の改善及び必要な方策について（答申）」，文部科学省.

2

授業改善に向けて

　算数科の目標からは，次代を生きる子供たちに算数科指導を通して身に付けたい三つの資質・能力～活用を可能にするために体系化された知識・技能，それを活用して未知の文脈でも課題解決を推し進めていくための思考力・判断力・表現力等，さらには，この二つの力を活躍させて問題解決に自ら立ち向かい，粘り強く学び進もうとする姿勢及び態度～を明確に掴むことができる。特に，概念の理解，統合的・発展的に考察，そして簡潔・明瞭・的確に表現など，これまでの算数・数学指導において大切にされてきたことを改めて明示することでそれらを重視するとともに，日常の事象の数理的処理，よりよく問題解決する態度など，これからの算数・数学指導で加えて大切にしていきたい方向が示されている。

　また，この三つの柱で示された資質・能力の育成に向けて，数学的な見方・考え方を働かせた数学的な活動を充実させることを柱書で強調したことも特筆すべきことである。算数科の学習過程と育成する資質・能力との関係を明確にするために，これまでの算数的活動を発展・充実させて数学的な活動と中学校・高等学校のそれと名称を統一するとともに，数学的な見方・考え方を軸に据えて，学習者がその成長を実感しながら学び進む問題解決の重要性を明確にしている。内容ベイスから能力ベイスでの学習活動を実現するために，算数科らしい問題解決学習の実現を目指そうとしていることが分かる。

　三つの柱で示された資質・能力を育成していくためには，子供たちが学習に主体的に関わり，学ぶことの意味や自分の成長を実感したり，他者との対話を繰り返しながら考えを深めたり広げたりしていくことが大切である。また，形式的に知識や技能を覚えこむ学びに留まることなく，身に付けた資質・能力を様々な課題解決に進んで活かしていけるように学びが深まっていくことが期待されている。子供は，このような主体的・対話的で深い学びによって，学んだことの意味を新たな学習や実生活に結び付けて理解したり，未来を自らが切り拓くために必要となる資質・能力を身に付けたり，さらには生涯にわたって能動的に，そして粘り強く学び続けたりすることができるようになるのである。

　なかでも，算数の本質を追究する深い学びの実現には，数学的な見方・考え方を働かせた数学的活動の充実が欠かせない。数学的な見方・考え方とは，どのような視点で物事を捉え，どのような考え方で思考していくのかというその教科等ならではの物事を捉える視点や考え方であり，算数・数学を学ぶ本質的な意義の中核をなすものである。児童自らが数学的な見方・考え方を自在に働かせながら算数を学ぶことができるように，新学習指導要領において目標と内容に明示され

た数学的活動をいかに組織していくかが大きな課題と言える。

□1□ 授業のゴールを変える

　資質・能力の育成に向けたこれからの算数の授業づくりにおいて，まず大切にしたいことは学習のゴールを見直すことである。

　これまでの内容ベイスの授業では，何を知っているか，または何ができるかが，学習のゴールとしてのまとめに位置付くことが多かった。しかし，資質・能力ベイスの授業においては，いかに数学的な見方・考え方を働かせて問題解決に取り組んだのか，それがどのように成長したのか，さらに学びの結果として新たに何ができるようになったのかなど，授業を終えて身に付いた力～算数を学び賢くなったこと～を授業のまとめとして子供自身が自覚できるようにしていくことが必要である。

　このように授業のゴールを変えるためには，授業の入口での課題やめあての見直しや思考対象の見極め，さらには思考プロセスなどの再検討が求められており，教材解釈の転換が求められている。また，従来授業の終末時のみに行われているいわゆる「まとめ」が，必要に応じて問題解決の過程において明示的に繰り返して行われることも想定されるなど，問題解決の在り方を問い直すことも必要である。

□2□ 数学的活動を組織する

　ゴールが変わるということは，問題解決の質的転換が期待されていることを意味する。算数ならではの見方・考え方を働かせながら，知識・技能を習得したり，習得した知識・技能を活用して探究したりすることにより，知識の習得やその構造化を図り，技能の習熟・熟達にもつなげながら，より広い領域や複雑な事象を基に思考・判断・表現できる力を育成することが大切である。これが資質・能力ベイスの授業づくりが目指すゴールであり，今後は内容（コンテンツ）か資質・能力（コンピテンシー）かの二極対立的な対立や比較を超えて，新しい教育が目指そうとしている方向を，子供に育成すべき資質・能力で語ることが大切である。

　このような資質・能力を育成していくためには，従来の学習過程を見直して資質・能力ベイスの授業づくりの在り方を確認する必要がある。内容の習得を最優先の課題とした学習過程ではなく，事象を算数の価値（見方）から捉えて問題を見いだし，問題を算数・数学らしい認知・表現方法（考え方）によって自立的，協働的に解決し，解決過程を振り返って概念を形成したり体系化したりする過程といった問題解決の過程を丁寧に進めていく必要がある。

　問題解決の学習過程や指導方法が一定の枠に閉ざされてしまい，特定の学習過程や指導方法の「型」に縛られて形式化・形骸化してはいないだろうか。日々の授業研究の取組も，狭い意味での授業の方法や技術の改善に終始していたのでは指導観の転換は難しい。今回の改訂を，算数の問題解決学習を見直すチャンスと

2　授業改善に向けて　　015

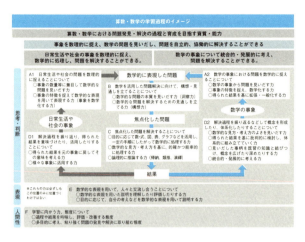

して捉え，その質的転換を図ることが期待されている。

今回の改訂の方向性を示した中教審答申では「算数・数学の学習過程のイメージ」が提示された。これは資質・能力ベイスでの授業づくりの方向性を示すもので，算数・数学が本来求めている問題解決の過程を改めて確認することが大切であることを意味している。「算数・数学の学習過程のイメージ」には，算数・数学の問題発見・解決の過程が示されている。これは「数学的に考える力（「日常事象の考察に算数・数学を生かすこと」「算数・数学の世界で事象を考察すること」「論理的に考えること」）」を育成するプロセスと対応するものであるが，このプロセスを辿る過程で，そこに示された資質・能力の育成を目指していくことが数学的活動であり，これからの授業づくりではその実現を目指すことが期待されている。

今回，算数科の学習過程と育成する資質・能力との関係を明確にするために，数学的活動を，数学的に問題解決する過程（事象を数理的に捉え，数学の問題を見いだし，問題を自立的，協働的に解決し，解決過程を振り返って概念を形成したり体系化したりする過程）を遂行することと規定することで，算数によって育成される資質・能力を育むための学習活動そのものを示すという立場を明確にしたわけである。

これによって，これまでの学習指導要領に例示された内容が算数的活動といった誤解が解消されるとともに，中学校における数学的活動の示し方と同様な考え方に立って小学校の数学的活動も上表のように整理された。

しかし，数学的活動の枠組みを整理することが，必ずしも問題解決の質を高めることにはならないことは言うまでもない。数学的活動の質を高めることで問題解決の過程がうまく機能し，算数の本質を追究する学びを子供が経験していくこ

とが求められている。教師は問題解決の過程を辿って算数を教えたけれど，子供はその過程で算数を学んでいなかったという状況に陥らないための指導の工夫が必要になる。

□3□ コンテクスト（文脈）を子供と教師とで描く

その問題解決の過程を用意しただけでは，資質・能力を育成する学びはスタートしないことはこれまでの実践が物語っている。問題解決の過程において，子供が主体的・対話的で深い学びを営むためには，学習過程を主体的に学び進むためのコンテクスト（文脈）が極めて大きな意味をもっており，資質・能力の育成を目指すためのコンテクストの開発が必要となる。

そのコンテクストの開発に当たっては次のようなアプローチが重要である。

(1) オーセンティックな学習場面の設定

まずは，子供にとってオーセンティック（真正）な学習の場を用意することである。日常事象の課題解決に算数を活かす展開及び算数の内容を統合的・発展的に創る展開のいずれにおいても，学習がオーセンティックであることは子供自らが算数の価値に出会い，それを納得することを可能にする。

算数を学ぶことの価値を実感する深い学びを実現するには，子供の学びと日常生活や学習での経験とを関係付けて問題解決の必要性や切実性を担保することが大切であるが，同時に数学的な見方・考え方を授業の中でいかに取り扱うかが鍵になる。それは，単なる興味・関心だけで授業を構成しても，教科が大切にすべき指導の価値を伝えるという役割を果たすことにならないからである。そこに，教科ならではの深い学びとなっているかどうかの境目がある。

教科指導は先人先達の文化遺産の継承という大切な役割を果たさねばならない。この文化の中には，多くの知恵が含まれており，それによって私たちはよりよい生活を営んだり，様々な課題解決をスムーズに行ったりすることを可能にしている。算数・数学指導を通してこの知恵を伝えていくには，知恵の中身であるどのような資質・能力を身に付けさせるのか，そしてその知恵が生まれてきた過程を経験させるために，どのような文脈で授業を描いていくのかという授業づくりの基本に立ち返り，現状の授業改善を推し進めることが必要である。

(2) 数学的な見方・考え方の明示的指導

次に，数学的な見方・考え方に気付けるような明示的指導を重視することである。見方・考え方の育成は，表面上異なったアイデアの裏側に共通するものの存在に気付くようにすることとも言える。算数の知識や技能を統合・包括するような鍵概念や算数ならではの認識・認知や表現の方法などに常に子供の関心が向くようにすることが大切である。

形式的な問題解決の過程に拘泥することなく，算数指導の本質を見極め，育成すべき資質・能力を明確にした上で，確かな算数らしい問題解決の過程を支えるコンテクスト（文脈）を子供とともに描いていくことが期待されていると言える。

2　授業改善に向けて

3

第1学年の目標及び指導内容の重点

　目標及び指導内容の重点について，知識・技能，思考力・判断力・表現力等，学びに向かう力・人間性等の三つから述べていく。

□1□ 知識・技能

　知識・技能に関する目標として，学習指導要領算数編解説では次のように述べられている。

　「数の概念とその表し方及び計算の意味を理解し，量，図形及び数量の関係についての理解の基礎となる経験を重ね，数量や図形についての感覚を豊かにするとともに，加法及び減法の計算をしたり，形を構成したり，身の回りにある量の大きさを比べたり，簡単な絵や図などに表したりすることなどについての技能を身に付けるようにする。」

　本学年では，算数科で学習する内容の基礎となる概念や性質の理解の基礎となる経験を繰り返すことや算数を豊かに学び続ける上で必要となる感覚の育成を目指す。例えば，数を表す学習では，具体物などを用いることを通して，数の大きさや数のまとまりに着目してその意味や表し方についての経験を積むことを大切にする。そのことが，その後の数の仕組みを学ぶ素地としての見方を育んでいくことになる。図形の学習では，身の回りにあるものの形を観察や構成の対象として，形を見つけたり形づくりをしたりする活動を通して，構成・分解していることを言葉で表現することを重視する。このことが形の色や大きさ，位置や材質などを捨象して，形として認めたり形の特徴を捉えたりできるようにし，図形に対する関心を高めるとともに，その感覚を豊かなものにする。

　また，算数の学習を進めていく上で必要な数学的な処理や表現の基礎となる技能を習得する。例えば，繰り上がりのある加法の計算の仕方を具体物の操作によって確実に身に付けるとともに，それを繰り下がりのある減法の計算の仕方の学習においても生かすことができるようにするように，これ以降の算数の学習に活用することができる技能の基礎を確実に習得できるようにする。測定の学習では，身の回りのものの特徴に着目し，量の大きさの比べ方を見いだしたり量の大きさを表現したりすることができるようにする。このことが，次学年の以降の長さや広さ，かさの大きさの測定や数値化などの技能を支えていくことになる。

　なお，各領域では次のような内容が指導される。

　数と計算の領域では，次の内容に関わる知識・技能が指導される。

　「数の構成と表し方（個数を比べること，個数や順番を数えること，数の大小

や順序と数直線，一つの数をほかの数の和や差としてみること，2位数の表し方，簡単な場合の3位数の表し方，十を単位とした数の見方，まとめて数えたり等分したりすること），加法，減法（演算決定，式の意味，計算方法，簡単な場合の2位数の計算）」

図形の領域では，次の内容に関わる知識・技能が指導される。

「図形についての理解の基礎（形とその特徴の捉え方，形の構成と分解，方向やものの位置）」

測定の領域では，次の内容に関わる知識・技能が指導される。

「量と測定についての理解の基礎（量の大きさの直接比較，間接比較，任意単位を用いた大きさの比べ方）」「時刻の読み方」

データの活用の領域では，次の内容に関わる知識・技能が指導される。

「絵や図を用いた数量の表現」

□2□ 思考力・判断力・表現力等

思考力・判断力・表現力等に関する目標として，学習指導要領算数編解説では次のように述べられている。

「ものの数に着目し，具体物や図などを用いて数の数え方や計算の仕方を考える力，ものの形に着目して特徴を捉えたり，具体的な操作を通して形の構成について考えたりする力，身の回りにあるものの特徴を量に着目して捉え，量の大きさの比べ方を考える力，データの個数に着目して身の回りの事象の特徴を捉える力などを養う。」

数と計算の領域における思考力・判断力・表現力等は，ものの数に着目し，具体物や図などを用いて数の数え方や計算の仕方を考えることである。

数のまとまりや数量の関係に着目して，ブロックや数え棒といった具体物や図などを使って数の数え方や計算の仕方を考えたり，その過程を表現したりすることを重視するとともに，具体物を数に表すことばかりでなく，徐々に数字からその数の大きさを捉えたり大小を比べたりすることができるようにしていく。

また，学習したことを日常生活に生かすことも重要である。算数の学習を通して，順に並ぶこと，数の大小を比べることで量の多少を比べること，時計をはじめ身の回りの数字を読むことなど，日々の生活がより効率的になったりより確かなものになったりする。そのようなことが算数を学ぶよさとして実感できるように価値付けていく。

図形の領域における思考力・判断力・表現力等は，ものの形に着目して特徴を捉えたり，具体的な操作を通して形の構成について考えたりすることである。

身の回りにある様々なものの形に着目して，ものの形や立体が身の回りでどのようなところに見られるか，それらの用いられ方にどのような特徴があるかということに気付いたり，敷き詰められた模様の中にいろいろな形を認めたりするなどして，形の特徴に関心をもつことが大切である。また，空き箱や色板，折り紙

3　第1学年の目標及び指導内容の重点

などの具体物を使って形を組み合わせたり分解したり，動かして形を変形させてみたりなどの操作を通して形の構成について考えることも重要である。

　測定の領域における思考力・判断力・表現力等は，身の回りにあるものの特徴を量に着目して捉え，量の大きさを比べる方法を考えることである。長さ，広さ，かさなどの量から身の回りの事象の特徴を捉えて，具体的な操作を通して量の大きさの比べ方を見いだすことが大切である。また，時刻と日常生活を結び付けるなど，児童の日常生活での活動などと時刻とを関連させ，学習の時間以外の学校生活や家庭生活で適切に用い，時刻への関心を高めていくことも重要である。

　データの活用の領域における思考力・判断力・表現力等は，データの個数に着目して身の回りの事象の特徴を捉えることである。身の回りの事象に関するデータに関心をもって，大小関係を絵などを用いて整理して表現し，どの項目がどの程度多いのかといったことを捉えることなどができるようにする。

□3□ 学びに向かう力・人間性等

　学びに向かう力・人間性等に関する目標として，学習指導要領算数編解説では次のように述べられている。
「数量や図形に親しみ，算数で学んだことのよさや楽しさを感じながら学ぶ態度を養う。」

　幼児期の生活の中でそれまでは意識せずに行ってきた認識や行動を基盤にしながら，数量や図形に親しみをもち，それらに対する感覚を豊かにするとともに，算数を学ぶことのよさや楽しさを感じながら学ぼうとする態度を養う。本来，児童は問題解決に興味をもち積極的に取り組む姿勢を有しており，それまでの生活や経験を無視して，算数の内容を指導してしまっては児童の学習意欲を削いでしまうことになる。教科の本質に関わって活動性に富むものや活動が興味深い内容で構成されているものに対して進んで取り組むといった児童の本性に根ざす数学的活動を積極的に取り入れることによって，算数の学びに登場する数量や形と出合ったりそれらを自覚したりしながら，楽しい算数の授業を創造していくことが大切である。

　本学年では，これまでの児童の生活経験を基盤としながら算数の学習との新たな出合いを実感できるように，算数の学習との出合いを大切にして，具体物を用いた活動などを有効に活用して，算数に主体的に関わって親しむことを重視する。この活動を基盤として算数を学ぶことが楽しいことを実感し，主体的に算数を学ぶことができるようにする。就学までの幼児期の教育において，遊びや生活の中で幼児が必要感をもって，数量などへの関心をもち，感覚が磨かれるような体験をしていることなどを踏まえ，指導の工夫を行うことが大切である。

Ⅱ
第1学年の主要内容と
その指導

1

第1学年の主要内容とその指導
A　数と計算

▫1▫　幼児の数や計算についての理解

(1)　幼児の数の概念や計算について

　就学前の子供たちは，大人が考えるよりも，インフォーマルに数や計算についての多くのことを学び，習得している。就学前の幼児は，家庭や就学前教育機関において20ぐらいの自然数であれば，具体物（ブロック，つみきなど）を用いて数を数えることができるようになる。数唱であれば20以上の数でも，唱えることができる幼児もいる。年中〜年長児になると数字や文字に興味をもち始め，数字を書いてみたり，簡単な計算を日常の文脈（お菓子の個数を求めるなど）で行ったりすることもある。しかしながら，幼児の実態は多様であり，すらすらと数唱できるからといって，数の多様な側面を一貫性をもって理解しているとは言えない。だからこそ，小学校入学後の数と計算の学習指導においては，個々の子供の多様な状況を把握しつつ，豊かな数学的活動を通して，適切な数の概念形成を図っていく必要がある。

　数概念の獲得や計算能力の獲得は，子供がこれから学んでいく数学教育の基本となり，同時に資質・能力の三つの柱の全てにも関わることでもある。数概念や計算についての知識及び技能の獲得は言うまでもなく，その獲得過程において，思考力・判断力・表現力等を磨くことで，数や記号を用いながら新しい見方・考え方を得て，子供の世界を広げていくことにつながる。これらのことは子供の内面で築き上げられる人間性の構築ともつながる。ここからもこの就学後の最初の学習は，子供にとって非常に大切なものとなると言える。

(2)　数のとらえ方とサビタイジング，5のまとまりの重要性

　幼児たちは身の回りの具体物を数える経験を積んでいる。就学後のほとんどの子供たちは10くらいの具体物を1つずつ数えることができるだろう。しかし，数をまとまりで捉える見方を身に付けている子供は，そう多くはない。具体物の数を1つずつ数えて捉えるのではなく，小さい集合として数を理解する知覚過程は「サビタイジング」と言われている[1]。

　「サビタイジング」には「知覚的サビタイジング」と「概念的サビタイジング」があるとされる。「知覚的サビタイジング」は，数学的なプロセスを経ずに数をパッと見て分かることで，生得的なものとされている。また「概念的サビタイジング」はある具体物の集合を，部分的に分けて捉えて，数量をパターンとして認識することを指している。例えば，図の5個の黒丸がいくつあるかを捉える際

に，概念的サビタイジングを有する子供は「2個と3個で5個」「2個と1個と2個で5個」「3個と2個で5個」と様々な見方で数量を瞬時に捉えることができる。

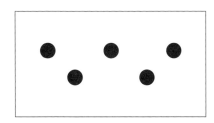

図：5の概念的サビタイジングの例

　概念的サビタイジングはパターン認識とも関係する。子供たちは4〜5個くらいの小さな数量に対して，概念的サビタイジングを行うことができ，教育的な働きかけにより，次第に大きな数（例えば7, 8, 9, 10）に対してもできるようになってくる。この概念的サビタイジングは，数の合成・分解を行い，計算を遂行していくための土台となるだろう。このことを踏まえると，小学校では具体物を数える際に，1つずつ数える段階から，まとまりとして具体物を捉えて総数を求めるという段階への移行を意識して指導することが重要である。

　また，10のまとまりを理解する前に5のまとまりを捉えるということも大切だろう。就学前の幼児は，指を折りながら数を数えることが多い。5のまとまりは指の数とも一致しており，子供にとって視覚的にも捉えやすい。幼児の中には，「5と5で10」というように5をまとまりで捉え，10のまとまりを作ることができる子供がいる。5を一つのまとまりとして見ることができれば「5と2で7」というような合成的な見方も可能となっていく。これは合成・分解という数の構成にも関わり，ひいてはそれが加法・減法の計算の仕方を理解する際にも影響する。まとまりの見方はその後の乗法や除法の学習にも関わる。就学後にまとまりとして数を捉えるには，具体物でランダムに表された表現ではなく，数図の使用（下図）が有効であると思われる。最後にまとまりとして数を捉えるという見方は，直観主義によるものである[2]。

図：数図の例

ロ2ロ　数の構成と表し方

　身の回りにあるブロックや積み木などの具体物を触って，並べたり，移動させたり，パターンを作り出すといった素朴な経験を積むことが，数の構成についての理解を深めていくための基礎となる。これらについては幼児期に子供たちは身の回りのものを自在に使って遊び込むことで，すでに経験している。

　数は人間が生み出した抽象的な概念である。数（自然数）はものの属性として，例えば「みかんが3つ」「男の子が5人」というように対象と結びついている。言いかえると，数は個々の具体的な対象から抽象化される概念である。子供たちは，具体物や半具体物，数字などの様々な媒体を用い，個人での操作や集団での話し合いを行う数学的活動を通して，具体的な対象と数を結び付けることによって数の様々な側面について理解を深めることとなる。

　数の構成や表し方については，最初に，様々な観点や条件に注目して集合を作ることや，集合の要素と数詞，数字とを1対1対応させて，ものの数を数える学習を行いながら，10までの数の構成について学び，理解して実際に使うことができるようになることが求められている。例えば「学校たんけん」という生活科の学習とも関連付けて，合科的な学習も可能となる。子供が主体的に身の回りのことを知っていくいい機会になる。入学後のスタートアップカリキュラムでも取り入れたい。

　次いで，1から10の数の読み方，書き方を学び，数の大小，系列，0について学ぶ。これらの過程で，子供が親しみをもつ具体的な場面や文脈を設定して，絵や図を用いておはじきやマグネット，算数ブロックなどを数える対象に対応づけ，子供が主体的・意欲的に数について知りたいと思える活動場面を設定することが重要である。これらの数学的活動を通して幼児期には経験的にしか理解していなかった「あらゆる場面で一貫して数を捉えることができる」ということを，友達や指導者との対話を通して子供自身が理解し，日常生活でも積極的に数や数字を使う姿勢を育むことが肝要である。

ロ3ロ　加法と減法[3)4)]

（1）加法と減法の意味と方法

　計算ができるようになることには，計算の意味を理解することと計算の仕方を理解するという2つの側面がある。前者については一般的に「合併」（同時に存在する2つの数量を合わせた大きさを求める場合），「増加」（ある数量に追加したり，増加したりしたときの大きさを求める場合），「順序数を含む加法」（ある順番から何番か後の順番を求める場合）の全てが加法で表されることを知ること，そして「求差」（2つの数量の差を求める場合），「求残」（ある数量の大きさから，いくらか取り去るときの残りの大きさを求める場合），「順序数を含む減法」（ある順番から何番か前の順番を求める場合と2つの順番の違いを求める場

合）の全てが減法で表されることを子供たちが知ることとである。文脈が変わるとなかには混乱する子供もいるため，具体的な文脈で経験させることを通して，この統合的な見方をしっかり押さえておきたい。

また計算の仕方については，答えを求める方法の原理を理解して，計算ができるようになる。つまり，計算の意味と仕方を理解して，初めて計算ができるようになるのである。また，計算方法の原理を理解するための前提として，数の合成と分解を自在に行うことができることと，十進位取り記数法を理解して，10のまとまりに注目することが挙げられる。

(2) 1位数の加法と減法の計算

1位数の加法には繰り上がりのない加法（和が10以内のもの）と繰り上がりのある加法がある。繰り上がりのない加法では算数ブロックなどを用いてその操作を通して，設定された文脈を捉え，立式して計算の仕方を話し合い，問題を解決するという一連の流れを丁寧に行いたい。算数ブロックをどのように移動したのかについて，行った操作や考えを，言葉やジェスチャーを用いて子供が話し合い，そこから統一の見解を見いだせるようにしたい。統一の見解を見いだした後も，個別に振り返りを行い，見つけたことをどのように使うのかということを考えさせたい。この学習の過程において，指導者からはそれぞれの子供たちの用いる言葉にも注意を払い，些細な違いや共通する点に注目するような支援があるとよい。

次に繰り上がりのある加法では，10のまとまりが基本となる。そのため，1つの数を分解したり，2つの数を合成して10を作ったりすることを子供は事前に学んでいる。10のまとまりを意識させるために近年では算数ブロックを収納するものが10個詰めとなっていることがある。これは10のまとまりを意識する教育的な配慮だと考えられるが，いつまでも10の枠にはめるという行為は望ましくない。子供が慣れてきたら，10個詰めのものは敢えて使用せず，子供自身が，10のまとまりを作ることができるようになることが計算を行う上で大切だと理解して操作する。そして，いずれは念頭で操作できるようになることを段階的に目指したい。

繰り下がりのない減法の場合でも加法と同様に式表示の前には具体物を用いた操作活動と言葉による表現から式による表現につなげたい。求差の文脈の場合には，求残に比べて2つの数量を考える必要がある。子供にとっては具体物による表現さえも難しいため，求差で行った操作を思い出しながら，行う操作は変わらないことや，求残と求差は同じ減法であることを，具体的な経験を通して子供たちが見いだすようにしたい。

繰り下がりのある減法の計算でも数の合成と分解の見方が基礎となる。計算の仕方として例えば15−9の場合，「被減数の15を10と5と捉えて，10から9をひいて1，1と5をたして6」とする減加法といわれる方法がある。これを式で表すと「15−9＝10＋5−9＝10−9＋5＝1＋5＝6」となる。また，「被減数の15を

1　A　数と計算　　025

10 と 5 と捉えた後に，減数の 9 を 4 と 5 として 15 から 5 をひいて 10，10 から 4 をひいて 6」とする減々法がある。これを式で表すと「15−9＝15−5−4＝10−4 ＝6」となる。10 の合成・分解で考えると減加法を用いる場合が多く，ものを操作するときには減々法をとることが多い。2 つの方法をまとめて一度に行うと子供を混乱させることになる。そこでどちらかの方法について考え，子供の様子を見ながら，別の方法についても取り上げ，最後はどちらの方法でも行うことができることを子供が見つけていき，最終的には子供がどちらの方法でも行うことができ，与えられた問題に応じて自由に方法を選ぶことができるようになるとよい。どちらか一つの方法ではなく，与えられた問題を様々な方法で子供が考えることができるようになることが大切である。

(3) 計算練習

　小学校では「習熟」と称して反復練習やドリルによる練習を，時間をかけて行っている場合がある。ともすれば算数の授業時間を全て計算練習に割いていることもある。計算の習熟は，計算の方法を理解し，正確にできるようになるためには必要なことである。しかし，筋力トレーニングのように計算問題をとにかく与え，時間を競い合い素早く計算できることを目的化する練習は避けた方がよい。計算が得意な子供にとってはそれでも楽しいかもしれないが，苦手な子供はますます計算が，ひいては算数が嫌いになる。小学校で算数が嫌いなったという数学が苦手な大学生も少なくない。小学生ができる限り算数好きになるように，練習にも一工夫が必要である。日常生活や他の教科でも子供が積極的に数や計算を使うことができるようになる，楽しくやりがいがある計算練習の工夫をしたい。

　以下はドイツの算数（数学）教科書に掲載されている計算練習の例である[5]。

5＋5＝	13−10＝	11−4＝
5＋4＝	13−9＝	12−6＝
4＋4＝	13−8＝	15−8＝
4＋3＝	13−7＝	17−10＝
3＋3＝	13−6＝	19−12＝

　この計算セットではただ計算をすれば終わりということではない。計算後に，数の並びについてパターンを見つけたり，あるいは逆に，パターンになっていない部分を見つけたりすることができる。また，答えが分かっており，式の中の数を考えるような問題にもアレンジが可能である。そのほかにも，次の段に来る式を予想して作ることや，自分自身でパターンを含む問題を作ってペアやグループで出し合うこともでき，用途に合わせて使用できる。もちろん，今後の学習で数が拡張された場合や異なる演算に対しても使うことができる，汎用性の高い練習形式でもある。

　ほかにも「石がき算」[5]という教材では，加法・減法の，計算練習を行いなが

ら，数のパターンや隠されたきまりを見つけて，話し合うことができる。このように計算練習を行った後でも考えたり話し合ったりするような生産的な練習（Productive calculation）の開発を，指導者自ら行うとよいのではないだろうか。

参考文献

1) Clements, H.D. (1999), Subitizing: What is it? Why teach it? *Teaching Children Mathematics*, 5 (7), 400-405.
2) 日本数学教育学会（編）(2010),『数学教育学研究ハンドブック』, 東洋館出版社.
3) 新算数教育研究会（編）(2011),『リーディングス新しい算数研究　整数の計算』, 東洋館出版社.
4) 橋本美保・田中智志監修, 藤井斉亮編 (2015),『教科教育学シリーズ　算数・数学科教育』, 一藝社.
5) Wittmann, Ch.E., & Müller, N, G. (2012). *Das Zahlenbuch 1*, Ernst Klett Verlag GmbH: Germany.
6) 山本信也 (2008),『算数脳ドリル たしざん王 石がき算—ドイツ式計算メソッド』, 学習研究社.

2

第1学年の主要内容とその指導
B　図形

　第1学年の図形単元では，ものの形を認め，形の特徴を知ること，具体物を用いて形を作ったり分解したりすること，前後，左右，上下など方向や位置についての言葉を用いて，ものの位置を表すことができるようにする。また，身の回りにある具体物の中から，色や大きさ，位置や材質などを捨象し，ものの形のみに着目してものを捉えることや，かどがあるなし，かどの個数が異なるといった形状の特徴を捉えることができるようにする。これらに関連して，具体物を操作しながら図形に関わりをもち，算数に関心をもつ活動を行えるようにすること，形を見つけたり形づくりをしたりする活動を通して，形について学ぶことの楽しさを感じる経験をしつつ，図形に対する関心を喚起し，感覚を豊かなものとすることが大切である。

◻1◻　ものの形を認めること

　「ものの形を認める」とは，身の回りにある具体物の中から，色や大きさ，位置や材質などを捨象し，ものの形のみに着目してものを捉えることであり，図形の概念形成の素地について経験することになる。具体的には，身の回りにある正面から見た屋根の形，ノートの形，折り紙の形などの平面の形に加えて，箱の形，筒の形，ボールの形などの立体についても，その面の形に着目して，「さんかく」，「しかく」，「まる」などの形を見つけることができるようにする。

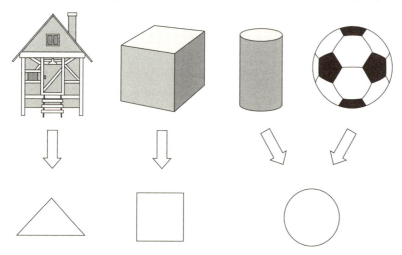

□2□ 形の特徴を知ること

「形の特徴を知る」とは，かどが有る無し，かどの個数が異なるといった形状の特徴を捉えることができるようにすることである。この場合，見て分かるということだけでなく，見ることなく，手で触ってみることでかどの有無やかどの数が分かり，その結果，どんな図形であるかを判断し，説明できるようにすることが望ましい。

また，ものの形に着目し，身の回りにあるものの特徴を捉えることはものの形や立体が身の回りでどのようなところに見られるか，それらはどのように用いられているかということに気付いたり，敷き詰められた模様の中にいろいろな形を認めたりすることである。

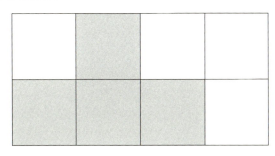

例えば，長四角の形は身の回りで多数みられるがそれらはかどや辺を合わせてぴったりと整理しやすくなっているために多用されているわけであり，トイレットペーパーは筒の形に巻かれているが，これはスムーズに回転させて取り扱いやすいように配慮されているものである。このように形の機能性にも配慮した特徴の捉え方を考えていくことが大切である。

□3□ 具体物を用いて形を作ること，分解すること

「具体物を用いて形を作る」とは，色板など使って身の回りにある具体物の形を作ったり，作った形から逆に具体物を想像したりすることである。一方，「具体物を用いて形を分解する」とは，身の回りにある立体や色板等を用いて作った形から，「さんかく」や「しかく」などを見つけられるようにすることである。特に，構成や分解の様子を，言葉を使って表すことができるようにするとよい。これらの活動を通じて，ものの色，大きさ，位置や材質等を捨象して，形を認め，形の特徴について捉えることができるようにする。さらに，形を構成したり分解したりする活動の中では，ずらす，まわす，裏返すなどして図形を移動したり，ぴったり同じ形や大きさは違うが同じ形を作ったりすることなどの活動を充実させることも大切である。ずらす，まわす，裏返すなどの活動は幾何学的変換に基づく図形の移動として捉えることができる活動であり，また，同じ形や大きさは違うが同じ形は合同な図形や相似な図形に相当するものであることから，いずれも数学的に重要な概念に繋がる内容として取り上げることができる。

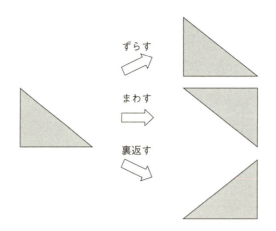

□4□ ものの位置を表すこと

　ものの位置を表す言葉には，前後，左右，上下などの方向を表すものと，一番前や何番目，真ん中などの位置を表すものとがある。これらは，例えば，何かを基準にして，前か後か，前から何番目か後から何番目かということから，これらを用いる際にはある一定のものを基準として決めて，それに応じて表現する必要があることを子どもが理解できるようにすることが大切である。このことについては，実際に児童が一列に並ぶ体験や具体物を並べる活動を取り入れることで，方向や位置を実感して捉えられるようにすることができる。

□5□ 図形のはめ込み（embedding）と取り外し（disembedding）

　形を敷き詰めて作られた模様の中に，魚の形や船の形を見いだす等の活動が考えられる。これは取り外し（disembedding）という活動にあたる。我が国では学習内容として個別に取り上げられているわけではないが，諸外国では，幼児時期から小学校の時期の学習における幾何学の重要な内容として取り上げられていることがある。これと対になる言葉として，はめ込み（embedding）がある。これは我が国の教科書等でも認められるように，輪郭の描かれた形について，色板などを当てはめていく活動にあたる。

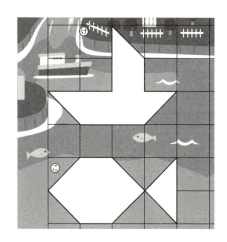
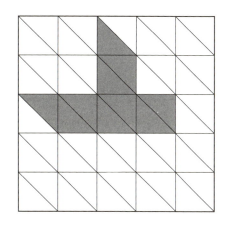

□6□ 本単元における数学的な見方・考え方を働かせた数学的活動

(1) 本単元で大切にしたい数学的な見方・考え方

本単元では，ものの色，大きさ，位置や材質を捨象して，形を認め，形の特徴について捉えるという考え方を働かせていきたい。また，ものの形に着目し，身の回りにあるものの特徴を捉えたり，具体的な操作を通して形の構成について考えたりする見方・考え方を働かせていくことで，ものの形を図形として見られるようにしていくことができる。これらを基にして，第2学年以降では，図形を認めて，それを基に様々な視点から考えていくことになる幾何学的思考の育成に繋げることができる。

(2) 本単元における数学的活動

本学年における「問題解決の過程や結果を，具体物や図などを用いて表現する活動」として，例えば，次のような活動が考えられる。具体的な操作を通して，形を作ったり分解したりする際には，形の構成の仕方について考えることになる。色板などを用いて，ロケットや家の形をつくり表現することが考えられる。さらに，箱の形を用いて，平らな面を使って重ねたり立てたりすることができるというように，その形のもつ性質や特徴を活用し，目的を達成したり問題を解決したりすることができるようにする。ここでは活用した性質や特徴を言葉で表現することもできるとよい。例えば，「家の屋根は三角だから，この形をここにつけるといいね」「筒の形は転がってしまうので，平らでない面の上には積み上げられないけれど，平らな面の上には高く積み上げられるよ」など。このようにして，性質や特徴が明確に意識できるようになり，形への関心がより一層高まるだろう。

参考文献
清水静海ほか (2014), 『わくわく算数1，2（平成26年）』，新興出版社啓林館．

3

第1学年の主要内容とその指導
C　測定

□1□　新設された「C 測定」の領域のねらい

　学習指導要領解説では，この領域のねらいについて，次の三つに整理して示されている。

・身の回りの量について，その概念及び測定の原理と方法を理解するとともに，量についての感覚を豊かにし，量を実際に測定すること
・身の回りの事象の特徴を量に着目して捉え，量の単位を用いて的確に表現すること
・測定の方法や結果を振り返って数理的な処理のよさに気付き，量とその測定を生活や学習に活用しようとする態度を身に付けること

　今回の改訂によって新設された「C 測定」領域においては，ものの属性に着目し，単位を設定して量を数値化して捉える過程を重視し，それぞれの量について，そこでの測定のプロセスに焦点を当てて学ぶことを重視している。

　従来の「B 量と測定」領域においては，直接比較から間接比較，任意単位による測定，普遍単位による測定という一連のプロセスを大切にし，そこで働かせる数学的な見方・考え方が育成される内容と，面積や体積のように，図形を構成する要素に着目し，図形の性質を基に，量を計算によって求める内容や，二つの数量の関係に着目し，数量の間の比例関係を基に，量を計算で求める単位量当たりの大きさや速さの内容があった。今回の改訂においては，従前の「B 量と測定」の内容を，測定のプロセスを充実する下学年での「C 測定 (下学年)」領域と，計量的考察を含む図形領域としての上学年の「B 図形」に再編成されている。各領域において，ねらいが焦点化されていることに着目して，主要内容を捉えると共にその指導を構想する必要がある。

□2□　主要内容の概観

　第1学年の「C 測定」の領域では，次の事項を主要な内容として取り扱う。

```
1    量と測定についての理解の基礎
   ○量の大きさの直接比較，間接比較及び任意単位を用いた大きさの比べ方
2    時刻の読み方
   ○時刻の読み方
```

　上記の主要な内容について，児童は，入学前の段階において具体物を操作しながら量との関わりを深めている。また，量の大小を比べたり，量の大きさを身体を用いるなどして表したりしている。これらの経験に基づき，第1学年の「C測定」の領域においては，日常生活や学校生活との接続を重視し，具体物を操作しながら量に関わりをもつとともに，算数に関心をもつ活動を充実することが大切である。また，学習指導要領解説の中で示されたように，この領域で働かせる数学的な見方・考え方に着目して，次のように主要な内容を理解することが大切である。

数学的な見方・考え方	身の回りにあるものの特徴などに着目して捉え，根拠を基に筋道を立てて考えたり，統合的・発展的に考えたりすること		
内容の整理	量の概念を理解し，その大きさの比べ方を見いだすこと	目的に応じた単位で量の大きさを的確に表現したり比べたりすること	量とその測定の方法を日常生活に生かすこと
第1学年の主要内容	・長さの比較 ・広さの比較 ・かさの比較	・日常生活の中での時刻の読み	・量の比べ方 ・時間

※内容のうち，単位の関係を統合的に考察することは，第2学年から始まる。

(1) 長さ，広さ，かさの比較
①量の大きさの直接比較，間接比較
　量の大きさの直接比較及び間接比較においては，形式的な量の比べ方の理解に留まることなく，量の大きさを比べる活動を通して，その量についての理解が深まることを指導者が理解した上で指導することが大切である。例えば，長さを比べる中で，曲線（曲面）部分から長さを見いだしたり，水のかさを比べるために別の容器に移し替える中で量の保存性に気付いたりするなど，量の大きさを比べる中で量の概念についての理解が深まる。つまり，比較・測定活動の中から児童は量の概念を豊かにするのである。

　また，第1学年で取り扱う長さ，広さ，かさは，それぞれ平面や空間を捉える上での基本的な量であるが，特に長さは，「C測定」の領域だけでなく，「B図形」の領域でも取り扱う様々な量の中で基本的な量である。第1学年の指導においては，長さを比べる活動に基づいて，類比的に広さやかさの比べ方を考察する等，学習の連続性・発展性を重視した指導が大切であり，このような指導をとおして，量の大きさの比べ方を次の算数の学習や日常生活に生かすことにつながるのである。

3　C　測定

②任意単位を用いた大きさの比べ方

　任意単位を用いた大きさの比べ方（及び測定）の指導に当たっては，直接比較や間接比較が難しい場合の量の大きさを比べるアイデアとして導入することが大切である。具体的には，量の大きさを比べる際，ものを移動して直接重ね合わせることが難しかったり，適当な大きさの媒介物がなかったりする場合や，一度に多くのものの量の大きさを比べる場合などがこれに当たる。任意単位による大きさの比べ方の指導では，上記のような日常生活の場面を位置付け，どのように大きさを比べたらよいかと言った焦点化した問題をつくって比較・測定の方法を考察することで，任意単位を用いた大きさの比べ方のよさを理解するとともに，積極的に活用することにつなげることが大切である。

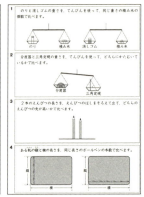

　このことに関連して，平成29年度全国学力・学習状況調査では，左の問題が出題され，異なる種類の量において共通する比較や測定の方法について理解しているかどうかが調査された。この問題からも分かるように，量の比較や測定においては，直接比較，間接比較，任意単位による測定，普遍単位による測定について，それぞれのよさを理解し，新たに学習する量の比較や測定に活用することができるようにすることが大切である。また，長さやかさなどの異なる種類の量の比較や測定において，共通する比較や測定の方法が用いられていることを実感的に理解できるようにすることも大切である。

(3) 身の回りのものの特徴に着目し，量の大きさの比べ方を見いだす

　この内容は，思考力・判断力・表現力等の育成に係る事項である。この内容に関しては，量の大きさを比べたり測定したりする測定のプロセス（学びの過程）を重視する観点から，量の大きさを比べる目的を明確にすること及び目的に応じて比べたり測定したりする方法を工夫することが大切である。まず，量の大きさを比べる目的に関しては，どのような量を用いて大きさを比べるのかについて明確にすることから始まる。例えば，長さで大きさを比べるのか，広さで大きさを比べるのかといった事項の検討から，量の大きさを比べる目的を明確にすることが考えられる。

　次に，目的に応じて方法を工夫することができるようにするために，実際に量の大きさを比べる前に，既習の方法を振り返り，最適な方法を選択したり，量の大きさを比べた後に別の方法を試してみたりすることが考えられる。さらには，量の大きさを比べた学習を振り返り，方法のよさを説明したりすることも考えられる。なお，量の大きさの比べ方の表現を多様にすることは，量についての理解

を深めることに繋がるため，表現の方法を充実させることも大切である。

(4) 時刻の読み方

　第1学年における時刻の読みについては，児童の生活と密接な場面を取り上げる。児童の生活上，必要な時刻を取り上げることから，時刻を表す単位に着目し，日常生活で時刻を読み，時刻と日常生活とを関連付けることができる。その際，単に時刻を読むだけでなく，時刻を読むことで，生活の予定を考えたり，見通しをもって行動したりすることにつなげることが大切である。

　時刻の読み方については，短針と長針の位置を基に，それぞれの針が示す数と時刻を表す数との対応を理解し，時計の観察や操作を通して時刻を読むことができるようにする。その際，例えば，短針の位置がどこからどこまでの範囲で9時になるのかを明らかにしたり，長針の位置で大まかに何分になるのか見通しをもたせ，その後に実際に何分になるのかを調べたりする活動を繰り返し行うことで，時刻の読み方が確実になると考える。

(5) 時刻と日常生活とを関連付ける

　この内容は，思考力・判断力・表現力等の育成に関わる事項である。この内容に関しては，時刻の読み方を考えたり，時刻を基に行動を決めたりすることで，日常生活を時刻を基に捉えていくことが大切である。その際，「あとどのくらいで3時になる」「清掃の時刻まであと5分である」といったように，児童の日常生活での活動などと時刻とを関連させ，学校生活や家庭生活における時刻への関心を高めていくことも大切である。

(6) 「C測定」に関わる数学的活動

　学習指導要領解説において，第1学年の「C測定」領域に関わる数学的活動として「イ　日常生活の問題を具体物などを用いて解決したり結果を確かめたりする活動『日常生活にある量の大きさを比べる活動～長さの比較～』」が例示されている。この活動は身の回りにある　ものの長さに着目し，日常生活における長さの比べ方を考えたり，比べ方を用いたりする経験を通して，日常生活のできごとを測定を用いて処理することに関心をもち，算数を学ぶよさを実感することをねらいとしている。また，第1学年においては，この例示に留まらず，児童の具体的な経験を重視した活動を展開することが大切である。特に，第1学年においては，児童の発達段階を踏まえ「数量や図形を見いだし，進んで関わる活動」を重視している。この趣旨に基づき，身の回りの事物から長さ，広さ，かさを見いだし，量の大きさを比べたり測定したりする活動を旺盛に展開することが大切になる。

　このような活動を通して，日常の事象にある課題について筋道を立てて考えるとともに，量の大きさの比べ方についての獲得した知識及び技能を試してみたり，獲得した比べ方から目的に応じて方法を選択して活用したりして，日常生活の中で量への関心を高め，その大きさを比べようとする資質・能力を高めることにつながるものである。

3　C　測定

4

第1学年の主要内容とその指導
D　データの活用

　第1学年のデータの活用の主な内容は，次の通りである。
　ものの個数について，簡単な絵や図などに表してそれらを読み取り，身の回りの事象の特徴を捉える。
　以下では，この内容の指導の要点について考える。

◻1◻　身の回りの事象を題材にして，調べてみたいこと（テーマ）を決める

　データの活用の学習で大切なことは，子供がデータを活用して調べてみたいという意欲をもてているかどうかである。「調べてみたい」とか「知りたい」という動機づけがあり，目的をもって対象に関わることがまずもって大切なことである。

　そのためには，身の回りのものや子供一人一人に関わる共通の経験に目を向け，題材を探す必要がある。

　例えば，生活科で朝顔を育てているとする。その場合，クラス全員が取り組んでいることなので，共通の題材として教材化する価値がある。仮に朝顔を題材にするときにどのようなことが問題になるだろうか。

　一般に子供は朝顔に毎日水やりをして観察を続ける。朝顔を見ながら「ぼくは2つ咲いているよ」「私のは3つ咲いている！」とか「ピンクの花が咲いた」「きれいな紫色だ！」いった会話をする。自分の朝顔はいくつ咲いたのか，どのような花が咲いたのかについて関心をもつ子供が多いことが分かる。

　そこで算数の授業で「1週間に何色の花がいくつ咲くのかな？」と子供に投げかけてみる。そして「1週間に10個ぐらい咲く」とか「紫の花が咲くと思う」と予想させる。

　子供の問題意識を活かしてめあてを設定することができたら，実際に月曜日から金曜日まで毎日観察して，下図のような長方形のカードに記録する。

　カードには，咲いた朝顔の絵をかき，色と曜日を文字で書いておく。

　このときに長方形のカードは，縦に使うか横の使うかは子供に任せて，両方まざるようにしておく。後から整理して並べるときに，問題が生じるようにするためである。

◻2◻ データを整理して表す

　ある子供の記録したカードを黒板にばらばらに提示してみる。そして，
「数を見やすくするには，どのように並べたらいいかな？」
と発問する。子供から次のような考えが出された。

> ・同じ色を集めて並べる。
> ・曜日ごとに並べる。

　この観点に従って例えば下図のようにカードを並べてみる。そして，
「青が一番高いから青が一番多いね」
とゆさぶりの発問を子供に投げかける。

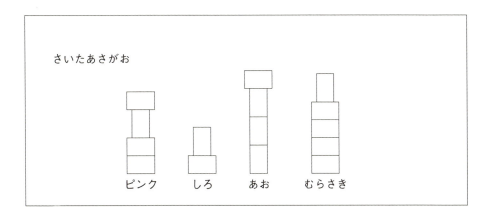

　このとき，次のような反論が子供から出てくることを期待したい。
「青は 4 枚だけど，紫は 5 枚で紫の方が多いよ」
「青が一番高いけど，たてのカードが多いからだよ」
「たてか横にカードをそろえないと高さで比べることができないよ」
　こういった意見を基に，高さで比べられるように並べ方を変えてみる。

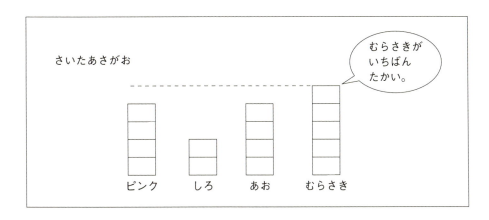

4　D　データの活用　　037

このような経験から個数を比べる対象を絵などに置き換えるときには，大きさをそろえないと個数を高さで比較することができないことを理解させる。

◻3◻ データを解釈する

　次に，下図のように曜日別にカードを並べてみる。

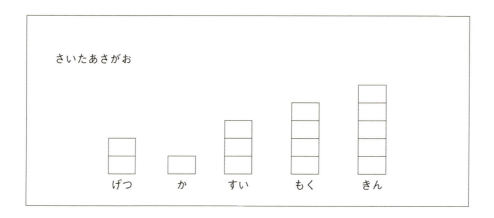

　上のような図を見て，分かることを子供に考えさせる。
「段々花の数が増えているよ」
「木曜日とか金曜日は天気がよかったからたくさん咲いたのかな」
「そしたら，今度は天気によって咲く数が違うか調べてみたら？」
　データを整理して表した結果から，どのようなことが言えるかを考えることが大切である。そして，次に調べてみたいこと（問い）が生まれたら素晴らしい。

◻4◻ 調べてみたいことを広げる

　朝顔の花の個数について調べる経験ができたら（朝顔でなくてもよい），他にどんなことを調べてみたいか相談し，他の個数調べに学んだことを応用することが大切である。
　例えば，クラスの友達の誕生月調べをしてみたいとか，好きな授業を調べてみたいとなったら，まずデータを集めることから始める。一人一人にカードに似顔絵をかいてもらい，そこに生まれた月と好きな授業といった情報を入れる。

　そのカードを黒板にばらばらに提示し，整理の仕方を議論するのだ。

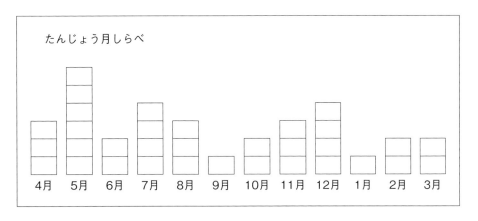

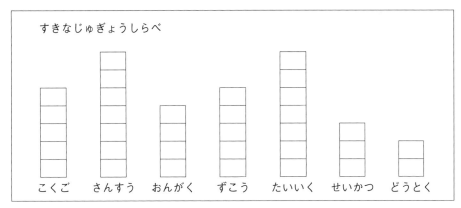

　上図のような絵グラフを教室の掲示板にしばらく掲示しておくのもよい。
　自分のカードがどこにあるのか，友達のカードがどこにあるのかを，子供たちは関心をもって見るだろう。また，どの項目の個数が多いのかといった見方をすることもできる。
　また，同じカードでもどの観点で整理するかで異なる絵グラフができることも知ることができる。
　1年生の子供たちが，身の回りの個数に着目することによって，様々なものの特徴を捉えることができることを知ることが大切である。

Ⅲ
算数授業の新展開

1 数との出会い

数に親しみ算数を学ぶ楽しさを味わう
―数の大小比較・一対一対応―

□1□ 本単元の授業づくりのポイント

（1）三つの柱の資質・能力をいかに育むか

　入学したばかりの1年生にとって，数との出会いは，どのような意味をもつのであろうか。教室には，掲示物を見渡してキラキラと目を輝かせながら「1, 2, 3」と指差し数える子供の姿がある。また，数字が書けるようになりたいと話す子供の姿もある。休み時間には「友達が○人ふえたよ」や「友達と一緒に砂場でお山をつくった！」と話す子供の姿もある。子供たちの姿からは算数への興味・関心と学習への意欲の高まりが感じられる。

　本単元で育みたい資質・能力は，数との出会いを通して，算数科の学習を進めていく上で必要となる数の概念や性質の理解と，数学的な処理や表現の基礎となる知識・技能の素地である。そして，ものの数に着目し，数の大きさやまとまりについて思考・判断しながら，具体物や図などを用いて数を数えたり数を表現したりする力を養うことが大切である。同時に，数に親しみをもち，算数を学習する楽しさを感じながら学ぼうとする力を育むために，友達と解決の方法を話し合い，ともに課題を解決しようとする態度を涵養していくことである。

　これらの資質・能力を育むために，本単元の指導では，ものの数を数えるなどの具体的な活動やものの数に関する見方・考え方を働かせて，言葉や図などを使って表現する活動を取り入れて，数についての基礎的，基本的な理解を図りながら，算数の学習への興味・関心を高めていく。ここで，教師が一方的に何かを教えることは避けたいものである。子供たちの生活や学習の中から場面を工夫して設定したり，友達の考えを聞き合う必然性が生じる状況を工夫して設定したりして活動を仕組みたい。例えば，すぐには数の大小が判断できない状況から「どちらが多いかな」という問題に焦点化する。そして数の相等や大小について，見方・考え方を働かせて子供一人一人から出される工夫を大事にして解決を図り，その見方・考え方のよさを子供自身が自覚できる授業を積み重ねたい。その中で子供が数に対する感覚を豊かにし，算数のよさを感じることができるようにして，算数科授業で大切にしたい資質・能力を育んでいく。

（2）数学的な見方・考え方を働かせた数学的活動にいかに取り組むか

①本単元で大切にしたい数学的な見方・考え方とその成長

　本単元では，数のまとまりに着目しながら，1対1に対応させるといった数の大きさの比べ方や数え方を考えたり，それらを生活に生かそうとしたりする見

Ⅲ　算数授業の新展開

方・考え方を大切にしたい。4月の休み時間を過ごす子供たちに目を向けると「はないちもんめをしようとしたら，あと一人たりない」と友達を誘っていたり「シャベルが3つあるから…」と友達に道具を渡していたりする子供の姿がある。また，教科書の挿絵に指を置き，数詞を唱えながら数えていると，指の動きと唱える声が一致していない子供に出会うこともある。大切にしたい数学的な見方・考え方は子供に内在しているという構えをもちながら，子供の生活の場面と学習の場面を関連させて，1対1に対応させて集合の要素の個数の相等や大小を明らかにする経験を十分に積むことができるように単元構想をしていく。その中で「線でつないで比べる」「具体物に置き換え並べる」「○などをかく」などの具体的な操作を通して，工夫して数えたり数の大小を比べたりすることのよさに気付くことができる。よさに気付く経験をこの時期に多く積み重ねることが，学びに向かう力の育成につながっていく。

②主体的・対話的で深い学びを支える数学的活動

　本授業実践は単元の第3時に位置付き，学習指導要領（H29）算数科の第1学年〔数学的活動〕ア「身の回りの事象を観察したり，具体物を操作したりして，数量や形を見いだす活動」に相当する活動に取り組むことを通じて，主体的・対話的で深い学びを実現し，前述の資質・能力の育成を図ることとなる。単元を構想する前に，子供一人一人に入学までに培われた数に関する認識や経験についての実態を把握する。それを基にしながら，具体的に数える体験をしたり具体物を操作したりして実感を伴い数に関心をもつことができる「目の前の子供ならでは」の数学的活動を位置付け，積み重ねたい。具体的には，第1・第2時において，問題の場面を観察する活動を位置付け，身の回りの数量に関心をもちながら，観点に応じてものの集合を捉える見方・考え方を働かせることができるようにする。多様な情報を整理して課題を焦点化するために，場面について「何をしているのかな」と子供たちに問いかけ，自由に話をしながら「お話作り」をする。子供が話す「お話」の中に出てくる数や集合への見方・考え方に通づる言葉や気付きを掘り起こし，場面をどう捉えたかを見取りながら「ねこは何匹いるのかな」「かえるは，みんな葉っぱに乗れるかな？」などと問い返して問題を焦点化していく。第3時では，円状だが混沌と配置されている2つの集合についての場面を提示する。「このままでは数えにくいな」という困り感や「どうしたら分かるのかな」という子供に生じる疑問を取り上げ，数の相等や大小をどうしたら比べることができるかという問題に焦点化して，一人一人考えたり，友達と話し合いながら解決するよさを実感できるようにする。自分の考えを表明しようとする中で，言葉を使って表現することの他に，挿絵の集合を線でつないだり黒板やノートに図をかいたりといった内容を可視化して表現する方法にも気付くことができるようにする。深い学びに欠かせない表現も育むことが大切である。

1　数との出会い　043

□2□ 本単元の目標と指導計画，本時の位置付け

（1）目標

数の構成と表し方に関わる数学的活動を通して，次の事項を身に付ける。

○知識・技能

観点に応じた集合づくりの意味が分かること。また，2つの集合の要素の相等や大小について，1対1対応の考えを使って比べることができる。

○思考力・判断力・表現力等

ものの数に着目し，ある観点に基づいた集合づくりや，その集合の要素の相等や大小についてよりよい数え方を考えたり確かめたりする。

○学びに向かう力・人間性等

数量に親しみをもって働きかけ，数のまとまりに着目することのよさに気付いたり，進んで生活や学習でよりよく数を数えたりしようとする。

（2）指導計画（3時間扱い）

内 容	時 間	ねらい	主な評価規準
どこがちがうかな	1	身の回りの数量（1～5）に対する関心をもち，ある観点に応じてものの集合を捉えることができる。	【態】2枚の絵の違いを探したりいろいろな集合を見つけたりして，数量や図形，位置に関わるお話を作ろうとしている。【知】いろいろな集合を見つけたり上下，左右などの言葉を正しく用いたりすることができる。
なかまはどれ	2	身の回りの数量（6～10）に対する関心をもち，ある観点に応じてものの集合を捉えることができる。	【思】動植物の種類や位置，動作などの観点から仲間づくりを考えている。【知】種類や位置，動作などの違いを観点に入れる場合と入れない場合など，いろいろな集合を作ることができる。
たりるかな	3本時	対応の操作やおはじきなどに置き換えて個数を比較することができる。	【思】2つの集合の相等や大小を，線でつないだりおはじきに置き換えたりして，1対1対応によって調べることができる。【知】2つの集合の相等や大小について理解している。

□3□ 本時の主体的・対話的で深い学びづくりのポイント

（1）授業のゴールをいかに変えるか

入学したばかりの1年生にとって本単元「数との出会い」は，算数科授業との出会いでもある。だからこそ，知識・技能の定着はもちろんだが，算数科授業の楽しさを子供が感じることができるようにしたい。そのために，授業後の子供の姿を具体的に思い描き，授業のゴールを定めたい。本時では「思ったことを表現できてよかった」「友達の話を聞いてよかった」といった自他の考えを表出したり聞いたりするよさや「おはじきを置いたり線でつなぐと分かった」といった解決過程での方法のよさを感じたりする姿や，「だったら…」と学びを生かしたり

044　Ⅲ　算数授業の新展開

「自分の身の回りにでも…」といった自分の生活に新たな問いを見いだしたりする子供の姿を授業で大事にしたい。そのためには教師の丁寧な見取りと働きかけが欠かせない。時に教師が手本になって，子供の素直なつぶやきを全員の問いにつなげて，主体的に取り組めるようにする。さらに子供の「分からない」をチャンスと捉え「教えてあげよう」と問いかけたい。子供たちは懸命に教えようと，言葉だけでなくジェスチャーやおはじきを操作したり線でつないだりするであろう。終末では休み時間での子供の素直な考えを想起させる問いかけをする。これらの教師の働きかけが「1対1対応で考えると大小を比べられる」という知識・技能の定着とともに，思考力・判断力・表現力等や学びに向かう力・人間性等を育むことにつながる。

(2) 数学的活動をいかに充実させるか

本時は「お話できるかな？」と問いかけながら学習を進めていく。場面（挿絵）を見て，動物やその動きについて話す中で，ねずみの集合と椅子の集合を結びつけ「みんな座れるかな」「座れないよ」との考えのズレをきっかけに，友達と共に学ぶことや工夫して数えることへの必要感を感じ，数の相等や大小比較の仕方を考える数学的活動を促す。問いをもった子供は，挿絵をじっくりと見た後，前時までの考え方を生かして「1，2，3」と指で数え始めたり線でつないだりしながら解決しようとする。本時の場面（挿絵）は，対象が丸く配置されているため，数を数えることに十分慣れていない子供たちにとっては難しい。だからこそ，線でつないだり，おはじきなどの具体物に置き換えて比較したりする考えが生き，その有用性を感じることができる。

(3) 深い学びを支える授業にいかに転換させるか

単元全体を通して，自分の考えを伝えたり友達の考えを理解したりすることが，算数の学習をより楽しくするということを子供自身が感じられるようにしていくことが大切である。入学したばかりの子供たちは，拙いながらも懸命に表現するであろう。その表現をより実りあるものにするために，共通となる経験をすることも大切である。例えば，休み時間に子供が数と出会う場面を意図的にミニ交流活動として設定する。「もうじゅうがりゲーム」「フルーツバスケット」などは，集合づくりや1対1対応につながる子供の素直な考えを引き出しやすい。このような数に関わる活動を数多く積み重ねることで，数の相等や大小の比較が必要感をもって子供たちに意識されるであろう。本時の終末で「男の子と女の子では，どちらが多いかな？」と問いかける。学級全体を巻き込んでの大人数での活動になるため，集合をつくって比べることは大変である。そこで，子供から「男女でペアになったらどうか」「ペアができなかった人は手をふるとよい」といった考えが出され，よりよく比べることができる。生活の中で見いだされた数への考えが算数科授業の学習の中で深められ，再度日常で生かされるという問いの連続が深い学びにつながっていく。

1　数との出会い

▢4▢ 本時の展開

(1) 目標

2つの集合の相等や大小について調べる活動を通して，よりよい数え方を考えることができる。

(2) 展開

教師の働きかけと予想される子供の反応	◎指導上の留意点　◇評価
①課題を見いだす。 T：（場面（挿絵）を提示する） C：あっ，ねずみが椅子とりゲームをしているよ。 T：お話できるかな？ C：椅子のまわりを走っているね。 C：座れないねずみがいたら負けになるゲームだ。 C：えっ，ねずみはみんな座れるんじゃないの。 C：座れないねずみが何匹いるのかな。 C：この絵は分かりづらいね…そろってない…。 C：どうしたら分かるのかな？ T：お友達の「？」は分かるかな？一緒に考えてみよう。 　どうしたら，かずがくらべられるのかな。	◎挿絵について話し合い，問題場面を確認する。 ◎まだ学級で取り組んだことがない「椅子とりゲーム」のルールに関心をもたせることで，2つの集合（ねずみと椅子）の数を比べてみたいという問いを引き出す。
②どのように比べればよいかを話し合う。 T：ねずみと椅子の数は，どうしたら比べられるのかな。 C：数えればいいよ。 C：数えたらねずみが9匹で，椅子が7だったよ。だからねずみが多いって分かったよ。 T：数えたら9と7になったんだね。多い少ないでいうと9と7では，どちらが多くてどちらが少ないのかな。そのことを，もう一度説明できるかな。 C：7より9が多い。1，2…8，9って数えるから。 T：みんなも○○くんみたいに指で数えられるかな。 C：丸くなっているから，どこから数えたか分からなくなっちゃった。 T：丸くなっていると数えるの難しいんだね。どこを数えるか分からなくなってしまった人はいますか？ T：どうすればよいのか教えてあげてほしいな。 C：いい考えがあるよ。線でつなげばいいんだよ。 C：ほら（黒板でねずみと椅子の挿絵を線で結ぶ）。	◎自分が思いついたやり方で比べるよう促す。 **資質・能力育成のポイント1** 丸く配置された2つの集合の数を比べる活動を設定することで，難しさをどう解決していくか考えることができる。 ◇2つの集合の数に着目し，1対1対応によって調べる活動を取り入れることで数の相等や大小が比べられることを理解し，数比べができる。（発言・ノートの記述）

C：つないだら，ねずみが2匹のこった。ねずみが2匹多いって分かった。

T：線でつなぐとき，どんなつなぎ方でもいいのかな。

C：1つのねずみに1つの椅子をつなぐ。

C：ほかにもよい考えがあるよ。おはじきを置けばいいよ。

T：どのようにおはじきを置いたのかな？

C：色を変えて並べて比べたよ。赤いおはじきがねずみで，青いおはじきを椅子にしたよ。やっぱり赤いおはじきが多かった。

③数え方のよさを考える。

T：いろいろな数え方があるね。どんな比べ方があったかな。

C：指で数えた。ねずみが8匹で椅子が9個。

C：線で結ぶとすぐ分かった。

C：色の違うおはじきを上に置いて数える。

T：色を変えるのは必要かな？

C：色を変えると，すぐに分かるんだよ。

C：本当だね。

C：順番に数えても分かるね。

T：線で結んだり，べつなものに置き換えて数えたり，数えて数字の大きさを比べると分かるんだね。答えは，ねずみが多くて，椅子が少ないから座れないねずみがいたんだね。

C：椅子とりゲームのルールが分かったぞ。

資質・能力育成のポイント2
1対1対応の意味を確認することができるように，実際の活動を取り入れ，方法や有効性の共有を促す。

◎比べるのが難しい大きな数でも，数比べをする場面を設定することで，1対1対応の意味について再確認することができるようにする。

資質・能力育成のポイント3
遊びや生活の中で，数に関心をもったり，必要感をもって数に触れ合ったりする体験を取り入れる。

④新しい問いを引き出し，生活につなぐ。

T：他の問題でも比べられるかな。この学級の男の子と女の子では，どちらが多いかな。

C：たくさんの人数だから，難しいなあ。

C：そうだ，集まって数えればいいよ。

C：2列に並んだ後，手をつなげばいい。

C：ペアにするのかあ。

T：つないでいない人が誰か分からないね。

C：ゲームのときみたいにつないだら座ればいい。

C：紅白帽子をかぶれば，もっと分かりやすいね。男の子が白で，女の子が赤でかぶってみようよ。

T：よし，やってみよう。

C：女の子が3人多かった。すぐに比べられた。

C：面白い。

C：このやり方だったら，何でも比べられるね。

T：みんなの周りでも数比べできるかな？

1　数との出会い

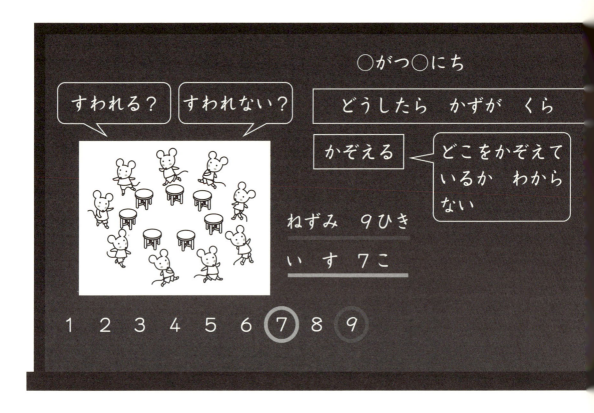

□5□ 実践のまとめと考察

　導入で提示した椅子とりゲームは，親しみやすい場面であったため，状況やルールについて話し合う場面では，活発に発言する姿が見られた。問いを共有した後，多くの子供が挿絵を指で押さえて数え「ねずみは9匹」「椅子は7個」とつぶやき始めた。そんな中，うまく数えられない子供が，不安そうな顔を見せる。「分からない」のつぶやきをきっかけに，友達に分かるようにしたいとの思いを共有し，可視化して表現できる方法を考え始めた。挿絵のねずみと椅子を1対1対応によって線でつなぐ方法には，子供たち全員が納得の表情でうなずいた。前時で，条件を満たした同じ集合の仲間におはじきを置いたことに気付いた子供たちから，「おはじきを置いて数えたよ」「ねずみと椅子のおはじきを並べて数えるといい」という発想が出され，担任が板書で整理することができた。さらに，色違いのよさを確認することもできた。終末では，まだ，10以上の数詞を学習していないことで戸惑いが見られたが，入学直後から実践しているミニ交流活動の経験が生かされ，楽しみながら1対1対応のペアをつくる子供の姿が見られた。数を数えてすぐに答えが分かった子供たちの考えを生かす働きかけが十分でなかった。他の具体的操作と関連付けて「同じ」を表現する活動をしっかりと位置付けることで，学習内容をさらに深め，統合的に考えることができたのではないか。遊びや生活場面での数に関する学びの経験は，1年生にとって重要であるので，意図的に場面や状況，活動を設けていくことが大切である。

べられるのかな

せんをひいて

おはじきをおいて

いろを
かえると
わかりやすい

コメント（森本 明）

　はじまった小学校生活に期待と不安でいっぱいの子供たち。子供たちが数に親しみ，算数で学んだことのよさや楽しさを感じることができるように，大越チエ子先生と江花洋介先生の創意工夫がいっぱいの算数授業である。

　大越先生と江花先生は，子供が疑問に直面し判断に迷う動きを授業に取り入れている。子供にとって親しみやすい，2つの集合の相等や大小が問題となる場面を設定することで，子供が相等や大小をどのように決めればよいか疑問に直面し判断に迷うことを具現している。子供には「みんな座れるのでは？」や「座れないねずみは何匹かな？」という疑問が生じ，その疑問を自分たちでなんとか解決してみたいという挑戦につながっている。大越先生と江花先生の授業に学びたいことのひとつだ。また，子供が働かせた見方・考え方のよさを自覚する契機を授業に取り入れている。子供たちが2つの集合の相等や大小をどのように比べればよいかを考える場面を設定することで，解決に向けて子供が子供なりの解決のイメージや工夫を創り出すことを具現している。そして，子供たちから「数える」だけではなく「線でつなぐ」や「おはじきを置く」という解決の工夫が出され，その工夫を確認したり意味付けしたりしながら，そのよさを子供が自覚し次にも使ってみたいとする契機を具現している。学びたいことのひとつだ。

　子供たちが問いをつなげながら，よりよい数理を創り出す算数の授業に挑戦している大越チエ子先生と江花洋介先生。子供たちと追究をたのしみ算数する姿を通して，先生の授業づくりのこだわり，思いが伝わってくる。学んで生かしたい。

2 順序数

順序数を用いて表現する

□1□ 本単元の授業づくりのポイント

（1） 三つの柱の資質・能力をいかに育むか

　数は，ものの個数を表すのに用いるときには集合数といい，ものの順番を表すのに用いるのときには順序数という。本単元では，集合数の理解を基に，数には順序を表す意味としての使い方もあることを知り，数についての理解を深めていく。本単元で育成したい資質・能力は，ものの個数の数え方や順序の表し方，数の構成について理解するとともに，生活の中で数を用いて表したりする力，数を使うよさを実感しながら学びに向かう態度である。単元を通して，具体物を操作しながら数と関わりをもたせ，算数への関心を高めながら資質・能力を育めるようにしていきたい。

　指導においては，集合数と順序数の共通点や相違点を捉え，正しく使い分けられるようにすることが大切である。ものの順番は，対象に数を順に対応させていき，その対応する数によって順番を知ることができる。最後の順番を表す数は，個数を表す集合数と一致する。このように，数学的な見方・考え方を働かせながら集合数と順序数を統合的に理解し，数の意味理解を深めたり，数の範囲を徐々に広げたりしていくことが大切である。

　また，順序数を生活の場面で実際に用いることができるようにすることも大切である。実際に教室の座席について，「自分の席は，前から○番目だ」「○○さんの席は，左から○番目

だ」と言わせたり，教師や子供が「左から○番目は誰の席ですか」「前から3人は立ちましょう」などと問うたりするなど，楽しみながら数を用いて活動することで，数への親しみや関心をもたせたい。さらに，身の回りを見渡してロッカーの位置や掲示物の位置などについても，子供自らが順序数を用いて表現できるようにしたい。同時に，このような順序数を用いて表したり，集合数として捉えたりする活動を通して，数についての理解を深めるとともに，数で表すよさを味わい，進んで用いて表そうとする態度を育てていきたい。

（2）数学的な見方・考え方を働かせた数学的活動にいかに取り組むか

①本単元で大切にしたい数学的な見方・考え方とその成長

　本単元で大切にしたい見方・考え方は，集合数と順序数の違いを理解し，集合数と順序数を数として統合的に捉える見方である。そのためには，具体的場面に即しながら集合数と順序数の違いを明確にして捉えることが必要である。同じものや場面について，「〜から何人」など集合数で表すとどうなるか，「〜から何人目」など順序数で表すとどうなるか考えさせ，数の見方を豊かなものにしていく。その上で，順序数は，基点からその数までの個数を表す集合数と一致することを捉えさせ，集合数と順序数を数として統合的に理解を深める。

　また，順序を表すには，「前から〜」「左から〜」などの基点が必要であることを実感的に理解させることが大切である。基点を示さずに「5番目は何ですか？」と言えば，「どれを表しているか分からない」「えっ，○○のこと？」という反応が返ってくる。そこから，「なぜ分からないのか？」という問いをもたせることができる。このように数の表す意味を考えたり，数を用いて考えたりする経験を重ねていくことで，数学的な見方・考え方を働かせようとする態度を育むことができる。

②数学的活動を通して主体的・対話的で深い学びをつくる

　本実践は，単元の1時間目に位置付き，学習指導要領（H29）算数科第1学年〔数学的活動〕イ「日常生活の問題を具体物などを用いて解決したり結果を確かめたりする活動」，エ「問題解決の過程や結果を，具体物や図などを用いて表現する活動」に相当する活動を通して，主体的・対話的で深い学びの実現を図り，前述の資質・能力を育むものである。

◇具体物を用いて集合数と順序数の違いを説明する活動（第1時）

　集合数と順序数の違いを理解するための活動である。具体的には，順序数を用いて表す場面（並んでいる場面）の図を動かせるようにし，操作しながら説明できるようにする。そして，「前から○人」と言ったときに表しているもの，「前から○人目」が表しているものが何かを違いをはっきりさせながら説明する。これにより集合数と順序数の意味の理解を確かなものにしていく。

◇基点の必要性を見いだせる活動（第2時）

　順序や位置を表すには，基点を決める必要である。基点を決めていないと「○番目」と言ったときに違うものを表すことがある。このことを問いとし，「なぜ違うものを表すことになったのか」を考え説明する中で，基点が必要なことに気付く。具体的には，並んだものの中から「先生の好きなものは4番目のものです。何ですか」と基点を示さないで問う。子供たちは，「すいかです」と答えたり，「上から？」「下から？」とつぶやいたりする。同様に，前後や左右の場面でも同じように問い，順序数で表すときには基点が必要であることを実感的に理解

2　順序数　051

させていく。

◇「なんだろうゲーム」を通して，順序数を用いて表現する活動

「なんだろうゲーム」とは，「前から〇番目の人は立ちましょう」や「後ろから〇人は立ちましょう」など，席の並びを利用して集合数と順序数について，楽しみながら理解を確かなものにするゲーム的な活動である。入学して間もない，45分間を集中して学習することが難しいこの時期の子供たちにとって，ゲーム的要素を取り入れた活動は，意欲を高めるのに効果的である。座席以外にも，ロッカーや掲示物などの身の回りのものに対象を広げながら活動することで，順序数を用いて表すことの有用性やよさを実感できる。また，順序数で表す対象自体を子供たちに考えさせたり，子供に出題させたりすることでこの活動の充実が図られる。このように，楽しみながら学んだことを生活場面で活用させる経験を積み重ねることで，数学的なよさを実感し生活に算数を生かそうとする学びに向かう態度を育てることができる。

□2□ 本単元の目標と指導計画，本時の位置付け

(1) 目標

数の構成と表し方に関わる数学的活動を通して，次の事項を身に付ける。

〇知識・技能

　数を用いると順序や位置を正確に表せることを理解し，それらを数を用いて表すことができる。

〇思考力・判断力・表現力等

　数を順番や順序も表すものとしてみて，日常生活に生かすことができる。

〇学びに向かう力・人間性等

　数で表すよさに気付き，進んで生活や学習に生かそうとする。

(2) 指導計画（2時間扱い）

内容	時間	ねらい	主な評価規準
順序数	1 本時	数は順序や位置を表す際にも用いられることを知り，それらを表すことができる。	【態】順序や位置を表すことに関心をもち，数を用いて表そうとする。 【知】集合数との違いを理解し，順序や位置を数を用いて表すことができる。
	2	上下，左右などに関わる順序を表すことができる。	【思】基点が必要なことに気付き，身の回りのものの位置の表し方について考えることができる。

□3□ 本時の主体的・対話的で深い学びづくりのポイント

(1) 数学的な見方・考え方を働かせる場の設定により創造的な学習へ

　学習指導要領では，子供が各教科等の特質に応じた物事を捉える視点や考え方（見方・考え方）を働かせながら，資質・能力の育成を目指すことを示している。算数科における見方・考え方は，数学的に考える資質・能力を支え，方向付けるものであり，算数の学習が創造的に行われるために必要なものである。本時においては，順序数と集合数を意味の違いを理解するとともに，数として統合的に理解できるようにする。そこで，同じ数でも表している事柄や意味が違うことを子供たちが見いだせるように，教師による発問や問い返しが必要になる。「同じ数でも何が違うのか」「集合数と順序数は違う意味をもつが，数として同じ表し方をする」を視点として，コミュニケーションを形成しながら見いだせるように教師が働きかけていく。見えなかった数理がコミュニケーション通して見えるようになることで創造的な学習の展開が図られる。また，見いだした数理や過程を見取り，教師が適時評価していくことも大切である。こうした学びの積み重ねにより，数学的に考える資質・能力，学びに向かう態度を育てることができる。教師が見方・考え方を働かせる場をどのように設定するか，それによりどんな数理を見いだすのかを明確に意識し，授業を展開していく。

(2) 数学的活動の充実を図る

　低学年においては，学んだことを生活の場面に生かし実感をもって理解することが大切である。本単元では，実際に身の回りにあるものの位置について，順序数を用いて表せることを子供自身が見いだし表す活動に取り組ませる。座席について「○○さんは前から○番目だ」「前から2人は，○○さんと○○さんだ」や，掲示物やロッカーについて「私は右から○番目である」など，対象を様々なものに置き換え，数への親しみや関心をもたせながら学習する。さらに，「なんだろうゲーム」（前述）を通して，楽しみながら理解を深めるとともに，数で表すよさを実感できるようにする。

(3) 問いをもたせる

　子供が「なぜ」「どうして」という問いをもつ場面をつくることで，主体的に解決しようとする探究の力を培う。順序数・集合数は，「前（後ろ）から」や「右（左）から」「上（下）から」などの基点を明確にして表すことが大切である。「2番目はなんでしょう」という基点を決めないで発問（第2時）する。子供たちは，「セロハンテープ」と答えた

り，「ティッシュ」と答えたりする。また，「わからない」と答える子供もいる。そこで「それぞれ言っていることが違うけれど，どうしてかな」と教師の問い返しにより問いをもたせることで，基点を決める必要性に気付かせることができる。このように，問いをもたせながら解決させることが大切である。

□4□ 本時の展開

（1）目標

　数は順序や位置を表す際にも用いられることを知り，前後に関わる順序の表し方を理解することができる。

（2）展開

教師の働きかけと予想される子供の反応	◎指導上の留意点　◇評価
（プロローグとして着順の表し方を確認する） ①問題提示。 T：「前から3人」というのは誰のことですか。 C：さるです。 C：同じです。 C：違います。 T：違う人もいるんだね。もう一度聞くね。 　　「前から3人」は誰ですか。 C：さるだったら，3人目ということ。前から 　　3人は，犬，パンダ，さるです。 C：同じです。 T：今，「前から3人目」という言葉を言って 　　いたけれど，じゃあ， 　「前から3人目」は，誰ですか。 C：さるです。 C：同じです。 C：同じ3人という言葉でも違うんだね。 C：「3人目」には，「目」という言葉がある。 まえから3にん まえから3にんめ T：並び方の言い方を考えることが必要だね。 　並び方を数を使って言いましょう。	◎問題の場面絵を提示し，生活経験を想起さ 　せながら問題を捉えさせる。 ◎既習の集合数を用いて問う。 ◎集合数と順序数の区別がつかない子供たち 　の様子を捉え，問い返しながら問題を焦点 　化していく。 ◎集合数と順序数の違いに目を向けさせる。 ◎並び方をどのように表せばよいかという課 　題意識をもたせる。
②解決を図る。 C：「前から3人目」は，1人だけのことを 　　言っている。	◎黒板の場面絵の具体物を用いて説明させる。

054　　Ⅲ　算数授業の新展開

T：じゃあ，「前から3人」についてはどうかな。 C：「前から3人」は，3人のことを言っている。 T：今，友達が言ってくれた違いが分かったかな。 C：「前から3人」は3人で，「前から3人目」は1人だけ。 T：「前から3人」は3人と言ったけれど，どんな3人のことかな。 C：前から数えて3人。 C：3人目までみんな。 C：3人目までみんな数えることと同じだ。 T：「前から3人」「前から3人目」というのは，違うことを表しているんだね。同じ3でも違うことを表している数字なんだね。 C：そうそう。みんなを表しているか。1人を表しているかで違う。 C：「目」という言葉があるから。 T：そうだね。 T：じゃあ，他の数にでも同じように言えるかな。「前から4人」は誰ですか。 C：犬，パンダ，さる，ねこです。 C：同じです。 （集合数と順序数の表現を合わせて車の絵に色を塗る活動を行う） T：じゃあ，この列の人は立ちましょう。（前から列で立たせる）立っている人で，前から3人目の人は誰でしょう。 C：○○さんです。 T：後ろから2人目は誰ですか。 C：□□さんです。 T：後ろから2人は座りましょう。 C：（該当者は座る） C：○○さんと△△さんだ。 T：数を使って自分たちの席の並び方も言えたね。 C：もっと他のものも言えるよ。 C：ロッカーの順番！ C：後ろに貼っている絵！ T：いろいろなものの並びを数で言えるね。	**資質・能力育成のポイント1** 集合数と順序数の違いを具体物を用いて説明させる。 **資質・能力育成のポイント2** 集合数と順序数の違いを明確にした上で，同じ数として統合的に捉えさせる。 ◎座席について，集合数や順序数を用いて表し，実感的に理解させる。 **資質・能力育成のポイント3** 身の回りのものに目を向けさせ，順序数を用いて表すことができることを捉えさせる。
③まとめる。 T：今日はいろいろな並び方を数で言えるように学習してきました。 C：今日は並び方を数で言えるようになって楽しかったです。 C：何人と何人目は違うことが分かりました。 T：次の時間は，さっき言っていたロッカーや絵など，いろいろなものの並び方を言えるようにしましょう。	◎本時の学習の振り返りをする。 ◎学びの連続を意識させ，次時への意欲を高める。

2　順序数　055

○がつ○にち
かけっこで１ばんになったのは
だれですか。

まえから３にん
まえから３にんめ
だれでしょう。

かずでいいましょう。

１ばん−ぶた　　２ばん−たぬき
３ばん−きつね　　４ばん−ねこ
５ばん−こあら

まえから３にん
まえから３にんめ

□5□ 実践のまとめと考察

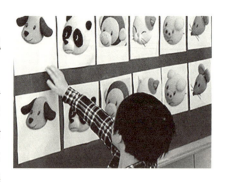

　集合数と順序数の違いをはっきりさせようと図を用いながら説明する子供の姿が見られた。具体的には，前から３人目という順序数について説明するときには，１人目，２人目の絵を取り除きながら説明したり，前から３人という集合数はこの取り除いた絵も含まれると操作しながら説明したりする姿が見られた。このように既習の集合数と順序数の違いを明確にしながら話し合うことで順序数の表し方と意味の理解を深めることができた。また，「なんだろうゲーム」として，座席の位置について，順序数や集合数での表現から誰のことか考えたり，自分の座席を順序数で表現させたりすることで実感的に理解することができた。入学間もない子供には，生活と結びつけて楽しみながら活動することが大切である。また，座席だけではなく，掲示物など整列しているものの位置を表すことができることを見いだすことができた。このように身の回りのものに目を向け，数学的な見方を広げることが大切である。次時（第２時）では，この見方を基に，上下や左右などの表現を用いることで様々なものの位置を表すことを見いだすことができた。このように学びを継続することで，単元を通した資質・能力を育むことにつながる。

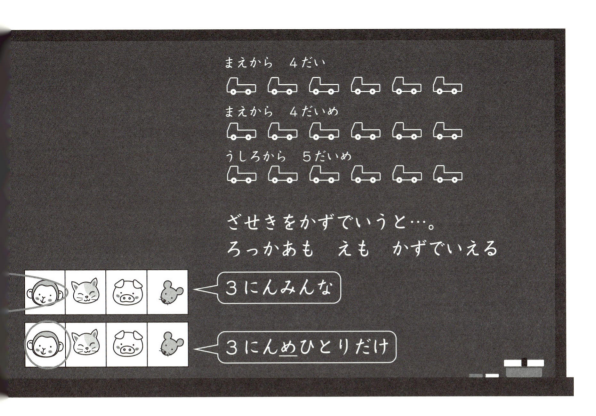

コメント（山崎 浩二）

　数は集合数と順序数との2つの意味をもつ。英語ではoneとfirstのように別々の言葉で表される。

　指導に当たり，まずはこの2つの意味の違いを理解することが大切である。そして，その別々のものが同じ一つの数で表現されることも理解する必要がある。同じものと見るとは，そこに共通の概念が存在し，それらを統合的に捉えられることである。「りんご3個」であれば目の前にりんごが3個あることが前提となる。ところが，「3人兄弟の3番目」であれば必ずしも全員がその場にそろっていなくてもよい。しかし，いずれも，数えるときに最後に唱える数がその個数や順番に当たることは共通する。

　本実践は，これら一連のことを，具体的な活動を通してより深く理解することをねらっている。違いを明確にするとともに，それらを統合的に捉えようとする見方・考え方は，その後の算数の学習でもつねに大切なものとなろう。また，図や絵を用いて説明する場も随所に仕組んでいる。図などを用いることは，自身の理解を促すとともに，他者への説明にも有効な手段となる。図をかくと分かる，図を使うと説明しやすい，といった学習経験が積極的に数学的な表現を用いる態度を育み，簡潔・明瞭・的確に表すことのよさをも実感させよう。

　本時は，「○さんは前から7番目，後ろから8番目に並んでいます。列には全部で何人並んでいますか」という問題にも発展できる。おそらく予想は「14人」と「15人」とに分かれる。1年生でもそこに自然と議論が生まれ，数の意味を振り返る子，自ら図をかいて説明する子も出てこよう。子供たちのつぶやきや様相を一つひとつ捉えることで，それがおのずと本時の評価にもなる。

3 数の合成・分解

ゲーム活動から数の合成・分解の見方を育てる

□1□ 本単元の授業づくりのポイント

(1) 三つの柱の資質・能力をいかに育むか

　本単元で育成したい資質・能力は，これまで1つのまとまりと捉えていた数の見方を広げ，2つの数を組み合わせて1つの数をつくったり，1つの数をいろいろな2つの数の組み合わせに分けたりする活動を通して，5から10までの数について，1つの数をそれに対応する数の組み合わせ（いくつといくつ）として捉えることができるようにすることである。例えば，「7は2と5に分けられる」という分解の見方や，「7はあと3を合わせれば10になる」という合成の見方である。また，数を多面的に捉え，数についての感覚を豊かにすることも大切である。

　1つの数を他の2つの数の和や差とみる見方は，以後の学習の基礎となるものである。特に10の構成は，繰り上がりのある加法，繰り下がりのある減法において重要な役割を果たすことになる。例えば9+4の加法をしようとする場合，まず「9はあといくつで10になるか」と考える。9の10に対する補数1を見つけ，次に4を1と3に分ける。10に対する補数は，念頭で素早く正確に言えるようにしておく必要がある。

　また，おはじき，算数ブロックや数図カード，数カードを使って10の構成を順序よく並べていき，一方の数が1大きくなると，もう一方は1小さくなるという規則性に気付くようにする。関数につながる素地を培うとともに，整理して並べることのよさにも気付くようにしたい。また，7の場合に「1と6」「6と1」「2と5」「5と2」「3と4」「4と3」というように，数の組み合わせが逆の場合が存在するきまりを子供たちが発見することにより加法の交換法則の素地となる見方も培われていく。このような活動を通して，「1，2，3となったから次は4かな」「5の場合と同じように6の場合や7の場合でも…」と，既習事項を生かしながら，類推したり考え方を活用したりしていく力の育成も図りたい。

　数の構成の学習を進めるに当たっては，児童が自分のイメージで数をいろいろな見方で捉えられるようにしたい。半具体物を使って1つの数を分解・合成する際，落ちや重なりが出ないよう，全ての場合を体験させることが大切である。おはじき，算数ブロックなどの半具体物を用いた活動を十分に積み重ね，量感を伴って数をイメージできるようにした上で，数図カード，数カードへと抽象化を図っていく。

(2) 数学的な見方・考え方を働かせた数学的活動にいかに取り組むか

①本単元で大切にしたい数学的な見方・考え方とその成長

　本単元では，具体物を数える場面において，分類して数えたり，一緒にして数えたりするこれまでの数の構成の学習を素地として，1つの数を「2と5で7」，「7は2と5」という合成や分解の見方を大切にする。また，数の構成に当たっては，出てきた数を順序よく並べることで，一方が決まるともう一方が決まるという関係や，一方の数が増えるともう一方の数が減るという関係に気付かせたい。右の例では，真ん中の数が1，2，3…と1ずつ増えると，右の数が6，5，4…と減っていく。このような関数的な見方も大切にし，数の感覚を豊かにしていくことができる。

```
7は1と6
7は2と5
7は3と4
7は4と3
7は5と2
7は6と1
```

②主体的・対話的で深い学びを支える数学的活動

　本授業実践は単元の第1時に位置付けており，学習指導要領（H29）算数科第1学年〔数学的活動〕ア「身の回りの事象を観察したり，具体物を操作したりして，数量や形を見いだす活動」に相当する活動に取り組むことを通して，主体的・対話的で深い学びを実現し，前述の資質・能力の育成を図るものとする。具体的には5の分解や合成をじゃんけんゲームを通して学ぶに当たり，それぞれ勝った回数をおはじきの個数で表し，勝ち負けのおはじきの個数を数えたり，勝ったおはじきの個数から負けたおはじきの個数を導き出したりする。初めは勝ち負けの両方を数える活動が続くが，徐々に一方の個数だけを数えると「もう一方の個数も分かる」「5を分けると1と4，2と3…」という子供たちの気付きが出始めるだろう。このように，ゲームという遊びの活動の中で合成・分解を子供自らが獲得していく深い学びの実現がなされる。

　なお，本単元では5から10までの数を順に取り扱い，おはじき等を使ったゲームに取り組ませていくが，同じルールで行っていくと子供たちもスムーズに活動することができ，それまでの学習を生かして様々な数の分解・合成を行うことができるようになる。反面，ルーティーン化された同じ活動ばかりであると，機械的な活動に終始してしまい，思考を働かせなくなる場合もある。

　そこで，7の分解・合成を取り扱う第3時，8の分解・合成を取り扱う第4時，9の分解・合成を取り扱う第5時では，隠されたおはじきの個数を調べる活動に取り組ませる。右の場合，7個あるおはじきのうち，いくつ隠しているのかを考える場面である。合成・分解どちらの見方も必要になる。

　10の分解・合成を取り扱う第6時，まとめと習熟を行う第7時では，おはじきを使っ

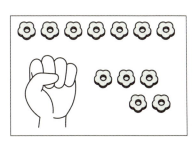

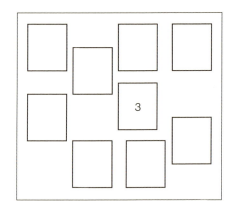

た活動だけではなく，数カードを使った活動も行う。10の補数については，十進位取り記数法の素地となるだけでなく，今後の加法減法における重要な素地となるため，特に確実な習熟を図りたい。具体的には，左のように数カードを裏返しにしてランダムに並べておき，合わせて10になるカードを選ぶ神経衰弱ゲームのようなものである。数字だけでは困難な場合，おはじき等の半具体物を用いさせ，考える道具にしても構わない。このような活動を通して，半具体物から徐々に抽象化を図っていきながら，数の構成について理解を確かなものにしていく。

なお，分解・合成は「いくつといくつ」だけではなく，発展的に「いくつといくつといくつ」という見方もできる。子供の実態に応じて取り扱い，3口の計算の素地的な経験として，数に対する感覚を養う活動も考えられる。

□2□ 本単元の目標と指導計画，本時の位置付け

(1) 目標

10までの数の構成を理解し，数を多面的にみることができるようにする。

○知識・技能

　　10までの数の構成を理解し，10までの数の分解・合成ができる。

○思考力・判断力・表現力等

　　10までの数について，1つの数を他の数の和や差として捉え，言葉や半具体物などを用いて表現することができる。

○学びに向かう力・人間性等

　　1つの数を他の数を用いていろいろな組み合わせを考えて表そうとし，進んで学習や生活に活用しようとする。

(2) 指導計画（7時間扱い）

内容	時間	ねらい	主な評価規準
5と6の構成	1 本時 2	5の構成と6の構成を理解する。	【態】数量の関係に着目し，おはじきを用いて組み合わせながら考えようとする。【知】5と6の構成が理解できる。
7と8と9の構成	3 4 5	7と8と9の構成を理解する。	【知】7と8と9の構成が理解できる。
10の構成	6	10の構成を理解する。	【知】10の構成が理解できる。
まとめと習熟	7	10までの構成の理解を確実にする。	【思】10に対する補数を考え，10の分解・合成をし，多面的にみて表現している。

□3□ 本時の主体的・対話的で深い学びのポイント

(1) 子供の思いをいかに引き出すか

　子供から生まれる「なぜ」「どうして」「挑戦したい」という思いを引き出すことが,「解決したい」「やってみたい」という主体的に学ぼうとする原動力となる。子供の素朴概念とのズレを生じさせたり子供の考えに違いが生じたりする問題場面,また挑戦したいと感じさせる問題場面の開発・設定を行い,その解決への必然性をもたせることが重要になってくる。このように考えると,主体的・対話的で深い学びのポイントは,子供の学ぶ必然性を生み出す導入が大きな役割を担っていると考えてもよいだろう。

　本時では,おはじきを取り合う「じゃんけんゲーム」の場を設定する。じゃんけんという活動の面白さから「やってみたい」「勝ちたい」という思いを引き出し,ゲームの勝敗から分解・合成の見方を繰り返しさせていく活動である。初めのうちはじゃんけんの面白さを感じながら活動が進むが,5回行った勝敗の結果をおはじきで表すと様々な5の分解が出てくる。これらを順序よく並べて観察させてみると,子供たちから並び方や数の組み合わせについての気付きが出始めるであろう。

(2) 数学的活動をいかに充実させるか

　特に低学年の子供には半具体物等を用いながら数の構成を理解させることが重要となる。目の前のおはじきを基にして分解・合成を行ったり,念頭で考えたことをおはじきで確認したりすることである。

　本時においても,子供自らが操作したり,黒板にも目に見える形で提示したりしながら確認していくが,順序よく並べることを意識する必要がある。このことにより,一方が決まるともう一方が決まるという関係や一方が増えるともう一方が減るというパターンに気付かせ,数に対する感覚を養うことにつなげていきたい。

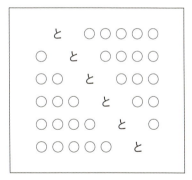

(3) 深い理解を支える授業にいかに転換させるか

　1年生であっても,既に日常の至るところで数に触れ,筋道立てて考えたり,表現したりしている。そう考えると,子供たちは決して「白紙」ではない。授業者として大切なのは子供の思考を引き出すことである。

　本時においても「おはじきが階段みたいになっている」「もう負けて決まった」などという子供の気付きが出てくることが予想される。その際,「階段みたいになってるってどういうこと？」「何で負けって決まったか分かる？」などと教師が個人や全体に問い返すことで,「一方は1個ずつ増えていくけど,もう一方は1個ずつ減っていってる」「3回負けてるから,残りの対決は2回しかない

から負け」と子供なりの論理を引き出すことができる。特に低学年においては半具体物等と対応させながら表現させていくことが重要だと考える。

□4□ 本時の展開

(1) 目標

おはじき取りじゃんけんゲームを行う活動を通して，5の構成を理解できる。

(2) 展開

教師の働きかけと予想される子供の反応	◎指導上の留意点　◇評価
①じゃんけんゲームのルールを確認する。 〈ルール〉 ・全部で5回のじゃんけんをする。 ・勝ったら赤いおはじきを1個置く。 ・負けたら青いおはじきを1個置く。 ・おはじきを置く場所は○が5個かかれたシートの上とする。 ・何対何になったかを隣同士で確認する。	◎試しの活動を行い，具体的にルールを理解させる。 ◎おはじきを置く場所は，○が5個かかれたシートとし，視覚的に勝ち負けが分かりやすいようにする。
②じゃんけんゲームを行う。 T：ルールが分かったから実際にやってみましょう。 C：やったー，勝ったぞ。勝ったら赤いおはじきを置くんだったね。 C：2勝3敗で負けちゃった。残念。 C：僕は逆に3勝2敗で勝ちだね。 C：全部勝ったー。 C：ああ，もう無理だ。もう負けって決まったよー。	◎ルールが分かっているかを確認しながら机間指導を行う。 ◎合成に関わる「何対何」という結果を，必ず確認させる。
③結果を整理し，気付いたことを話し合う。 　5回じゃんけんすると，何対何ができるの？ C：4勝1敗です。結構勝った。 C：私は2勝3敗です。 T：黒板に貼っていきますね。 C：たくさんあるけど，全部合わせたら5になるね。 C：5回じゃんけんしたからだよ。 C：先生，きれいに並べた方が見やすいよ。 T：きれいに並べるってどういうこと？ C：たくさん勝った方から順々にしていくってことです。 T：じゃあ，きれいに並べ替えてみましょう。 C：きれいになったね。 C：おはじきが階段みたいになった。 T：階段みたいになったってどういうこと？ C：だんだん増えてるってことです。 C：こっちは1個ずつ増えていくけど，反対は1個ずつ減っていってる。 T：数字で書いてみましょう。やっぱり1ずつ増えたり1ずつ減ったりしていますか？ C：なってる。1，2，3って増えたり，5，	◎出された結果を黒板におはじきで整理していく。 ◎それぞれ合わせると5になることを確認する。 ◎順序よくおはじきを並べるようにする。 **資質・能力育成のポイント1** おはじきを順序よく並べ替え，視覚的に明らかになったことから気付き出させ，順に並べる美しさを感じさせたり，関数的な見方の素地を培ったりする。 ◎おはじきの数を数字に表し，5の構成の抽象

062　Ⅲ　算数授業の新展開

4，3って減ったりしている。	化を図る。
T：だんだん増えたり減ったりしているのですね。すごい発見をしましたね。	
C：他にも発見があります。一番上と一番下は反対になってる。	◎合わせると全て5になっていることから交換法則につなげていく。
T：反対になってるってどういうこと？	
C：一番上は5と0でしょ。一番下は0と5だからひっくり返ってる。	
C：だったら，2番目同士でも言えるよ。2番目は4と1で，下から2番目は1と4。これもひっくり返ってるから反対だよ。	
T：なるほど。反対になってるのがあるね。	
C：もう1個も反対になってるよ。3と2が2と3になってる。	
T：反対になっているのがたくさんありましたね。それぞれ合わせると数は何？	
C：全部5です。5と0も4と1も3と2も，その反対も5だ。	
T：反対になっても，全部5になるんだね。	
C：だって，全部じゃんけんを5回するんだから反対になっても5は同じだよ。	
T：さっきじゃんけんをしているときに「もう負けと決まった」と言ってた人もいましたね。何で最後までやってないのに，負けって決まったの？	**資質・能力育成のポイント2** 数の構成に着目した発言を取り上げ，具体的に説明できるように，問い返していく。また，発見したことに対する価値付けを行う。
C：だって，5回戦だから，3回負けたらもう終わりでしょ。	
C：そうだね，どんなに勝ってもあと2回しかないから，2勝3敗になる。	
T：なるほど，3回勝ったり負けたりしたら勝負が決まる発見だね。	
C：そう，引き分けは無しだからね。	
T：引き分けは無しってどういうこと？	
C：だって，3勝3敗はないでしょ，全部で5回なんだから。もし，6回じゃんけんだったら引き分けもあるけど。	
C：確かに6回だったら引き分けもあるね。	
T：じゃあ，次の時間は6でじゃんけんゲームをやってみましょうか。	
④本時のまとめを行う。	◎5の構成を1つ1つ再確認し，理解を確実にさせる。
T：5回のじゃんけんをしたらいろいろな結果になりましたね。先生の後に言って下さい。	
T：5は1と4。C：5は1と4。	
T：5は2と3。C：5は2と3。……	
T：次の時間は6でのじゃんけんをしますね。	
C：やったー。楽しみだ。	

3　数の合成・分解

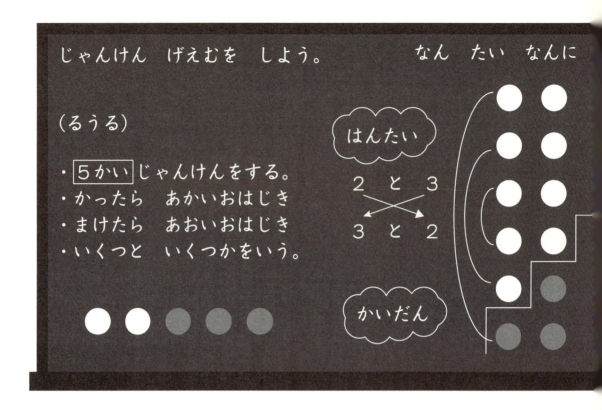

□5□ 実践のまとめと考察

　今回の実践はじゃんけんゲームの場を設定したことにより，子供たちは意欲的に活動に取り組むことができた。活動をしているときに子供たちから表出される言葉を聴いていると5の構成に関わる気付きが多く出された。「3敗したら負けが決まる」や，2勝3敗で負けたペアの子が発言した「逆に3勝2敗」などである。合成や交換法則について子供たちから出される気付きを丁寧に拾い，全体の場で意味を確認していくことが重要だと感じた。目的に迫るために有効な活動であったといえるだろう。

　また，〔数学的活動〕ア「身の回りの事象を観察したり，具体物を操作したりして，数量や形を見いだす活動」に相当する活動に取り組む場面では，バラバラになっていたおはじきを整理して並べ替えることにより，子供たちから気付きが出されやすくなり，「一方が1増えると，もう一方が1減る」などの見方ができるようになった。子供たちが分かるためにも，どのように見せるかが重要な手がかりになることが分かった。子供から出された「6回だったら引き分けもある」という発言も，次の学習につながる，発展的に考えようとする姿の表れであり，学びに向かう力の資質・能力も育成することができた。なお，5を分解する際，「0と5」という考えも出された。大きな取り扱いにはしなかったが，この単元の前に0の学習をしており，0の存在にも気付かせることができた。ただ，自然数の方が子供たちにとって考えやすいため，実態に応じて取り扱うとよい。

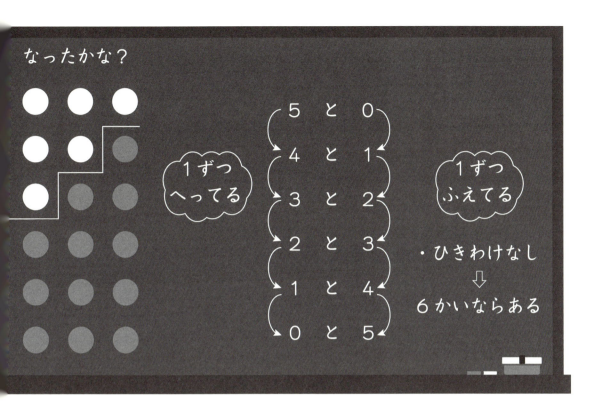

コメント（宮脇 真一）

　1つの数を他の2つの数の和や差と見る見方は，入門期の子供たちに身に付けてほしい重要な数の見方である。本文の中にもあるように，後に学習するたし算やひき算の学習において，「10のまとまり」の果たす役割から見ても，それは自明のことである。

　では，このような「いくつといくつ」という数の見方は，子供たちの成長過程においていつ頃から認識できることであろうか。論考には諸説あるが，おおむね小学校入学前後の子供たちは，5程度の数については，その一つ一つの数を数えることなく，「一目見て認識できる」とされている。この「一目見て認識できる」ことについて國本（2010）は，ドイツの教科書『Das Zahlenbuch』を例に挙げ，大きな数を一目で捉えることのできる数に分解し，その数を集めることにより，全体の数を数えることなく捉えることが大切であるとしている。そうすることで，子供は数えることなく数を把握することができるようになり，のちの計算の学習につながっていくというのである。そこでは，具体物や反具体物の「操作」や図的に表現されたものの「観察」は欠かせない。

　本実践は「じゃんけんゲーム」の結果を図的に提示することにより，「面白い」「だったらどうなるかな」という思いを引き出しており，その背景を配列の工夫によって生み出されるパターンが支えている。「一方が1増えるともう一方は1減る」という状況は入門期の子供たちにとっては，とても魅力的であろう。このパターンをただ見せるだけでなく，子供の気付きと絡めながら子供たちの知的好奇心を刺激することにより数概念を高める有効な実践が展開されている。

4 数の合成・分解

数の並び方のきまりを見いだす

□1□ 本単元の授業づくりのポイント

(1) 三つの柱の資質・能力をいかに育むか

　本単元で育成したい資質・能力は，「10までの数の構成の理解，10までの数を合成・分解する技能（生きて働く「知識・技能」）」「10までの数について2つの数から1つの数を考えたり，1つの数を2つの数に分けて考えたりする力（未知の状況にも対応できる「思考力・判断力・表現力等」）」「数に親しみ，数を多面的に見ようとする態度（学びを人生や社会に生かそうとする「学びに向かう力，人間性等」）」である。

　数を合成したり分解したりする見方については，前単元までに素地となる学習をしてきている。「小さい犬が4匹」と「大きい犬が2匹」なので，「合わせて犬は6匹」などと，属性が同じものを分けて数えることによって，数のまとまりを捉えることができるようになってきている。このような経験を繰り返しながら，数を多様な見方で捉えることができるようにしていくことが大切である。その際，おはじきや，算数ブロックなどの半具体物を活用し，操作する活動の中で数の合成・分解の見方を育んでいく。

　また，数の構成について学んでいく上で，数を順序よく並べることで，一方が決まると，もう一方が決まるという関係や一方の数が減るともう一方の数が増えるという関係について気付くようにすることも重要である。数を多面的に捉えて「だったら違う数なら…」と他の数についても考えようとするなど，発展的に考えていく態度を育成していく。

(2) 数学的な見方・考え方を働かせた数学的活動にいかに取り組むか

① 本単元で大切にしたい数学的な見方・考え方とその成長

　本単元では，これまで一つのまとまりとして捉えていた数についての見方を広げ，2つの数を組み合わせて1つの数をつくったり，1つの数を2つの数に分けたりする活動を通して，数について合成の見方と分解の見方を育んでいく。数についての合成の見方とは，「2と3で，5」と見ることである。数の分解の見方とは，「5は，2と3」と見ることである。

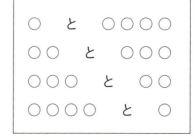

　また，1つの数をほかの数と関係付けて見ることも重要である。これは，「8は

10より2小さい」などと見ることなどである。このように，数を多面的に捉えることができるようにしていく。このような見方は今後の数の見方の素地となるものであり，大切にしていく必要がある。

このような経験を重ねることにより，数学的な見方・考え方を働かせることのよさを実感し，他の場面においても活用しようとする学びに向かう力を養うことにつながる。また，数学的な見方・考え方が豊かになることにつながることになる。

②主体的・対話的で深い学びを支える数学的活動

本授業実践は単元（全体7時間）の第3時に位置付き，学習指導要領算数科の第1学年〔数学的活動〕イ「日常生活の問題を具体物などを用いて解決したり結果を確かめたりする活動」に相当する活動に取り組むことを通して，主体的・対話的で深い学びを実現し，前述の資質・能力の育成を図ることとなる。なお，主体的で対話的で深い学びを実現するためには，次のような手立てが必要である。

　（ア）単元で育てるべき資質・能力を明らかにする。
　（イ）子供の実態を捉える。
　（ウ）子供が主体的に考えたくなる教材を選択する。
　（エ）単元終了後の子供の姿を描く。
　（オ）学習課題を工夫する。
　（カ）多様な活動を取り入れる。
　（キ）「あれ？」「おや？」などの考えのズレを顕在化する。
　（ク）話し合いを焦点化する。
　（ケ）自己選択や自己決定の場を設定する。
　（コ）子供自身が学びを実感できるようにする。

本授業実践では，素材として「言葉集め」を扱う。実践時期は，子供たちが入学したばかりの頃である。そのような子供たちと学校探検をしながら言葉集めを行う。例えば，「7文字」であれば，「つくえ・えんぴつ」「いす・はあもにか」などを見つけてくるのである。楽しく活動する中で，「7文字は3文字と4文字」「2文字と5文字で7文字」といったように，数に目が向いていく。

また，この活動は，子供たちの「もっとたくさん見つけたい」という思いを引き出すこととなる。その思いが「はやく，かんたんに見つける方法はないか」という問題意識を生み出していく。教師が「7は，5といくつですか」と問いかけて学習を進めるだけでは，子供たちにとって問題意識がなく，主体的に考えていく学習を保障するとは言い難い。自らの思いによってなされる活動を通してこそ，自ら考え主体的に学んでいく姿が期待できる。第1学年の子供たちにとっ

て，学校を探検しながら様々な文字数のものを探し出していくことは，学校をより身近に感じることとなる。子供たちが，「やってみたい」「知りたい」と自ら動き出す中で，見通しをもちながら算数を学んでいけるようにすることが重要である。

□2□ 本単元の目標と指導計画，本時の位置付け

(1) 目標

数の構成・分解に関わる数学的活動を通して，次の事項を身に付ける。

○知識・技能

10までの数の構成を理解し，10までの数の構成・分解ができる。

○思考力・判断力・表現力等

10までの数について2つの数から1つの数を考えたり，1つの数を2つの数に分けて考えたりする。

○学びに向かう力・人間性等

数に親しみ，数を多面的に見ようとする。

(2) 指導計画（7時間扱い）

内　容	時　間	ねらい	主な評価規準
5の構成・分解	1	5の構成を理解する。	【知】5の構成を理解している。 【態】数を多面的に見ようとしている。
6の構成・分解	2	6の構成を理解する。	【知】6の構成を理解している。
7の構成・分解	3 本時	7の構成を理解する。	【思】7になる組み合わせについて捉え，7以外の数について考えている。
8の構成・分解	4	8の構成を理解する。	【知】8の構成を理解している。
9の構成・分解	5	9の構成を理解する	【知】9の構成を理解している。
10の構成・分解	6	10の構成を理解する。	【知】10の構成を理解している。
まとめと習熟	7	基本的な学習内容を確認し，定着を図る。	【態】数を多面的に見ようとしている。

□3□ 本時の主体的・対話的で深い学びづくりのポイント

(1) 子供たちの知的好奇心をいかに喚起させ，自信をもたせるか

子供が事象に出会ったばかりの段階での考えは，「思いつき」や「予想（仮説）」でしかない場合が多い。子供なりの根拠を伴った考えに高まってはじめて，「やっぱりそうだ」などと自分の考えに自信をもつことができる。そのためには，考えをもった段階でそれが確かな考えであるのか，いくつかの類似する事象で試してみる活動を十分に保障することが必要である。

Ⅲ　算数授業の新展開

一人一人の考えをクラス全体で共有する段階では，図や表等を使って具体的な方法を説明する中で，その子の思考の道筋を明確にする。そして，それぞれの考えの相違点や共通点を検討していくことによって，みんなが納得できるより洗練された考えに磨き上げていくこととなる。

（2）自分の捉えの曖昧さにいかに気付かせるか

　ある数学的な事象（A）によって考えをつくり上げた子供たちに，その考えだけでは説明がつかない事象（B）に出合う場を設ける。子供たちが始めの考えに自信をもっていればいるほど，心が大きく揺さぶられ，さらなる納得を求めて考えを見直していく。そのような動きを引き出すためには，どの事象とどの事象を比較すればよいのかを明確にしておく必要がある。そのためには，次の3点が大切であるといえる。

① 事象を比較するための条件がそろうようにし，相違点が明確になるようにする。

② 相違点が明確になる中で，両者の共通点に着目できるようにする。

③ 「あれ？」「おや？」と今までの見方を見つめ直し始めた子供が新しい視点を見つけられるようにする。

（3）考えの道筋や背景を明確にし，いかに納得できるようにするか

　子供たちが自ら課題を解決していくためには，どのように思考したのか，その根拠や考えの背景を引き出し，そのよさを明らかにしていくことが必要である。「どのように考えたのか」「どうしてそのように考えたのか」など，考えの根拠や背景を明らかにすることで，子供たちは確かな考えをつくり上げ，次の活動へと歩み出す。

　算数のよさとは，簡潔性（すっきり，簡単），明瞭性（はっきり，分かりやすい），正確性（間違いがない），能率性（手際よい），一般性（いつでも言える），有用性（使える），発展性（生かせる），審美性（美しい）などである。

（4）子供同士の意見をどうつなげるか

　対話的な話し合いをする上で，子供の意見のつなぎ方は大変重要である。手を挙げて発表する子供に当てていくこともよいが，一人の子供が発表しているときに教師が「聞いている子供」の様子を見取ることが最も重要である。聞いている子供の反応としては，以下のものが考えられる。

①「なるほど」「分かった」「そういうことね」「すごい」など，自分の気持ちをつぶやく

②頷いたり，驚いたりといった表情や動作をする

③手を挙げ，発表しようとする

などである。特に，①②のような子供を見逃さず，どうしてそのような反応をしているかを問うことで，発表した子供の考えのよさがより明確になるだけでなく，教室全体を巻き込んでの話し合いができるようになっていく。

4　数の合成・分解

□4□ 本時の展開

（1）目標

　　　見つけた７の組み合わせを伝え合うことを通して，７の構成に着目し，それらを整理して考える。

（2）展開

教師の働きかけと予想される子供の反応	◎指導上の留意点　◇評価
合わせて７文字になるものを発表しよう。 ①どうしたらうまく見つけることができたのかを話し合う。（10分） C：見つけたものの文字の数を数えるといいよ。 C：分かるよ！「つくえ」なら３文字でしょ。だから，あとは４文字のものを探せばいいよ。 T：みんなに分かるように前でやってください。 C：（指を見せながら）全部で７文字だから，最初に７本の指を折っておくの。そしたら，「つくえ」を見つけたら，３本戻すの。４本残ってるから，あとは４文字を見つければよいことがすぐに分かるよ。 | つ | く | え |　|　|　|　|	◎話し合いの焦点を絞ることができるように，一つの言葉を取り上げ，もう片方のものをどのように見つけるかについて話し合うようにする。 **資質・能力育成のポイント１** どのように合わせて７文字のものを見つけると効率的だったかを問う。 ◎数の組み合わせに目が向くように，同じ数の種類ごとに板書する。
②見つけた７文字の物を伝え合う。（10分） T：みんなはどんなものを見付けてきましたか。 C：「つくえ」・「えんぴつ」 C：「いす」・「はあもにか」 C：「おんがくしつ」・「き」 C：いろいろあるね。 C：７文字は３と４，２と５とか，いろいろな数でできているね。	◎数の構成・分解につながる発言に立ち止まり，全体に広げる。
③合わせて７になる組み合わせを考える。（5分） T：いろいろな数でできているって，どういうことですか。 C：７文字のものはいろいろな数でできているってことだよ。例えば，７は３と４でしょ。 C：なるほど。分かった！ T：何が分かったのですか。 C：７になるのは３と４とか，５と２とかいろいろあることが分かったよ。 C：まだあるよ！４と３もあるよ。 C：１と６もだし，６と１もだよ。 C：２と５もだよ。 C：これで全部かな。	◎全ての組み合わせがあるのかを確かめるために，「絶対に６種類しかないのか」を問うようにする。 ◇７の構成に着目し，それらを整理して捉えようとしているか。（発言）

C：きっとまだあるよ！！ C：え？？もうないと思うよ。 T：7文字になる数の組み合わせがこれだけなのか，まだあるのかを確かめるにはどうすればよいのでしょう。	**資質・能力育成のポイント2** 子供たちの「組み合わせは，もうないのか」という思いを明らかにし，確かめるにはどうすればよいかという課題に焦点をしぼる。
7文字になる組み合わせが，これだけで全部なのかを確かめるにはどうすればよいだろう。 ④確かめ方を考え，話し合う。（15分） C：1と6，2と5みたいに，順番に並べると分かるよ。縦に見たら1，2，3，4，5，6って順番に並んでいるよ！ C：あ！すごい！ T：何がすごいと思ったのですか。 C：だって，並べ替えたら1，2，3，4，5，6って順番になっていて，なんだかとても綺麗で見やすいよ。 T：綺麗で見やすいという意味が分かりますか。 C：うん，分かるよ！ C：ペアがそろっているかを見るといいよ。1と6だったら，6と1のようにね。みんなのペアがそろっていればいいよ。 T：ペアってどういうことですか。 C：前に綱引きの場所交代をしたでしょ。そのときみたいに，（2と5）だったら，（5と2）みたいに場所交代をしているんだよ。だから，必ず反対のペアがいるんだよ。 T：（1と6）（6と1）というペアなら，7とのペアは何なのですか？ C：7はないよ！だって7文字だから，（7と0）っていうのはだめだよ。 T：ということは，7文字になる組み合わせはいくつあるのですか。 C：合わせて7になる組み合わせは全部で6つあるんだね。 C：5文字の時は4種類，6文字は5種類だね。 C：順番に並べたら，エレベーターのようになっているよ。（1と6）の上は（0と7）になっちゃうから。もうないって分かるよ。 C：だったら8文字のときはどれだけの組み合わせがあるのかな。 C：あっ，分かっちゃったかもしれない！	**資質・能力育成のポイント3** 数字の並び方のきまりに着目している発言を捉え，その発想のきっかけや背景を明らかにする。 ◎次時の見通しをもつことができるように，7文字以外について考えている姿があれば，取り上げ，全体に広める，学びに向かう力を伸ばす。
⑤本時の学びを発表する。（5分） ・友達の話を聞いていたら，エレベーターみたいに順番に並べればいいことが分かって，とっても勉強になったよ。 ・合わせて7文字になるのは6つあることが分かったよ。8文字も早くやってみたいな。 ・順番に数を並べる考えがいいと思ったよ。これを使えば，8文字も9文字も分かると思うよ。	

4　数の合成・分解

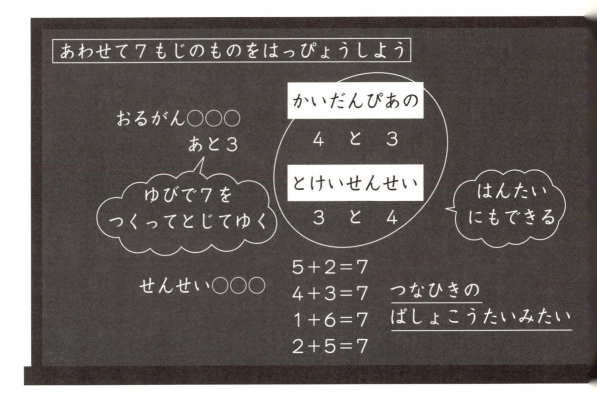

□5□ 実践のまとめと考察

　学校の様々な所を探検し，7文字になるものを見つけ出す活動によって，子供たちは数の構成や分解を行い，主体的に数と関わっていった。合わせて7文字になる数の組み合わせがこれで全てなのかを確かめる際には，「綱引きの場所交代」や「エレベーター」といった子供らしい発言があった。これは，生活経験と算数をつなげる発言であり，子供たちなりの数の並び方やペアの作り方などのアイデアがよく分かるものであった。並び方のきまりを見つけ出したことで，「だったら，8文字なら…」と発展的に考えていく姿があった。このことは，本授業実践において，5文字，6文字，7文字と，学習を積み上げてきたことの成果といえる。

　主体的・対話的で深い学びを実現するためには，十分な教材研究を欠かすことができない。「子供たちにとって考えてみたい課題であるか」「適度な手応えとやりがいが生まれる難易度があるか」「多様性があるか」「発展性が見込めるか」などを吟味しておく必要がある。その上で，「7文字になる組み合わせが全部か確かめるには，どうすればよいのだろうか」などの子供が考えたいことに焦点化することで，子供たちは本気で解決しようと動き出し，考えを深めていくのである。

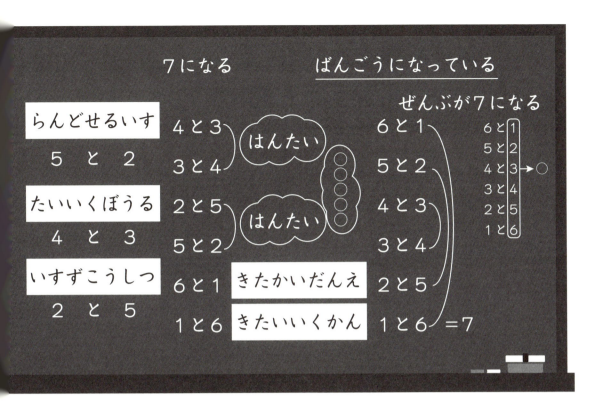

コメント（中川 愼一）

　「Ａ　数と計算」領域の第１学年「数の構成と表し方」の「一つの数をほかの数の和や差としてみること」の指導においては，数の合成や分解によって数の概念を高めていく。ここでの指導は，加法や減法の素地としての意味合いにおいても極めて重要である。

　子供たちは，１対１の対応を付けて個数の大小や相等を判断するなど，ものの個数を数える操作に基づいて整数についての理解を深めてきている。その理解の上に，具体的な活動を通して，一つの数を合成や分解によって構成的にみることができるようにする。

　本実践では，身の回りのものの名前の文字数を素材として指導を組み立てている。子供たちにとって，数に親しみをもって活動を進めることができるような工夫がなされているといえる。その一方で，話し合いが抽象的なものになりがちな面もある。どの子も考えを進めていくことができるように，具体物による活動を十分に保障していくことが必要である。

　第１学年の算数では，数の分解についてばらばらに見つけ出した数の組を順序よく整理してみると思考が大きく節約できたという感激など，子供たちが算数に出会う瞬間の喜びや感動を大切にする必要がある。そのことが，目指す資質・能力の育成を実現させていくことにつながる。

5 加法の意味

数量の関係に着目し，加法の計算の意味を考える

□1□ 本単元の授業づくりのポイント

(1) 三つの柱の資質・能力をいかに育むか

　本単元で育成したい資質・能力は，和が10以下の加法の計算について，数量の関係に着目し，加法の意味を考えたり，加法が用いられる場面を式に表したり，式を読み取ったりすることができるようにするとともに，数の構成と表し方等の既習の内容を基に計算の仕方について考え，理解し，習熟するとともに，その過程で基本的な計算や数の構造を基にして計算の仕方について考えたり工夫したりする力を身に付け，学びに向かう力，人間性等を涵養することである。また，これらの資質・能力を単元全体の指導計画に位置付けることで1単位時間において育成する資質・能力と単元全体を通して育成する資質・能力を明確にしてバランスよく育成することも大切である。

　加法が用いられる場合については，学習指導要領（H29）算数科解説編には，「増加」「合併」「順序数を含む加法」「求大」「異種のものの数量を含む加法」の5つが挙げられている。本単元では，主に合併と増加の2つの場面を扱うことになる。単元の導入においては合併場面を扱うことが多い。これは，加法は2つの集合を1つの集合として捉える経験がこれまでの日常生活の中で多く，加法とは「合わせる」という印象が強いからであると考える。一方，増加の場面については，これまでの日常生活の中で「増えること」と「たすこと」を同義として扱う経験が多く，根拠は曖昧ではあるが増加を加法として捉えている児童が多い。したがって，「なぜ，増加の場面は加法と言えるのか」という問いについて，根拠を十分にもつことができない児童がいる。そこで，本単元においては，増加の場面を学習する際に，合併と増加の2つの場面を統合的に考察することで，加法を「2つの集合を1つの集合として捉える」ことであることに気付き，その意味を理解させる必要がある。

(2) 数学的な見方・考え方を働かせた数学的活動にいかに取り組むか

①本単元で大切にしたい数学的な見方・考え方とその成長

　本単元では，これまでに学んだ具体的な場面に基づいて，絵，図，半具体物等を用いて数量の関係に着目し，加法の意味を統合的に考察しようとする数学的な見方・考え方を大切にする。このような数学的な見方・考え方を働かせて加法の計算の意味を理解することができるようにする。また，このような経験を積み重ねていくことで，その後の減法の学習において様々な減法の場面を統合的に考察

Ⅲ　算数授業の新展開

する場合にも，加法で学習したときのことを想起することができる。そうすることで，学習したことを生かして新たな課題を解決していこうとする学びに向かう力につなげることができ，さらなる数学的な見方・考え方の成長へとつなげることができる。

②**主体的・対話的で深い学びを支える数学的活動**

　本授業実践は単元の第8時に位置付き，学習指導要領算数科の第1学年〔数学的活動〕エ「問題解決の過程や結果を，具体物や図などを用いて表現する活動」に相当する活動に取り組むことを通して，主体的・対話的で深い学びを実現し，前述の資質・能力の育成を図ることとする。具体的には，合併と増加の場面が同じ加法であることを考えるに当たり，それぞれの場面の構造を多様な表現様式と関連付けて説明する活動を行う。そうすることで，その後の合併と増加の場面の共通部分を考察する際の根拠を明確にすることができる。統合的に考察するためには，それぞれの集合の共通性を見いだすことが必要となり，数学的な見方・考え方を育成することにつながる。

　第4時においては，合併の場面の問題作りを行う中で，各自が作った問題をペアで比較検討する活動に取り組む。初めて問題作りをする子供たちにとっては，これまでに学習してきた文章題の構造を手掛かりとして活動を行うことになる。互いに作った問題を検討する中で，合併の場面で用いられる「全部で」「みんなで」「合わせて」といった問いのキーワードを基に加法の意味を再構成したり，文章題の構造を理解したりしていくことになる。

　また，第5時においては，初めて増加の場面についての学習を行う。ここでは，第1時で学習した題材と同じ金魚を用いることで，前時までの学習との違いに気付くことができるようにする。そのために，半具体物であるブロックを用いた操作的活動を中心に意味理解を図るようにする。半具体物は，他にも考えられるが操作活動を行う場合には，塊として操作しやすいブロックが適していると考える。

　さらに，第2時以降，式を読み取る活動を各時間に取り入れ，抽象的な式表現を具体的な場面に捉え直すことで，第4時や第8時における問題作りへの抵抗感を減らすようにする。具体的には，問題文から立式をする活動において，子供から出された多様な式を板書し，一文ずつ式と関連付けてその意味を確かめるようにする。式と問題文，半具体物等を関連付けて捉える活動を繰り返すこと

で，他の子供から出された式の意味を読み取り，式と言葉を関連付けて思考しようとする態度が育成される。

第8時においては，これまでの学習内容を統合的に考察するために合併と増加の場面を比較検討するようにする。操作としては異なるものの，操作の結果が問いに対する答えであることから「2つの集合を合わせた集合の要素の個数を求める演算」，つまり，全体の数を求めることが加法であることを理解することができるようにする。

□2□ 本単元の目標と指導計画，本時の位置付け

(1) 目標

和が10以下の1位数と1位数の加法に関する数学的活動を通して，次の事項を身に付ける。

○知識・技能

加法の意味について理解し，それらが用いられる場合について知ること，また，加法が用いられる場面を式に表したり，式を読み取ったりするとともに，和が10以下の1位数と1位数の加法の計算が確実にでき，適切に用いることができる。

○思考力・判断力・表現力等

数量の関係に着目し，計算の意味や仕方を考えたり，日常生活に生かしたりする。

○学びに向かう力・人間性等

日常生活の中から加法の場面を想起し適用して，問題を解決したり，進んで生活や学習に活用したりしようとする。

(2) 指導計画（12時間扱い）

内　容	時間	ねらい	主な評価規準
あわせて いくつ	1 2 3 4	加法（合併）が用いられる場面を理解し，「＋」「＝」を用いて式に表し，その計算をすることができる。	【思】2つの集合を1つの集合として捉え，操作や絵，式等と関連付けて合併の場面を考えている。 【知】加法（合併）の場面を理解している。加法の記号や等号の使い方を理解している。 【態】絵を見て，加法の場面（合併）の問題作りをしている。
ふえると いくつ	5 6 7 8 本時	増加も加法の場面であることを理解し，「＋」「＝」を用いて式に表し，その計算をすることができる。	【思】2つの集合を1つの集合として捉え，操作や絵，式等と関連付けて増加の場面を考えている。 【知】加法（増加）の場面を理解している。加法の記号や等号の使い方を理解している。 【態】絵を見て，加法の場面（増加）の問題作りをしている。

たしざん の絵本	9	絵本の作り方を理解し，絵本作りをすることができる。	【態】絵本作りに，意欲的に取り組もうとしている。
たしざん カード	10	答えが同じになるカードを探す中で，加法の計算を適切にすることができる。同じ答えになるカードを並べ，数の変わり方のきまりに気付くことができる。	【知】計算を正確に適切な速さですることができる。【思】同じ答えになる加法の式に，数の変わり方のきまりがあることに気付く。
0の たしざん	11	ゲーム性のある活動の結果から0の意味を考え，0を使った加法について考える。	【思】0の入った場面を捉えて，その計算の仕方を説明している。
まとめと 習熟	12	基本的な学習内容を確認し，定着を図る。	【知】単元の学習を振り返り，学習したことをまとめ，練習問題を解くことができる。

□3□ 本時の主体的・対話的で深い学びづくりのポイント

(1) 授業のゴールをいかに変えるか

　学習指導要領の改訂に伴い，統合的・発展的に考察することの重要性が示されている。これは，自分なりの方法で問題を解決することにとどまり，算数科の目標に掲げられているよりよく問題解決しようとする態度を養うことが十分ではないと捉えることもできる。本時のように合併と増加の場面を加法として統合的に考察しようとする学習は，子供たちから出される多様な考え方の中のどのようなことに着目すると共通点を見いだすことができるのか，その視点を獲得することにつながり，今後の学習においても，式や図，半具体物等を関連付けて考察しようとする態度を育成する素地になると考える。本時では，「がっちゃんとくるがっちゃんは，同じと言えそうかな」という問いかけに対して，板書を基に同じところを見つける中で，加法の意味を構成していくことになる。そうすることで，思考力・判断力・表現力等が高まり，多様な表現様式による加法の意味についての構造化がなされる。

(2) 数学的活動をいかに充実させるか

　これまでに子供たちは，数の構成と表し方の学習において，数の絵本を作ったり，合併の学習において問題を作ったりする経験を通して，問題作りをすることの楽しさを感じている。そこで，単元を通して式を読み取る活動を継続的に取り入れるようにする。立式した際に，誤答の意味を考えることで，式と言葉を関連付けて説明する活動を行い，異なる表現様式をつなげること

5　加法の意味　077

で，抽象から具体を捉えることができるようにする。その中で，合併の場面を構造的に捉えて抽象化を図るだけではなく，友達が作った場面を知ることで加法には多様な場面があることに気付き，加法の適用場面を拡げ一般化を図っていく。

(3) 深い理解を支える授業にいかに転換させるか

第1学年の子供たちにとっては，問題作りをするだけでも十分難しい学習活動といえるかもしれない。しかし，問題作りをするだけにとどまり，教師がその正誤を判断していては，問題作りをする価値はあまり見いだせない。子供たち自身が作った問題を精査したり，統合的に考察したりすることで，問題の構造を捉えたり，増加と合併が同じ加法であることの根拠を明確にもったりすることができ，深い理解へとつながると考える。

本時に当たっては，自分たちで作った問題を分類整理することで，合併と増加のそれぞれの場面の構造を再度確かめることができる。その中で，それぞれの場面を式，言葉，半具体物等と関連付けて捉えることになる。

さらに，その2つの場面が板書された黒板を基にすることで，たし算の意味を統合的に考察する手立てとなる。

□4□ 本時の展開

(1) 目標

式から合併と増加の具体的な場面を想像して絵や文に表すことで，加法の適用場面を理解することができる。

(2) 展開

教師の働きかけと予想される子供の反応	◎指導上の留意点　◇評価
①学習課題を受け止める。 　6＋4の式になる問題を作ろう。 T：6＋4の式になる問題を作りましょう。 C：たくさんできそうだ。 C：何を選んでもいいんですか。 T：絵の中からなら，どれを選んでもいいですよ。 C：（挿絵を見て）がっちゃん（合併）のお話ができると思うよ。 C：くるがっちゃん（増加）のお話もできそうだよ。 C：もう作ってもいいかな。 　　（各自問題作りをする） T：たくさんのお話を作ることができたね。 C：みんなに教えたいな。 　　（6つの問題場面に合わせた問題を発表する） T：たくさんの問題を作ることができてすごいね。 C：だって，がっちゃんとくるがっちゃんだもん。	◎合併と増加の場面がそれぞれ複数ある絵を提示する。 **資質・能力育成のポイント1** 自分が選択した場面を基に問題作りを行うことで，主体的に学習する態度を育成する。 ◎合併と増加の場面があることを子供たちの発言から確認し，全体で共有する。

Ｔ：どういうこと。 Ｃ：だから，がっちゃんのお話とくるがっちゃんのお話を作るんだから簡単だよ。 Ｔ：じゃあ，たくさんのお話があるけど，がっちゃんやくるがっちゃんと同じ仲間のものがあるかな。 Ｃ：あるよ。もう見つけた。 Ｃ：本当だ，簡単に分けることができるよ。 Ｔ：誰か，分けてくれるかな。 　　（作った問題を分類整理する）	◎作った問題を分類整理するように促すことで，合併と増加という抽象的な二つの場面について検討することができるようにする。
②合併場面と増加場面が同じ加法と言える理由について考える。 Ｔ：6＋4になるお話を作ったのに，2つの話ができるんだね。 Ｃ：どっちもたし算のお話だもん。 Ｔ：がっちゃんは，どんな話だったかな。 Ｃ：全部を見つけるお話だよ。 Ｃ：「全部で」とか「みんなで」とかの言葉があるもん。 Ｔ：くるがっちゃんはどんな話だった。 Ｃ：増えるお話だよ。 Ｃ：後から，やって来る。 Ｔ：それだったら，一緒のお話じゃないんじゃないの。本当にがっちゃんとくるがっちゃんが一緒だって言えそうかな。 Ｃ：言えるかもしれない。 Ｃ：がっちゃんの式とくるがっちゃんの式が同じになっているよ。 Ｃ：ブロックを見ると，答えになるところが同じになっているよ。 Ｃ：本当だ。同じになっている。 Ｔ：どうして，答えが同じになるのかな。 　　友達に自分の考えをお話ししましょう。	◎2つの場面について確かめることで，式，言葉，半具体物等を関連付けて捉えることができるようにする。 ◇式や半具体物等を基に合併と増加の共通部分に着目して，説明している。 **資質・能力育成のポイント2** 合併と増加の場面の共通点部分を見つける活動に取り組ませ，何が共通しているのかを問う。
③合併と増加についてのブロック操作の共通性について話し合う。 Ｔ：どうして，2つのブロックは，同じになったのかな。 Ｃ：だって，どっちも全部でいくつになるかを聞かれているから。 Ｔ：どういうこと。 Ｃ：たし算は，全部の数を聞かれているでしょう。だから，ブロックも式も同じになっていると思う。 Ｔ：なるほど，だから，答えも一緒になるんだね。 Ｃ：だって，お話の中に「全部で」という言葉もあるよ。	◎ブロック操作の結果が共通しているところから，合併と増加の2つの場面は全体の数が問われていることを確かめ，加法の意味を理解することができるようにする。

5　加法の意味　079

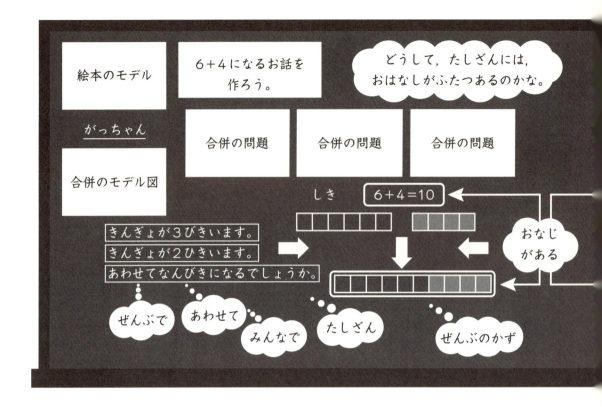

□5□ 実践のまとめと考察

　複数の問題場面を設定することは，子供たちが意欲的に問題作りをする意欲を高めることにつながった。問題を分類整理する中で，合併と増加の問題に統合し，更に合併と増加の共通部分を見つけ，操作として同じ加法であるという理由から，2つの集合を1つの集合として捉え，子供たちの言葉で言えば，「全部の数を求めることが加法である」と意味の理解を図ることができた。

　相違点を見つけることは第1学年の子供たちにとってあまり難しいことではない。しかし，共通点を見いだすには手立てが必要になってくる。今回は，式や問題文（言葉），ブロックによる多様な表現様式を関連付けることでその共通点を見いだすことにつながった。

　第7時までは，ぼんやりと加法には2つの場面があることを捉えていた子供たちが本時の学習を行うことで，統合的に考察することを通して，加法の意味を理解することにつながった。このことは，その後の減法の学習の際にも，複数の場面を式，ブロック，問題文等を関連付け統合的に考察しようとする態度が見られたことからも，学びに向かう力の資質・能力を育成することができた。

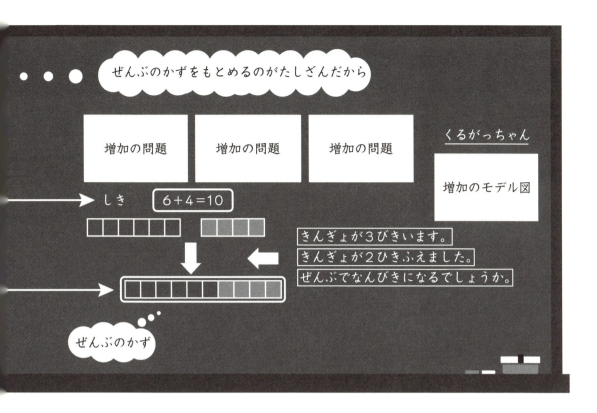

コメント（山口 武志）

　本実践の主な特徴や意義としては，次の2点が挙げられる。
　第一は，加法の場面の異質性と同質性に配慮した2段階の授業展開である。第1学年における加法や減法の学習では，「具体的な場面について，児童がどの場合も同じ加法や減法が適用される場として判断することができるようにすることが大切である」（文部科学省，2018，p.84；下線筆者）と指摘されている。つまり，加法の学習では，合併や増加といった加法の場面の異質性のみを過度に強調するのではなく，むしろ，どの場面であっても，加法の式として表されるという同質性にも力点を置きたい。こうした視座から，本実践では，作った問題の分類という数学的活動を通じて，まず，場面の異質性に着目しながら，作った問題を合併の場面や増加の場面としてそれぞれ統合している。次に，加法としての同質性に着目しながら，合併や増加の場面を「加法の場面」としてさらに統合している。
　第二は，上述の授業展開を具体化するための重要な手立てとして，多様な表現様式間の翻訳を重視していることである。表現の視座からみれば，本実践における問題作りや問題分類の活動は，「6＋4」という記号的表現を「加法に関するお話」という現実的表現や，ブロックによる操作的表現あるいは図的表現に翻訳することに対応する。このように，多様な表現様式間の翻訳によって，場面の異質性や同質性という視座からの加法に関する深い意味理解が達成されている。

5　加法の意味

6 減法の意味

数量関係に着目し，
減法の計算の意味を考える

□1□ 本単元の授業づくりのポイント

（1）三つの柱の資質・能力をいかに育むか

　本単元で育成したい資質・能力は，繰り下がりのない1位数同士の減法について，その意味や計算の仕方を考え，減法が用いられる場面について知ること，また減法が用いられる場面を式に表したり，式を読み取ったりするとともに，それらの計算について習熟することである。その過程で，数図ブロック等の具体物や図を用いた活動を通して，計算の仕方について考えたり工夫したりする力を身に付け，学びに向かう力を涵養することである。

　本単元で減法の意味を考えていく際には，前単元の加法について学習した具体物や図などを用いた活動を基に，減法の場面理解を丁寧に行っていくことが重要である。その際，数量関係に着目し，求残，求差などの具体的場面について，どの場面も減法が適用される場面だと判断できるようにしていくことが大切である。このように減法の用いられる場面を，次第に一般化して減法の意味を具体的に捉えられるようにすることを重視する。

　また，具体的な場面から式に表す力や減法の式から具体的な場面を考える力を育てることも重要である。その際，減法の意味を学んだ経験を活かし「～がいくつ多い」「残りは～」「違いは～」のような減法につながる言葉を用いて判断し，立式や問題作りなどができるよう子供たちに意識させていく必要がある。

　さらに，繰り下がりのない1位数同士の減法計算を確実に身に付けて必要な場面で減法を適切に使えるようにすることも大切である。そのためには習熟のため繰り返し計算に取り組んでいけるような学習環境づくりも必要である。

（2）数学的な見方・考え方を働かせた数学的活動にいかに取り組むか

①本単元で大切にしたい数学的な見方・考え方とその成長

　本単元では，具体的な場面の数量関係に着目し，求残，求差などの意味を「取り除く」という操作や図からどちらも同じ減法を用いる場面として判断しようとする見方・考え方を大切にする。また，具体的な場面の数量関係を式に表したり，式を読んで具体的な場面を考えたりするよさを実感させることで，日常生活にも生かそうとする学びに向かう力につなげるとともに，数学的な見方・考え方の成長へとつなげることができる。

②主体的・対話的で深い学びを支える数学的活動

　本授業実践は単元の第6時に位置付き，学習指導要領（H29）算数科の第1学

082　Ⅲ　算数授業の新展開

年〔数学的活動〕エ「問題解決の過程や結果を，具体物や図などを用いて表現する活動」に相当する活動に取り組むことを通じて，主体的・対話的で深い学びを実現し，前述の資質・能力の育成を図ることになる。

本単元で扱う減法が用いられる場面については，大きく2つの場合がある。一つは，はじめにある数量の大きさから，取り除いたり減少したりしたときの残りの個数を求める求残の場面である。第1～3時では，既習の加法の意味と計算で学んだ増加や合併の逆操作と捉え，求残場面を学んでいく。その際，元の数から減る数や一方の数

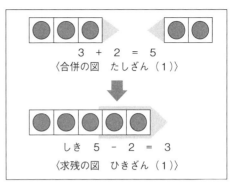

を「取り除く」操作を数図ブロックの操作や図に表現し，その共通点を探し，言葉や式と結びつける活動からひき算の意味を捉える学習を具体的に行い，理解を深めていく数学的活動が大切である。そして第4・5時では，繰り下がりのない1位数同士の減法計算を確実に身に付けるため習熟を行う。

もう一つは2つの数量の差を求める場合である。第6～8時では，求差の場面について扱っていく。求差は求残と違い，加法の逆操作では考えられない。2つの数量を1対1対応させ，共通した部分を「取り除く」ことで差を

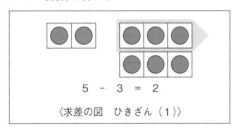

明確に意識できるような指導が必要である。そのため，まず数量関係に着目させ，求残との違いに目を向ける必要がある。次に，解決の際2組の数図ブロックを置き1対1に対応する部分を見つけ，差を数図ブロックや図で視覚化するとともに差を表す言語と結びつけることが大切である。言葉は違っても，残りと差を求める操作が同じことから，どちらの場面も減法が適用されると判断し，式と結びつけることでひき算の意味を拡張させ，理解が深まるようにしたい。

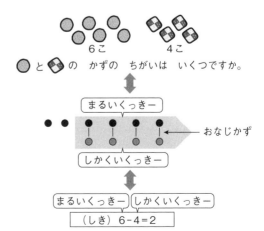

6 減法の意味

□2□ 本単元の目標と指導計画，本時の位置付け

（1）目標

　減法に関わる数学的活動を通して，次の事項を身に付ける。

○知識・技能

　　繰り下がりのない1位数同士の減法の意味を理解し，それらが用いられる場面について知ること，また，減法が用いられる場面を式に表したり，式を読み取ったりするとともに，それらの計算が確実にできる。

○思考力・判断力・表現力等

　　数量の関係に着目し，繰り下がりのない1位数同士の減法計算の意味や仕方を考えたり，日常生活に生かしたりする。

○学びに向かう力・人間性等

　　求残，求差を減法の式に表すよさを知り，進んで式に表し，差を求めようとする。

（2）指導計画（10時間扱い）

内　容	時　間	ねらい	主な評価規準
求残の意味と計算	1 2 3	残りを求める1位数同士の減法計算の意味を理解し，計算をすることができる。	【態】進んで式に表し，差を求めようとする。【思】求残の1位数同士の減法計算について，意味や仕方を考える。
習熟	4 5	計算カードを使い，1位数同士の減法計算の定着を図る。	【知】1位数同士の減法の計算が確実にできる。
求差の意味と計算	6 本時 7 8	差を求める1位数同士の減法計算の意味を理解し，計算をすることができる。	【思】求差の1位数同士の減法計算について，その意味や仕方を考える。
おはなしとしき	9	減法が用いられる場面を式に表したり，式を読み取ったりすることができる。	【知】既習の内容を基に，具体的な場面を式に表し，式から具体的な場面を連想できる。
まとめと習熟	10	基本的な学習内容を確認し，定着を図る。	【知】単元の学習を振り返り1位数同士の減法の計算が確実にできる。

□3□ 本時の主体的・対話的で深い学びづくりのポイント

（1）授業のゴールをいかに変えるか

　本時は，求差の場面の導入として，帽子のない5匹のカエルと，帽子をかぶった3匹のカエルとの差の求め方を考える場面である。その際，まず具体的場面で1対1対応の線を引いて考えることが大切である。子供たちには前時までの減少の場面を減法として捉えてきた経験を基に数図ブロックではどう表現できるのか，図ではどうかを考えさせていく。その過程で「取り除く」部分の表し方に違いがあるが，その操作は同じであると数量関係を捉え直すことから，求差の場面

も求残と同じ減法であると判断する力を高め理解を深めていくことをゴールとして意識した授業展開としたい。

(2) 数学的活動をいかに充実させるか

「違い」の調べ方を考えていく際，数図ブロックの5個や3個のブロックが，具体的場面の何と対応しているのかを考えるように助言していくことが大切である。それは，前時までの求残で，ある1組のブロックからいくつか「取り除く」活動を繰り返した子供たちにとって，1対1対応を表すための2組のブロックを並べて比較するのは難しいと考えたからである。

そこで，まずはどれだけ多いか答えを問い，具体物を線で結び，1対1対応させながら差を確認する。差が2であることから，それを数図ブロックで表してみようと問いかける。帽子のあるカエルとないカエルの共通部分である3をどう表現すれば，差を表す操作になるかを  考える。前時までのように1組のブロック図で表現した考えを先に取り上げ，それを基に具体的場面と比べながら数図ブロック操作を考えさせ，1対1対応した共通部分を明確にできる表現へと移行していく。そうすることで，1対1対応した共通部分を「取り除く」という捉えが具体的場面と数図ブロック操作，図，言葉の中で結びつき，差を求める減法の意味を理解できる。

その際，差を視覚的に意識できるよう，数図ブロックの色を変えたり，2段にして考えたりするよう分かりやすい方法や図での表し方に触れ，子供なりの言葉で説明することで，3を「取り除く」という求残と同じ操作に気付かせ減法の意味を理解できるようにする。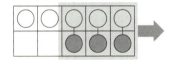

(3) 深い理解を支える授業にいかに転換させるか

それぞれの子供たちの解決の考えを確認していく際，求残との共通点について話し合い，求残も求差も同じ減法として考えるようにしていく。差を求める際に出てきた「取り除く」操作と，前時までの残りを求めるための「取り除く」操作の相違点や共通点を捉えられるようにしたい。そのためには，求残場面で「取り除く」操作や図での表現を大切に指導しておく必要がある。また，本時で扱う差を求める操作の場合，共通部分を「取り除く」ことを矢印等を用いて表現するなど，文意を的確に表すことが大切である。そして本時の最後に，言葉は違うが求残も求差も「取り除く」ことが共通していること振り返り，明確に押さえていく。次時以降，「取り除く」ことがさらに式ともつながっていき，求差も減法であることをより深く理解できるようにする。

□4□ 本時の展開

(1) 目標
1対1対応したものの数に着目し，具体物の操作や図に表現することで，差を求める方法について考えることができる。

(2) 展開

教師の働きかけと予想される子供の反応	◎指導上の留意点　◇評価
①素材から問題を見いだす。  帽子をかぶったカエルたちと帽子のないカエルたちでは，どちらが多いでしょう。 C：帽子をかぶったカエルは3匹。 C：帽子なしのカエルは5匹もいるよ。 T：どちらのカエルたちが多いですか。 C：帽子なしのカエル。5匹の方が多いもん。 T：なるほど。では，帽子なしのカエルたちの方がどれだけ多いのでしょう。 C：5－3＝2 C：こうやって，帽子なしとありを1匹ずつ線で結んでいけば，残りが2匹になるよ。  C：そうだ。つながれていない2匹分多いよ。 C：確かに。でも減ってない。「残りは」って聞かれてないし。これもひき算になるの？ 　違いを調べるには，どうしたらよいか考えよう。	◎前時までの求残と違う場面であることを確認する。 **資質・能力育成のポイント1** 求残と比べ，差を求めることは，操作のどこが違うのかが分かるように話し合う。
②数図ブロックを操作して，違いの見つけ方を考え，話し合う。 T：違いを調べるにはどうしましょう？ C：帽子のないカエルは5匹いて，そこから3匹取れば，残りは2匹になるよ。  T：今日は「残り」ではなく，「違い」ですね。先ほどの線で結んだことから考えるとこのブロックの動かし方で分かりますか？ C：並べた5個は，帽子のないカエルの数。 C：取った3匹は帽子をかぶったカエルの数でしょ？　なんで帽子のないカエルから帽子をかぶったカエル取っちゃうの？ C：だって，3匹が同じになっているもの。 T：何と何が同じになっているのですか。 C：さっき線で結んだ帽子をかぶったカエルの数と，帽子のないカエルの数。 C：でもブロックには出てこない。私は，そ	◎数図ブロックを操作して差の求め方に気が付いた子には，ノートに図をかいて整理するよう促す。 ◎話し合いの中で，数図ブロックの数について問い，3の意味を考えるようにする。

れぞれのカエルを並べてみたよ。同じに
　なってる3匹を取ればいい。

C：同じ所を囲んだんだ。さっき線で結んだ
　カエルが分かる。
T：そうですね。ブロックの並べ方を変えて，
　もっと同じ所が分かるようにしている
　○○さん，発表してくれる。
C：同じ所が目立つよう，それぞれのカエル
　を縦に並べてみました。こうすると，

C：そうか，赤のブロックと，青のブロック
　と，同じ数の所が3個になっている。取っ
　て残った所が違いになる。
C：カエルの絵でやったみたいに1つずつ線
　でつないでいくと。

C：同じになっている所の数がもっとはっき
　りした。同じ所の3匹を取れば，残りが
　2匹。2匹多いって分かる。
C：この「残り」が「違い」ってこと。
T：では図で答えを求めた○○さん。あなた
　の考えを聞かせて。
C：ブロックと同じように，それぞれのカエ
　ルを2行に並べました。同じになってい
　る所を線で囲んで，一緒に取ると，違い
　が2匹になります。

③まとめる。
T：違いを求めるにはどうしたらよかった？
C：同じになっているところを取ればいい。
C：「残りは」のひき算と同じだ。
T：どこが同じなの？
C：同じところを「取る」と，残りが出ると
　ころ。それが「違い」になっている。
C：この問題もやっぱりひき算になる。
T：「違いは」と「残りは」では，言葉は違っ
　ていますが，「取る」という操作が同じで
　したね。違いを調べるときには，ひき算
　のように取ればよいことが分かりました。
　じゃあ，式も考えられそうかな。
C：できそう。やっぱりひき算の式になるよ。
T：次の時間は式についても考えてみようね。

　ちがいをしらべるときは，おなじところを「と
　る」とわかる。

◇1対1対応したものの数に着目し，具体物
　の操作や図に表現することで，差を求める
　方法について考えることができる。(発言，
　ノートの記述)

資質・能力育成のポイント2
表現した数図ブロックと具体的場面を照らし合
わせ，数の意味を捉えられるよう，問い返して
いく。

◎違いを調べる方法を振り返り，残りを求め
　たときのように取れば分かることを再確認
　する。

資質・能力育成のポイント3
求残との共通点について話し合い，求残も求差
も減法として考えられることを確認する。

6　減法の意味　087

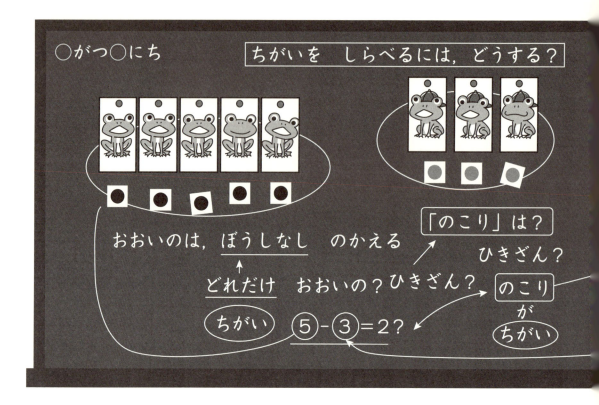

◻5◻ 実践のまとめと考察

　具体的な場面理解を基に，数図ブロックや図で1対1対応を確認していく中で，求残とは違う求差の場面を理解できた。また，数図ブロックや図に表現された数の意味を問い返していくことで，前半は曖昧なままだった1対1対応部分の操作の意味について考え，どう表していけばよいか表現方法を高めていくことで求残との相違点・共通点を子供自身が気付くことができた。

　カエルの差について考える際，前時までに求残場面を図に表現してきた経験があったので図に表現する活動も扱った。しかし，求差の導入場面での操作と図での表現とがつながりにくい子供もいた。共通部分を「取り除く」操作をどう表現したら図で表現できるか，様々な子供たちの表現を見合って話し合う時間を作るなど，丁寧に扱い，表現できるようにしたい。

　第7・8時では，具体的場面と数図ブロックや図，言葉そして式との関連を考えていくことで，求差の場面も減法計算で表現し，解決していけることを理解できた。その過程で，式の被減数や減数が数図ブロックのどこに当たるのかが明確になるよう考えていくことで，減法の式の意味を理解できた。第9時に行った「お話作り」の学習では，具体的な式から求残と求差の両方を問う問題を多くの子供が作っており，単元を通して問題解決の過程や結果を具体物や図などを用いて表現する数学的活動を充実させていくことで，数量関係に着目して考える数学的な見方・考え方を育成することができた。

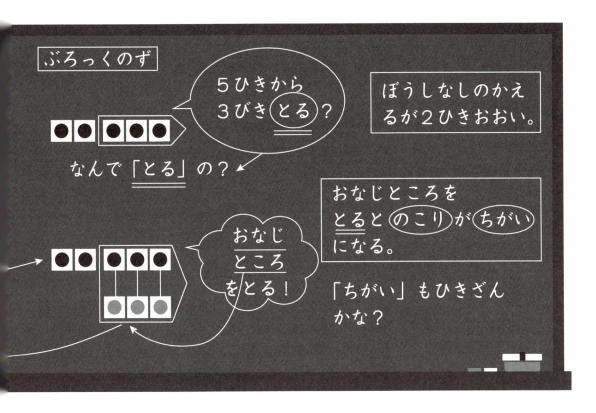

コメント（小坂 裕皇）

　1年生はここで初めて減法の学習をする。主に，求残・求差の場面を扱う中で，どの場合も同じ減法が適用される場として判断できるよう数学的な見方・考え方を成長させていくことが大切となる。その際，求残場面の学習が基本となる。具体的場面を取り上げながら，「残りがいくつ」かを数図ブロック等の手の操作と言葉や式を結びつける指導が確かな理解へと誘う上で大切となる。

　本実践は，求差の場面を扱う。求差は，求残のようにたし算の逆思考では扱えない学習である。そのため，具体的場面から，帽子をかぶっていないカエルとかぶったカエルの差を求めるため，1対1対応を基に違いを求めるという数量関係に着目することがまず大切となる。次に，1対1対応のカエルを取り除くことが答えを求めることにつながる場面を，数図ブロックや図などで表現することにより，求残との意味の違いを理解する。しかし言葉は違っても，「取り除く」という観点に立つと，求残場面と手の操作が同じになることからひき算と判断できるようにすることで数学的な見方・考え方を成長させることが本実践の鍵である。授業者は，まず問題把握の場面で，求残場面との違いを把握させるため，数量関係を確認し，1対1対応させカエルの違いが2匹であると見通しをもたせている。さらに取り除く1対1対応させた3匹のカエルに注目し，これを取り除く具体的な操作や図をどう表せばよいのか，子供たちとの対話を基に段階を踏みながら求残の操作との共通点や相違点を取り扱うことで学びの深まりへと丁寧につなげている。

7 繰り上がりのある加法

複数の考えから統合的に考える

□1□ 本単元の授業づくりのポイント

（1）三つの柱の資質・能力をいかに育むか

　本単元で育成したい資質・能力は，1位数＋1位数の繰り上がりのある加法について，数量の関係に着目し，計算の意味や計算の仕方を考え，理解し，習熟するとともに，その過程を半具体物や図や式を用いて自分の考えを少しでも論理的に説明できるようにし，日常生活や今後の計算の仕方を考える際に活かしていけるようにする態度を養うことである。この資質・能力を単元全体を見通してバランスよく育成していくことが期待される。

　本単元では，1位数＋1位数の加法について，「10のまとまりをつくって，あと残りがいくつか」という手順に沿って，学習を進めていく。大切にしたいのは計算の仕方を教師が一方的に教えるのではなく，子供自身が主体的に計算の仕方を考えることである。計算の仕方そのものを子供自らが考える時間をとって，子供自らが「10とあといくつ」という見方を発見する。繰り上がりのある加法の計算の仕方には，加数を数えながらたしていく「数えたし」や，被加数を10にするために加数を分解する「加数分解」，加数を10にするために被加数を分解する「被加数分解」，加数も被加数も5といくつに分解する「両数分解」がある。数えたし以外の考えは，「10のまとまりをつくる」という点で共通している。ブロック操作や図，数の合成・分解から，既習事項である「10といくつ」という数の見方を用いて10をつくるよさに気付く。このときに繰り上がりのある加法の計算の仕方を，具体物を操作することと関連させながら確実に身に付けるとともに，今後の算数学習に活用することができる技能の基礎を確実に習得することが大切である。「分けて計算して，あとでたす」という考え方はその後の計算を学ぶ素地となる。今後桁数が増えた計算においても子供自らが計算の仕方を考えていけるようにする。このように自分たちで計算の仕方を考える学習は，今後の学習においてのモデルケースとなる大切な学習である。

　子供に既習事項の加法などを使って，繰り上がりのある加法の仕方を考え，表現させることが大切である。その際，ブロックなどの半具体物を用いたり，言葉や式，図などを使ったりして考え，表現できるようにする。ここではぜひブロックや図などの表現の仕方をそろえていきたい。例えば，図であれば横に並べるのか，縦に並べるのかなど同じことを表現しているのに，1年生は違うものだと認識することが多い。そこで図だと横に並べることや数字や矢印を入れること，丸

Ⅲ　算数授業の新展開

で囲むことなど表現の仕方をそろえておく。これは本単元のみで指導するのではなく，繰り上がりのないたし算のときから指導を続けていくことで，徐々に子供たちの中に対話的な活動の素地として共有化されていくものになる。このようにブロックや図での表現の仕方をそろえることで，自分の考えが相手に伝わることも相手の考えが分かるということも経験できる。1年生にとってこの経験は大変うれしいものであるし，次の学習意欲につながっていくものである。表現の仕方をそろえることで，相手の考えを聞こうとするとともに，自分の考えを1年生なりに筋道を立てて説明できるようにしていきたい。

(2) 数学的な見方・考え方を働かせた数学的活動にいかに取り組むか

①本単元で大切にしたい数学的な見方・考え方とその成長

本単元では，これまでに学習してきた10にするための補数や数の合成，分解といった既習の数の見方や，「10といくつ」という数の見方に着目して，ブロックなどの半具体物や図，言葉や式を用いて，未習事項である繰り上がりの計算の仕方を発見することを大切にする。また数が大きくなっても既習の考えを活かして，発展的に考えたり，異なる考えから共通点を見つけ統合的に考えたりする考え方も大切にしていきたい。

②主体的・対話的で深い学びを支える数学的活動

本授業実践は単元の第4時に位置付き，学習指導要領（H29）算数科の第1学年〔数学的活動〕ウ「算数の問題を具体物などを用いて解決したり結果を確かめたりする活動」に相当する活動に取り組むことを通じて，「主体的・対話的で深い学び」を実現し，前述の資質・能力の育成を図ることとなる。具体的には，3＋8（初めて加数の数字の方が大きい）の繰り上がりのある加法の計算の仕方を考えさせる。多くの子供は既習である加数分解で考えるが，数の大きさに着目して被加数分解で考える子供も出てくる。考え方が違うことで対話する必要性が生まれる。そこで加数分解，被加数分解それぞれの考え方をブロックなどの半具体物や図，言葉，式などの共有化された表現方法や考え方で表すことで，考えの交流ができ，相違点が明確になる。そして，被加数分解のよさが示される。そこで，既習である加数分解，今回学習した被加数分解の共通点を考えさせる。そうすることで，数の大きさによって分解する数を選択し，10をつくっていることに気付かせたい。異なる2つの考え方である加数分解と被加数分解を統合的に考えることにより，「数の大きさによって分解する数を選択して10をつくる」という「深い学び」が具現化される。

新たな計算に出合ったときに，すでに知っている計算で解決できるように数の見方を工夫して解決しようとする態度や，ある数の計算の仕方を見つけたときに，それを基にして他の計算を発展的に考えようとする態度を育成し，今後の計算の仕方を考える際に活かしていけるようにする。

7　繰り上がりのある加法

□2□ 本単元の目標と指導計画，本時の位置付け

（1）目標

1位数と1位数との繰り上がりのある加法に関わる数学的活動を通して，次の事項を身に付ける。

○知識・技能

　　1位数と1位数との繰り上がりのある加法について，10のまとまりをつくり10といくつとする計算の仕方について理解するとともに，それらの計算が確実にでき，適切に用いることができる。

○思考力・判断力・表現力等

　　数量の関係に着目し，既習の数の見方や計算の仕方を使って，繰り上がりのある加法の計算の仕方を考え，表現できる。その際，半具体物を用いたり，言葉や図や式を使ったりして考えるとともに自分の考えを説明することができる。

○学びに向かう力・人間性等

　　既習の数の見方や計算の仕方を活かしたり，日常生活の中の問題を加法で式に表すよさに気付いたりして，進んで学習や日常生活に活かそうとする。

（2）指導計画（9時間扱い）

内　容	時　間	ねらい	主な評価規準
問題づくり	1	場面絵から加法の問題づくりをして，既習の計算と未習の計算があることに気付く。	【学】場面絵を見て，加法の問題を作ったり，既習の計算を振り返ったりしようとしている。
加数分解	2 3	1位数＋1位数で繰り上がりのある加法の仕方を理解する。（9＋3や9＋4など被加数を9にして10まであと1だと気付き，加数分解しやすい問題を提示する）	【思・表】加数分解の仕方について，10のまとまりをつくり10といくつにして求められることを半具体物や言葉，図，式を用いて考えている。【知】繰り上がりのある加法の意味や計算の仕方を理解している。（加数分解）
被加数分解	4 本時	1位数＋1位数で繰り上がりのある加法の仕方を理解する。（3＋8など加数の数字を10に近い数字にし，被加数分解しやすいようにする）	【思・表】被加数分解の仕方について10のまとまりをつくり10といくつにして求められることを半具体物や言葉，図，式を用いて考えている。【知】繰り上がりのある加法の意味や計算の仕方を理解している。（被加数分解）
文章問題	5	文章問題の1位数＋1位数で繰り上がりのある加法ができる。	【技】繰り上がりのある加法ができる。
習熟	6 7	1位数＋1位数で繰り上がりのある加法に習熟する。	【技】1位数＋1位数で繰り上がりのある加法が確実にできる。
	8 9	1位数＋1位数の同じ答えの加法の式を見つけて順序よく並べることを通して，被加数や加数の変化のきまりに気付くことができる。	【思・表】被加数と加数の変化のきまりに着目して，答えが同じ加法の式の見つけ方を工夫している。【学】日常生活や学習の中で加法の場面を見つけ，活かそうとしている。

□3□ 本時の主体的・対話的で深い学びづくりのポイント

(1) 既習事項と未習事項の違いを明確にする

　子供たちは，問題に直面した際，事象を既習事項を基にしながら観察したり試行錯誤したりしながら結果や解決方法への見通しをもつ。授業の導入部分において何が既習事項で何が未習事項なのかを明確にすることが大切である。また本時の1時間のめあてをもつためにも，必要である。

　本時は被加数分解について学習していく。授業の導入部分であえて既習事項である加数分解しやすい問題に取り組ませる（9+5）。そこでは，加数分解し「10をつくり計算すると簡単になる」ということを子供たちから出させ確認する。次に被加数分解しやすい問題を提示する（3+8）。子供たちから「今までとパターンが違う」「今まではたされる数（被加数）が大きかったけど，これはたす数（加数）が大きい」を引き出し，未習事項を明確にする。そこで「問題は解けそうかな」と解決の見通しをたずねる。子供たちは既習事項である加数分解や「10をつくり計算すると簡単になる」から解決方法への見通しをもつことができる。加数が大きいときの繰り上がりのたし算が今日のめあてであることが確認できる。見通しをもち，めあてを確認することにより子供たちの主体的に問題に取り組む姿が期待できる。

(2) 操作的な活動を用いてそれぞれの考え方のよさに気付かせる

　第1学年という発達段階を考え，問題解決するためには，ブロックを使い操作的な活動を取り入れる。そして，そのことを図やさくらんぼ計算で表し，具体物を使った操作的な活動と式をつないで考えることができるようにする。

　子供たちの多くは3+8という計算の仕方を既習事項である加数分解で考えていく（写真）。既習事項を使った考え方なので，子供たちの理解度は高い。次に被加数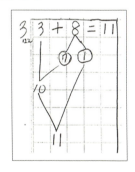分解の考え方に出会わせる。加数分解で考えていた子供にとっては，被加数分解するという考え方は新しい見方・考え方であり，衝撃的でもある。そのため丁寧にブロックを使った操作的な活動を取り入れ，図とさくらんぼ計算で操作と式をつないで考えさせる。そうすることにより，子供たちは被加数分解の考え方を知り，よさに気付くことができる。また，加数分解，被加数分解の考え方を両方板書することで，考え方の違いを明確にし，それぞれの考え方のよさに気付かせることができる。

(3) 複数の考えから統合的に考えさせる

　統合的に考えるとは，異なる複数の事柄をある観点から捉え，それらに共通点を見いだして同じ性質をもつものとして捉え直すということである。

　授業の導入部で取り組んだ9+5（加数分解）と3+8（被加数分解）の共通点

を考えさせる。その際，「10をつくるために同じところは」という視点をもって考えさせる。子供たちは，導入時に数の大小について触れているので，数が小さい方を分け，10をつくっていることに気が付く。加数分解，被加数分解という異なる考え方の中にある，「数が小さい方を分けて10をつくる」という共通点を見いだし，統合的に考えることができるようになる。

□4□ 本時の展開

(1) 目標

繰り上がりのあるたし算の計算の仕方を，被加数分解の計算の仕方を考えたり，加数分解と被加数分解の共通点を考えたりすることにより，10のまとまりのつくり方を工夫して計算することができる。

(2) 展開

教師の働きかけと予想される子供の反応	◎指導上の留意点　◇評価
①問題を見いだす。	
公園で子どもが遊んでいます。男の子が□人，女の子が□人遊んでいます。子どもは全部で何人いるでしょう。	
T：□の中には9と5がはいるよ。まずは何算なの？ C：全部でってあるからたし算だよ。 T：式ってどうなるの？ C：9＋5です。	◎演算の理由を聞く。
T：子供は全部で何人になるの？式の答えはどうやって考える？ C：ブロックや図やさくらんぼ計算を使って考えるよ。 　（計算の仕方の発表）※板書の左側を参照 　（さくらんぼ計算での子供とのやりとり） T：さくらんぼ計算しているけど，9と5，どっちを分けた？ C：5の方。1と4に分ける。9と1で10をつくる。そして10と4で14になります。 T：数字を変えるよ。今度は3と8だよ。何算？ C：やっぱり全部でってあるからたし算だよ。 T：式って？ C：3＋8です。今までと違うところがある。 T：何が違うの？ C：今まではたされる数が大きかったけど，これはたす数の方が大きい。いつもと逆になっている。 T：いつもと逆だからできない？ C：できる。ブロックや図，さくらんぼ計算でできる。 T：みんなはブロックや図，さくらんぼ計算で何をつくってきたの？ C：10をつくる。10をつくると簡単に計算できる。	◎答えの求め方を聞き，考え方をそろえる。 ◎ブロック，図，さくらんぼ計算を発表させ，操作と式をつないで考えさせる。 ◎加数分解していることを確認する。 ◎10をつくると簡単に解けることを確認する。 ◎既習事項と未習事項を明確にする。 ◎問題解決の見通しと学習内容の見通しをもたす。 ◎10をつくるよさの確認。

3 + 8（いつもと逆）を 10 をつくって計算しよう。	
② 3 + 8 の計算の仕方を考える。 　（計算の仕方の発表）※板書の中央部参照 　（さくらんぼ計算での子供とのやりとり） T：さくらんぼ計算しているけど，3 と 8， 　　どっちを分けた？ C：8 の方。7 と 1 に分ける。3 と 7 で 10 を 　　つくる。そして 10 と 1 で 11 になります。 C：ほかの考え方があるよ。3 を 1 と 2 に分 　　ける。 C：え〜！分からない。 T：なるほどって分かるように，ブロックや 　　図，さくらんぼ計算で説明できる？ 　（計算の仕方の発表）※板書の右上部参照 　（さくらんぼ計算での子供とのやりとり） T：さくらんぼ計算しているけど，3 と 8， 　　どっちを分けた？ C：3 の方。1 と 2 に分ける。2 と 8 で 10 を 　　つくる。そして 1 と 10 で 11 になります。 T：違いって分かった？ C：8 を分けて計算するのと 3 を分けて計算 　　する違い。3 を分けた方が，10 をつくり 　　やすく，考えやすく，簡単だった。 T：こちらの考え（加数分解）は 8 を分けて， 　　こっちの考え（被加数分解）は 3 を分け 　　て，どっちも 10 をつくったんだね。3 を 　　分けた方が簡単だって。9 + 5 はどっちを 　　分けた？ C：5 を分けた。 T：3 + 8 だったら 3 を分ける。9 + 5 だった 　　ら 5 を分ける。なにか 10 をつくるときの 　　こつ，同じところってある？	**資質・能力育成のポイント1** ブロック，図，さくらんぼ計算などを用いて具体的に説明できるように問いかけていく。 ◎加数分解の考えから発表させる ◎分からないと言える雰囲気を大切にする ◎共通した表現方法で説明させる。 ◎どうやって 10 をつくったのかを中心に発表させる。 ◎加数分解，被加数分解を並べて板書することで，違いが明確になる。 ◎被加数分解でも答えは同じになることを確認する。 ◎被加数分解のよさを確認する。
9 + 5, 3 + 8 の 10 をつくるこつで同じところは何かな？	
③ 9 + 5 と 3 + 8 の計算の仕方の共通点を考える。 T：同じところってあった？ C：両方とも小さい数字の方を分けている。 C：小さい数字を分けた方が分かりやすい。 T：今日の授業で分かったことって何かな？ C：3 + 8 は 3 を分けて 10 をつくると簡単に 　　計算できる。 T：練習問題をしましょう。 　　　　（計算の仕方を発表する） T：今日の授業の振り返りをノートに書きましょう。	**資質・能力育成のポイント2** 導入時の数の大小に着目させ，加数分解と被加数分解を統合的に考えさせる。 ◎分解される数の大小に着目させる。 ◇数の大きさに着目し，ブロックや図や式，言葉で被加数分解して回答することができる（ノート，発言）。 ○振り返りの時間を確保する。

7　繰り上がりのある加法　095

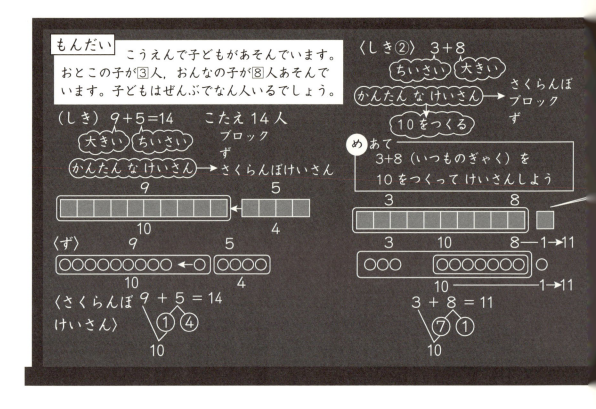

□5□ 実践のまとめと考察

　既習事項と未習事項を明確にし，解決方法の見通しをもたせていたので，子供たちは主体的に問題解決に臨んでいた。また，対話的活動の際に用いる表現方法をブロックや図，さくらんぼ計算にそろえたことで，お互いの考えを発表するときに伝え合うことが可能となり，考えを共有したり，高めたりすることができた。未習事項だった被加数分解の考え方も，表現方法をそろえたため，考えの共有化を図ることができた。

　今回，加数分解，被加数分解，両方の共通点を探すことで，10をつくる際に小さい数を分解した方がつくりやすいという統合的な考え方が生まれ，深い学びへとつなげることができた。写真は実際の子供の振り返りである。自分自身で例を挙げながら，学びを振り返っている。それも1時間の学びだけではなく，前時からの学習内容と関連させて振り返りをしているのがわかる。「分かったことはすぐ使いたい」という気持ちも表れている。授業では，認知的側面だけでなく，次の学習意欲へとつながる心の動きも大切にしていきたい。

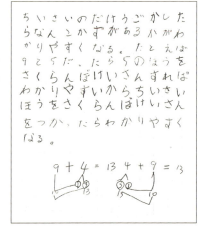

III　算数授業の新展開

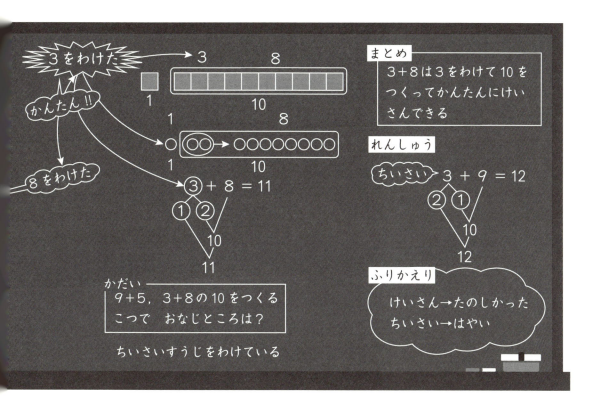

コメント（川嵜 道広）

　繰り上がりのあるたし算は，小学校の計算指導において，子供自らが計算の仕方をつくり出すことを実感する初めての教材である。「10といくつ」という既習の数の見方に基づいて，「10のまとまり」をつくればよいことを考えさせることになる。

　子供は，未習事項に対して問いをもち，解決しようとする。見通しをもって解決した後，説明したいと考える。「主体的な学び」は，このように1時間の授業の中でも連続的に生起する。そのきっかけは，教師の問題提示であったり，自力解決であったり，他者との交流であったり，教師からの発問（違いは分かった？同じところはある？）であったりするが，基本的に子供自身の知的欲求によるものである（今までと違う！えっ分からない！）。本時は，やってみたい，よりよくしたい，説明したい，他者と共有したい，といった本能とも呼べる意欲を喚起することで主体的な学びを引き出し，授業を活性化させていた。また，1年生の子供たちは算数の表現方法が未熟であるために，さくらんぼ計算等の表現方法をそろえることで本質的な意見交流を促し，「対話的な学び」を成立させていた。

　被加数分解と加数分解は異なる考え方である。通常は「どちらを用いてもよい」と指導するが，本時ではそれぞれの考え方のよさを捉えるとともに，共通点を探り，1つの考え方に統合することのよさに気付かせようとした。統合的な考え方は，何度も用いることにより，「いつも統合的に考えようとする」態度になっていく。本時は，子供の思考（数学的な見方・考え方）や態度（学び方）の変容を促すことで，究極のねらいである「深い学び」を実現させようとする意欲的な授業であったといえる。

8 繰り下がりのある減法

数量の関係に着目し，減法の計算方法を見いだす

□1□ 本単元の授業づくりのポイント

(1) 三つの柱の資質・能力をいかに育むか

　本単元で育成したい資質・能力は，2位数（11〜18）−1位数の計算について，減法の意味を考えたり，減法が用いられる場面を式に表したり，式を読み取ったりすることができるようにするとともに，数量の関係に着目して，計算の意味や計算の仕方を考え，それを日常生活に生かす力である。

　繰り下がりのある減法の考え方には，主に「減加法」と「減々法」と呼ばれるものがある。例えば，12−7の場合，「減加法」では（10−7）+2のように10から7をひいて，残り2を加える。これは，被減数を「10といくつ」と見て，10から減数をひくことになるので，10に対する補数を確実に言えるようにしておくことが大切になる。一方，「減々法」は，（12−2）−5のように順々にひいていく方法である。これは，被減数の一の位の数を見て，減数を「いくつといくつ」のように分解できるようにしておくことが大切になる。

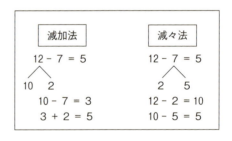

　本単元では，「減加法」の考え方を中心に指導する。「減加法」は，児童が比較的無理なく理解できる考え方であり，また，被減数を「10といくつ」と見て，10のまとまりから減数をまとめてひく方法は，計算の仕方として最も普遍性があると考えられるからである。そのために，まず減加法の手順を十分理解させ，習熟させた上で，もう一つの方法として減々法があることを理解させる。そして，その後の計算練習では，どちらの方法で計算するか児童自身に考えさせていく。

　資質・能力を育むためには，「どのように学ぶか」という学習過程，すなわち，事象を数理的に捉え，数学の問題を見いだし，問題を自立的，協働的に解決し，解決過程を振り返って概念を形成したり体系化したりする過程を授業の中で構成することが必要である。

　児童が新たな計算に出合ったときに，既知と未知を認識し，既に知っている計算を使って求めることができるよう，数の見方を工夫して解決しようとする態度や，問題解決した過程や結果を具体物や図などを用いて表現し伝え合い，互いの

考えを理解しようとする態度を養い，第2学年以降で計算の仕方を考える際に生かしていけるようにする。

（2）数学的な見方・考え方を働かせた数学的活動にいかに取り組むか

①本単元で大切にしたい数学的な見方・考え方とその成長

本単元では，これまでに学習してきた数の捉え方や減法の計算方法を生かし，数のまとまりに着目して，減法の計算の仕方を統合的・発展的に考えることを大切にする。

具体的には，10を合成・分解して捉えたり，数を捉えるときに10でまとめたりする見方である。これらの「数学的な見方」を，繰り下がりのあるひき算の計算の仕方を考える際にも，児童が必要感をもって働かせられるようにする。

また，「数学的な考え方」を働かせるために，数の適用範囲を拡げたり，違う場面でも活用できないか考えたりする活動を設定する。このような考え方を低学年の児童が自ら働かせることは難しいかもしれない。しかし，中・高学年になったときに自ら統合的・発展的に考えられる児童に育てるためには，低学年のうちからその過程を経験しておくことは大切である。本単元では，教師から「他の数値でも同じ方法が使えるのだろうか」と働きかけることで思考の幅を広げ，統合的・発展的に考える素地を養っていく。

②主体的・対話的で深い学びを支える数学的活動

本授業実践は単元の第1時に位置付き，学習指導要領（H29）算数科の第1学年〔数学的活動〕ウ「算数の問題を具体物などを用いて解決したり結果を確かめたりする活動」及び，エ「問題解決の過程や結果を，具体物や図などを用いて表現する活動」に相当する活動に取り組むことを通じて，主体的・対話的で深い学びを実現し，前述の資質・能力の育成を図ることとなる。具体的には，13−9などの2位数−1位数で繰り下がりのある減法計算の仕方について考えるに当たり，数を捉えやすくするために10のまとまりに着目したことを想起し，どのように見れば繰り下がりのある減法計算の答えを簡単に求められるかを考える活動に取り組むことが大切である。その際，具体物や図などを用いて理解したり，表現したりする操作活動が第1学年では不可欠である。そのことを通して，未習の計算も既習の考え方を活用すれば自分の力で問題解決できることを実感しながら理解することにより，深い学びの実現がなされる。

第1時においては，2位数−1位数（繰り下がりあり）の計算の仕方を考えるに当たり，式は扱わず，図を使って考え，その操作を説明する活動に重点を置いている。これは，児童の生活経験や学習経験から潜在的にもっている，数に対する見方・考え方を引き出すためである。問題となる対象を具体物に絞ることで，式による学習経験が少ない第1学年の児童にとっても，実感を伴いながら理解でき，児童の素朴な見方・考え方を価値付けていくことができる。それにより，第2時以降で式による減加法・減々法の計算方法を扱う際にも，第1時で学んだ見方・考え方を働かせて，式・図・言葉によって多角的に理解を深められよう，指

導計画を立てている。

□2□ 本単元の目標と指導計画，本時の位置付け

（1）目標

減法に関わる数学的活動を通して，次の事項を身に付ける。

○知識・技能

10 のまとまりに着目することで，11〜18 から 1 位数をひく繰り下がりの
ある減法計算の仕方を理解し，その計算が確実にできる。

○思考力・判断力・表現力等

数量の関係に着目し，11〜18 から 1 位数をひく繰り下がりのある減法計
算の仕方を考え，操作や言葉などを用いて表現したり工夫したりすることが
できる。

○学びに向かう力・人間性等

既習の計算の仕方を発展させたり，数の構成を基に考えたりすることの楽
しさやよさを感じながら進んで学習しようとする。

（2）指導計画（13 時間扱い）

内　容	時　間	ねらい	主な評価規準
減加法	1 本時 2	11〜18 から 1 位数を引く繰り下がりのある減法計算で，被減数を分解して計算する方法（減加法）を理解する。	【態】既習の加減計算や数の構成を基に，11〜18 から 9 をひく計算の仕方を考えようとする。 【思】減加法の操作を用いて 11〜18 から 9 をひく方法を考え，操作や言葉などを用いて説明する。
	3 4 5	前時までの学習を踏まえ，11〜18 から 1 位数を引く繰り下がりのある減法計算で，被減数を分解して計算する方法（減加法）の理解を確実にする。	【知】減加法による計算が確実にできる。 【知】減数が 8〜5 の場合でも，10 のまとまりから 1 位数をひけばよいことを理解する。
減々法	6 7	11〜18 から 1 位数を引く繰り下がりのある減法計算で，減数を分解して計算する方法（減々法）があることを知り，計算の仕方についての理解を深める。	【思】被減数や減数の大きさに関係なく，被減数を 10 のまとまりといくつに分けて計算の仕方を考え，説明する。 【知】11〜18 から 1 位数をひく繰り下がりのある減法計算は，被減数を 10 のまとまりといくつに分けて考えればよいことを理解する。
習熟	8〜12	減法の計算能力を伸ばす。	【知】11〜18 から 1 位数をひく繰り下がりのある減法計算が確実にできる。
まとめ	13	学習内容の定着を確認し，理解を確実にする。 減法についての理解を深める。	【態】既習事項を適切に用いて，活動に取り組もうとする。 【知】基本的な学習内容を身に付けている。

□3□ 本時の主体的・対話的で深い学びづくりのポイント

(1) 児童が自ら問題に気付くしかけをつくる

　一般的な授業では，問題文を提示し，分かっていることや問われていること，既習と未習などを教師主導で整理しながら展開することが少なくない。しかし，このように一見分かりやすい展開では，児童が自分の問題として主体的に働きかけることが少なかったり，一人一人の問題の認識にズレが生じたりすることによって，全員が課題意識をもって，解決に向けて意欲を高めることが難しい。

　本時では，初めに「卵があります。9個使いました。残りは何個ですか」と，条件不足の問題を提示する。「初めの数が知りたい」という児童の言葉を引き出し，電子黒板で10個入りのパックに入った卵を一瞬だけ見せる。初めの数が9個，10個の場合から扱い，児童は瞬時に残りの卵の数を求めることができる。ここまでは，問題場面を全員で理解したり，既習を確認したりする場面である。また，「10－9」を提示することで，後の「13－9」の問題のときに10のまとまりから先にひく減加法の考え方を引き出しやすくなることを意図している。

　次に提示するのが，13個の卵である。13－9の計算は未習であるため，数えひこうとしても瞬時に答えを求められず，戸惑う児童が大半である。しかし，数人の児童は10のまとまりに着目し，答えが4個になることに気付く。それにより，「すぐに答えを求められた児童は，どのように9個の卵を取って答えを求めたのか」という思いが共通の問いとなる。児童の中で，答えが分かったことで学習が完結し，意欲が低下してしまうことのないよう，卵の取り方に課題意識をもたせ，再度考える必然性が生まれるようにする。

(2) 解決方法の適用範囲を拡げる

　「数と計算」領域の指導において，多くの場合，例題を1題解くことを通して一般化し，適用問題を解いて習熟を図る。しかし，例題を1題解いただけで本当に一般化することができ，全員が理解できていると言えるのだろうか。「繰り下がりのあるひき算」の指導においても，1題について具体的な操作を通して話し合い，すぐに式による計算方法へとつなげていく授業展開が多い。

　そこで本時では，式による計算方法は扱わず，問題の数値を変えた場合にも同じ方法が使えるのかを十分に考えることで理解を深め，一般化していく。それにより，次時以降に学習する式による計算方法の意味理解も容易にしていくことができるのではないかと考えた。本来，「数値を変えた場合にも同じ方法が使えるのか」と発展的に考えることは，児童が自ら考えられるようにすることが望ましいが，第1学年の児童の発達段階や学習経験の少なさから，まずは教師から投げかけることで，統合的・発展的に考える素地となる経験を積み重ねていきたい。

□4□ 本時の展開

(1) 目標
　11〜18から1位数を引く繰り下がりのある減法計算の仕方を考え理解し，確実にできるようにするとともに，それを用いることができる。

(2) 展開

教師の働きかけと予想される子供の反応	◎指導上の留意点　◇評価
①問題を見いだす。 　たまごが　あります。 　9こ　つかいました。 　のこりは　なんこですか。 T：残りの卵は何個でしょうか。 C：初めの卵の数がないから，分からないよ！ T：初めの数がこれだったら，いくつでしょう。 C：9－9＝0だから，残りは0個だ！ T：初めの数が違っても分かりますか。 C：10－9で残りは1個！ T：次の場合はどうでしょう。 C：え！分からない！ C：分かった！残りは4個だ！ T：一瞬しか見えなかったのにすぐに答えが分かった人もいたようですね。 　13個からどうやって9個取ったら，すぐに残りの数が分かるかな。	◎条件不足の問題を提示し，初めにあった卵の個数に目を向けさせる。 ◎電子黒板で，初めの卵の数を一瞬映して，すぐに消す。 ◎既習である，9－9，10－9の計算を確認する。

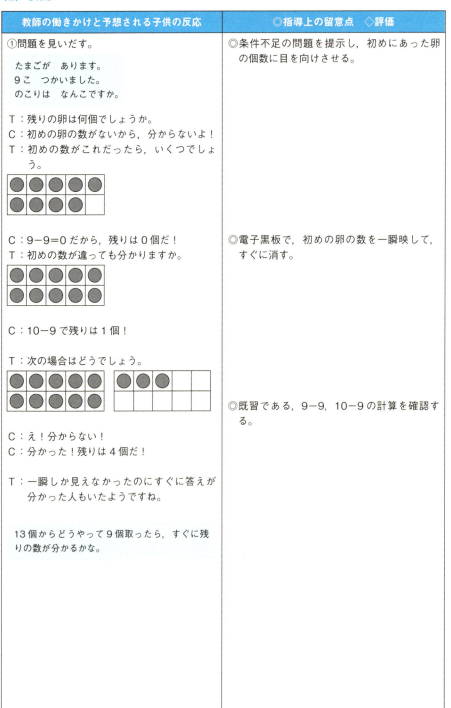

②13個から9個を取る方法について考える。 T：どのように取ったら，いいでしょうか。 C：順番に1個ずつひいていくと，残りは4個になる。（数え引き）  C：これだと時間がかりそう。 C：最初に3個ひいて，次に6個取っても残りが4個って分かるよ。（減々法） 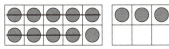 C：2回に分けて取るのが分かりにくいな。 C：10個のまとまりから9個取れば，すぐに残りが分かるよ。（減加法） 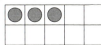 T：いろいろな取り方ができますね。では，図をぱっと見ただけで一番早く残りが分かるのはどれでしょうか。 C：10のまとまりから9個取るとすぐに残りが分かりそうだな。	**資質・能力育成のポイント1** 答えの個数ではなく，卵の取り方に課題意識をもたせ，話し合いを焦点化する。 ◎13個の卵がかいてある図を配布し，卵の取り方をかき込ませる。 **資質・能力育成のポイント2** 図をかいた児童とは別の児童に説明をさせたり，同じ説明を複数の児童にさせたりして，全員が図の意味を理解できるようにする。
③初めの卵の数が変わっても同じ方法が使えるか考える。 T：この方法は，初めに13個あるときしか使えないのではないですか。 C：他の数でもできるよ！ T：では，初めの数が14個や15個だったらどうすればよいでしょうか。 C：同じように10個から9個取れば，残りがすぐに分かるよ。 T：初めの卵が別の数のときも，同じ方法が使えるかやってみましょう。	**資質・能力育成のポイント3** 初めの数が11～18の図を配布し，同じ方法を適用して残りを求めさせる。 ◇減加法の操作を用いて11～18から9をひく方法を考え，操作や言葉などを用いて説明することができる。（ワークシート，発言）
④本時の学習を振り返り，まとめる。 T：13個の卵から9個を取るときには，どのように取れば，残りをすぐに求めることができましたか。 C：10個のまとまりから9個取って，1個と3個をたせば残りがすぐに分かった。 T：次回は，今日の考え方を式にして考えていきましょう。	

8　繰り下がりのある減法

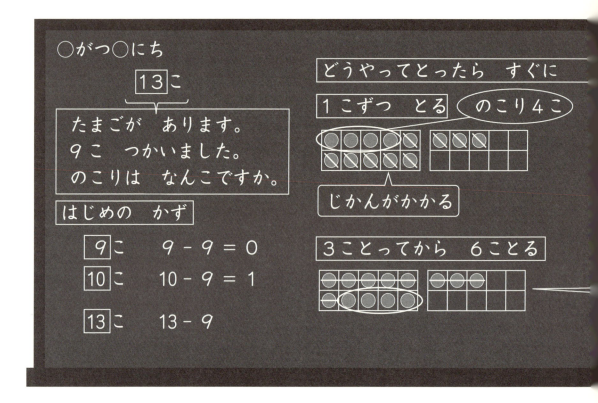

□5□ 実践のまとめと考察

　卵が9個から13個に増えた時，多くの児童が「えっ！？」と戸惑い，その後，2，3人の「あ！分かるよ！」の声が上がった。その声に続き他の児童が「どうして分かったの？」と声をあげた。「どうして分かったんだろうね」とそのまま問い返すことで問題の共有が図られた。一方で，「残りの卵の数」ではなく，「画面に映った卵の数」を捉える児童もあり，第1学年の発達段階として「一瞬見えた図」から9個を取って残りを答える，という問題提示の難しさも感じた。

　集団検討の場面では，図を基に話し合いを進めた。低学年という発達段階を考えると，一人一人が具体物の操作をしながら体験的に理解できる場面も代案として考えたが，「操作を言葉で表現し共有する」ことを本時は重視した。

　解決方法の適用範囲を拡げる場面では，数が変わっても同じ方法を使ってどんどん問題を解くことができていたので，この学習を踏まえてさらに児童が自ら統合的・発展的に考えるよう意図的に指導していくことが大切である。

　本実践を通して，結果ではなく，問題解決の過程に焦点を当てて授業を行っていくことの重要性を再認識できた。児童が主体的に問題と向き合い，試行錯誤しながら，「なるほど！」と実感をもてる授業づくりを工夫していきたい。

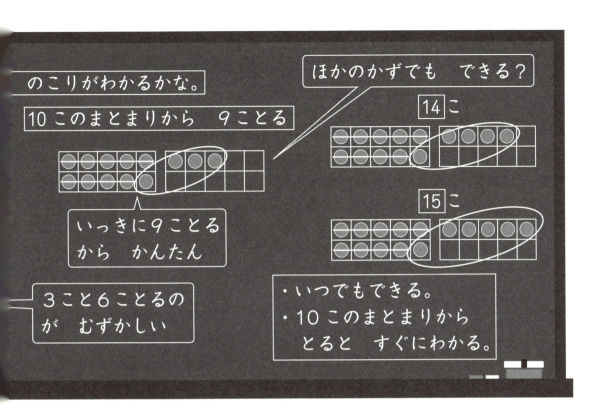

コメント（柳瀬 泰）

　式表現とその処理の仕方の理解を急がず，児童に減法の操作がイメージ化されるようにじっくりとアプローチした事例である。

　「13－9は？」と問われたら，○を13個書いて，はじから9個消せばよい。答えは「5」となる。操作の「結果」として答えは第1学年の児童でも容易に共有できる。  しかし，本時のような図を提示されたとき，その操作のイメージは一様ではなくなる。この多様性を利用して，本時は「13から9をひく」という式の表す構造を明らかにしている。図の示し方の工夫一つで児童の思考は大きく変わる。

　この問題場面をいわゆる「さくらんぼけいさん」を計算方法として教え込んでしまう先生がいる。「13は10と3に分けられます」「次に10から9をひきます。かんたんですね」といった具合である。理由は，「1年生はまだ上手に話ができないから」「お互いに話が十分理解できないから」という。果たしてそうだろうか。確かに，低学年の児童が減法の手続きを正しく説明するのは大変なことである。何度も言い直したり，操作を言葉に置き換えたり，そのことが正しいかを確認したりしながら，自ら知識を獲得していく。それに付き合うのは根気のいることだ。しかし，その活動の過程にこそ減法の深い理解がある。

　算数の導入期である第1学年だからこそ，本事例のように児童自らが数学的な見方・考え方を働かせる場面に教師がこだわりをもって取り組んでいきたい。

9 加減法の図を使った演算決定

数量の関係を捉え，演算決定する
―加法及び減法が用いられる場合―

□1□ 本単元の授業づくりのポイント

(1) 三つの柱の資質・能力をいかに育むか

　本単元で育成したい資質・能力は，加法及び減法が用いられる場面について，数量の関係に着目し，具体物や図を用いて表すことを通して，加法または減法が用いられる場として判断し，式に表す力を身に付けるとともに，日常の事象から，加法及び減法の場面を見いだし，計算の意味と結びつけて解決していこうとする態度を涵養することである。

　これまでに，加法及び減法の意味について次のような場合を学習している。
〈加法の場合〉　例 4＋3
・ある数量に他の数量を加える場合（増加）
・2つの数量を合わせた大きさを求める場合（合併）

〈減法の場合〉　例 7－3
・ある数量から，他の数量を取り去る場合（求残）
・2つの数量の差を求める場合（求差）

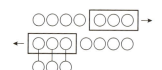

　これらの場面を一般化し，加法は2つの集合を合わせた全体の個数を求める演算であり，減法は1つの集合から部分を取り除いたときのもう一方の集合の個数を求める演算であることを，具体物を用いた活動などを通して統合的に捉えてきている。

　本単元では，順序数を含む場合，異種のものの数量を含む場合，求大，求小の場面について取り上げる。場面を図に表すことを通して，これまでに学んだ加法及び減法と数量の関係が同じと見て，演算決定し，式に表すことができるようにすること，解決したことを振り返り，加法及び減法が用いられる場面を広げることが大切である。また，場面を図に表すことで，数量の関係を捉えることができることに気付かせ，演算決定するときに，積極的に図を用いて数量の関係に着目し，演算の意味と結びつけて解決していこうとする態度を養い，第2学年以降で，加減乗除様々な場面で演算決定する際に生かしていけるようにする。

（2）数学的な見方・考え方を働かせた数学的活動にいかに取り組むか

①本単元で大切にしたい数学的な見方・考え方とその成長

　本単元では，数量の関係に着目し，問題場面を筋道立てて図に表し，既習の加法及び減法の意味に基づいて演算決定しようとする見方・考え方，また，解決したことを振り返り，加法及び減法の様々な場面を統合したり，加法及び減法の意味を捉え直したりしようとする見方・考え方を大切にする。このような経験を重ねることで，他の加減乗除の場面に出会ったときにも，このような見方・考え方を働かせ，問題解決しようとする態度につなげていきたい。

②主体的・対話的で深い学びを支える数学的活動

　本単元では，学習指導要領（H29）算数科の第1学年〔数学的活動〕ウ「算数の問題を具体物などを用いて解決したり結果を確かめたりする活動」，エ「問題解決の過程や結果を，具体物や図などを用いて表現する活動」に相当する活動に取り組むことを通じて，主体的・対話的で深い学びを実現し，前述の資質・能力の育成を図ることとなる。

　第1時では，まず，順序数を含む場面について，場面に基づきながら，順に図に表していく。

「ひろみさんは，前から7番目にいます。」

「ひろみさんの後ろに5人います。」

「ぜんぶで何人いますか。」

　次に，この図を手がかりに，7人と5人を合わせた全体の人数を求めることから，加法であることを判断する。ここでは，2人組になって，問題解決の過程を説明し合う対話的な学びも大切にしたい。その際，でき上がった図を使って説明するのではなく，改めて図をかいたり，ブロックを使ったりして，順序立てて説明させるようにする。また，友達の説明を再現する，一方が説明をして他方が図をかくなど，理解を深める工夫もしていきたい。

　7+5と演算決定し，「みんなで12人」と答えを求めたら，場面をどのように捉えたら加法であると判断できたか，問題解決の結果を振り返って考えさせる。この場合，7番目という順序数を7人に置き換えることで，既習の加法（合併）の場面と同じとみることができ，立式できたことを振り返る。

　本単元では，様々な問題場面を図に表し数量の関係を捉え，演算決定をして問題解決し，解決したことを振り返り既習の演算の意味とつなげるというサイクルを繰り返し経験させていくことで，主体的に問題解決に取り組み，算数の世界を広げる姿を引き出していきたい。

9　加減法の図を使った演算決定　107

□2□ 本単元の目標と指導計画，本時の位置付け

（1）目標

加法及び減法に関わる数学的活動を通して，次の事項を身に付ける。

○知識・技能

　加法や減法が用いられる場合には，順序数を含む場合，異種のものの数量を含む場合，求大・求小の場合があることを理解するとともに，それらの具体的な場面を＋や－の記号を用いて式に表すことができる。

○思考力・判断力・表現力等

　順序数を含む場合，異種のものの数量を含む場合，求大・求小の場合の具体的な場面について，問題場面を図に表すことを通して，数量の関係に着目し，既習の加法及び減法の意味に基づいて，加法または減法が用いられると判断する。

○学びに向かう力・人間性等

　既習の演算の適用場面を広げたり，図などを用いて場面を表し問題を解決したりすることのよさや楽しさに気付き，進んで生活や学習に活用しようとする。

（2）指導計画（6時間扱い）

内　容	時　間	ねらい	主な評価規準
順序数を含む場合	1 本時	数量の関係に着目し，順序数を集合数に置き換えると，加減法が適用できることを理解する。	【思】順序数を含む場面について，数量の関係を捉え，加法または減法が用いられることを判断することができる。 【知】加法や減法が用いられる場合には，順序数を含む場合があることを理解し，式に表すことができる。
異種のものの数量を含む場合	2	数量の関係に着目し，異種の数量を同種の数量に置き換えると，加減法が適用できることを理解する。	【思】異種のものの数量を含む場面について，数量の関係を捉え，加法または減法が用いられることを判断することができる。 【知】加法や減法が用いられる場合には，異種のものの数量を含む場合があることを理解し，式に表すことができる。
求大の場合	3	求大の場合について，数量の関係に着目し，加法が適用できることを理解する。	【思】求大場面について，数量の関係を捉え，加法が用いられることを判断することができる。 【知】加法が用いられる場合には，求大の場合があることを理解し，式に表すことができる。
求小の場合	4	求小の場合について，数量の関係に着目し，減法が適用できることを理解する。	【思】求小場面について，数量の関係を捉え，減法が用いられることを判断することができる。 【知】減法が用いられる場合には，求小の場合があることを理解し，式に表すことができる。

活用	5 6	場面を図に表して問題の構造を捉え，問題解決する。	【態】図を用いて場面を表し問題を解決することのよさや楽しさに気付き，進んで問題解決に活用しようとする。 【思】問題解決の過程を，図を用いながら説明することができる。

□3□ 本時の主体的・対話的で深い学びづくりのポイント

(1) 授業のゴールをいかに変えるか

　これまでの学習指導要領の領域の内容の記述では，身に付けさせる知識・技能が中心であったが，平成29年版学習指導要領では，知識・技能と思考力・判断力・表現力等をきちんと区別し記述していることが特徴である。また，「数学的な見方・考え方を働かせ」ということが目標で述べられている。さらに，学びに向かう力・人間性等についても，学年ごとに目標に示されていることから，単元を通して，どのような姿を目指すのかを明確にしておく必要がある。したがって，授業のゴールでは，見いだした「知識・技能」のまとめに終始せず，「何に着目して解決したのか」「どのように解決したのか」「解決したことを振り返り，これまでの学習とどんなことがつながったのか」を明らかにするようにしたい。本時では，「問題場面を図に表し，合わせるのか，取るのかを考える」「順番を表す数を人数に置き換えると今までのたし算やひき算と同じになる」という思考力・判断力・表現力等をゴールとして設定し，授業展開に当たりたい。もちろん，「順番を表す数が混じっている問題場面も，たし算やひき算で表すことができる」という知識・技能についてもまとめる。

(2) 数学的活動をいかに充実させるか

　［数学的活動］エで示した，問題場面を図に表し，解決の過程を説明し合う活動の際，対話的な学びを取り入れる。第1学年の発達段階として，自分の考えを言いたい気持ちが強く，友達の考えに興味・関心をもつことが難しいところがある。前で，問題解決の過程を黒板に○の図をかきながら説明させたら，その説明を隣同士で再現してみることや，一方が図をかき，他方が言葉で説明すること等を通して，友達の考えが分かる楽しさを味わわせたい。このような経験を積み重ねることで，友達の考えを理解し，よりよく問題解決をしようという態度が涵養される。

(3) 深い理解を支える授業にいかに転換させるか

　本事例では，様々な場面（順序数を含む場合，異種のものの数量を含む場合，求大，求小等）で，同じような問題解決・解決の過程の振り返りを経験することができる。単元を見通し，授業の構成を一貫させ，6時間かけて徐々に，場面を図に表し解決しよう，これまでの演算とつなげようという主体的な態度を引き出し，深い理解につなげたい。そのためにも，第1時である本時は，図に表すと場面を捉えやすいこと，今までの演算の意味とつなげるとよいことを，板書を通して価値付けていく。

9　加減法の図を使った演算決定　109

□4□ 本時の展開

（1）目標

　順序数を含む場面について，数量の関係に着目し，図に表すことを通して，演算決定したり，解決の過程を説明したりすることができる。

（2）展開

教師の働きかけと予想される子供の反応	◎指導上の留意点　◇評価
①問題を見いだす。 　ひろみさんは　まえから　7ばんめに　います。 　ひろみさんの　うしろには　5人　います。 　ぜんぶで　なん人　いますか。 C：「ぜんぶで」だから，たし算かな。 C：「7ばんめ」って，たしていいのかな。 T：どうしたらたし算かどうか，はっきりしますか。 C：○の図に表す。 　じゅんばんが　はいっている　ばめんについて 　○の　ずに　あらわして　かんがえよう。	◎すぐに，7＋5と答える児童がいたら，なぜ7＋5なのか，図を使って確かめるよう促す。
②順序数を含む場面について，図を用いて表し，どんな演算になるか考える。 C： 7ばんめ　5人 ○○○○○○●○○○○○ （場面を図で表す） しき　7＋5＝12　こたえ　12人 T：どのように解決したか，説明しましょう。 C：ひろみさんは，前から7番目にいます。 ○○○○○○● ひろみさんの後ろに5人います。 ○○○○○○●○○○○○ だから，7＋5＝12で，12人です。 T：7＋5の7は，図の中のどの7のことかな。 C：7番目の7です。 C：同じ人（にん）でないと，たせないよ。 C：ひろみさんは，7番目だから，ここまで7人いるということです。 　7人　7ばんめ ○○○○○○●○○○○○ C：7人と5人を合わせるから，7＋5でいいんだね。	◇順序数を含む場面について，数量の関係を捉え，加法または減法が用いられることを判断することができる。 ◎図に7番目や5人がどこなのか，書き込むように指示する。 **資質・能力育成のポイント1** 場面に基づきながら，順に図に表して説明するようにさせる。また，図を用いて7人がどの部分を表すか，全部の人数はどこからどこまでかを問い，数量の関係に着目できるようにする。

110　　Ⅲ　算数授業の新展開

T：みんなで考えたことを，隣の人と図をかきながら説明し合いましょう。 C：ひろみさんは，前から7番目にいます。だから，ひろみさんまでは7人います。  ひろみさんの後ろに5人います。 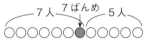 だから，全部の数を求める式は7＋5です。	**資質・能力育成のポイント2** 解決した過程を，改めて，図に表して順序立てて説明できるようにさせる。
③解決の過程を振り返る。 C：7番目を7人と考えたら，よかった。	
④他の場面に適用する。 T：この問題も同じように考えられるか，確かめましょう。 　11人　ならんで　います。 　まさとさんは　まえから　3ばんめです。 　まさとさんの　うしろには　なん人　いますか。 C：（場面を図で表し，立式する） 　　しき　11－3＝8　こたえ　8人  T：どのように解決したか，説明してください。 C：11人並んでいます。 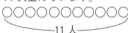 まさとさんは前から3番目です。だから，まさとさんまで，3人いるということです。  だから，まさとさんの後ろの人は，11－3で求めることができます。 C：11－3＝8で，答えは8人です。 C：これも，さっきと同じように，3番目を3人に置き換えたら，解決できたね。	◎1つ目の場面と同じように順序数が入っている場面であることを確認する。 ◎1つ目の問題でかいた図を手がかりにして，3番目を3人に置き換える点をきちんと図にかき込むよう促す。 ◎ひき算の場面になり，つまずいている児童には，図のどの部分を求めるのかを問い，全体の11人から3人を取ると求めることができることに気付かせる。 ◇加法や減法が用いられる場合には，順序数を含む場合があることを理解し，式に表すことができる。
⑤まとめる。 T：順番が入っている場面は，どのように考えたら，たし算かひき算か分かりましたか。 C：何番目を何人にすればできました。 C：図に表すと，合わせるのか取るのかが分かりました。	**資質・能力育成のポイント3** 問題場面を図に表すよさ，たし算やひき算の意味とつなげると解決できることに気付かせる。

9　加減法の図を使った演算決定

> ひろみさんは まえから 7ばんめに います。
> ひろみさんの うしろには 5人 います。
> ぜんぶで なん人 いますか。

たしていいのかな

> じゅんばんが はいっている ばめんに ついて
> ○の ずに あらわして かんがえよう。

ひろみさん
7ばんめ

7ばんめを 7人に おきかえる

7人　　　5人
○○○○○○●○○○○○
ぜんぶで 12人
あわせる

しき　7+5=12
こたえ　12人

□5□ 実践のまとめと考察

7+5と直感で立式した児童と，場面が捉えられず，どのように図で表すとよいか分からない児童がいた。どちらも，1文ずつ，順番に図に表すことで，問題場面の数量の関係を明らかにしていく様子が見られた。順序数を集合数に置き換えることについては，図を手がかりにして，よく理解している様子が見られた。また，全体または，2人組で図をかきながら説明させることを繰り返したことで，場面を順に捉え表す過程が明らかになった（黒板に直接かくのは，1年生には難しいので，紙にかかせ，書画カメラを使って，プロジェクターで映し出した）。

2つ目のひき算の場面では，場面を図に表せても，立式につなげられない児童がいたが，具体的にブロックを操作することで，ひき算であることに気付くことができた。第1学年は，ブロックを合わせるときは加法，取るときは減法と具体物の操作とつなげて，加法及び減法の意味を捉えているので，図だけでなく，児童の実態によっては，ブロックを用いて，演算決定する必要があることが分かった。

単元を通して，図に表すことで場面を捉え，加法及び減法の意味とつなげて立式するという活動を繰り返し行ったことで，図を用いて場面を捉え，問題を解決することのよさに気付き，第2時以降，徐々に場面の提示と同時に，主体的に図をかいて解決しようという姿が見られ，学びに向かう力を育成することができた。また，それぞれの場面を「順番が入っている場面」「○○と△△（異種のものの数量）が出てくる場面」というように今までの場面との違いを明らかにすることで，加法や減法の適用範囲の広がりを実感させることができた。

コメント（白井 一之）

　第１学年の児童は問題文に「ふえる」「あわせる」という言葉があるからたし算，「へる」「ちがい」という言葉があるからひき算というように，言葉による演算決定をすることが多い。多くの場合それでも間違いはないが，この単元ではそれだけでは説明できない場面を扱っている。そこで，これまで学習した加法と減法と統合的に捉えさせるために図を活用している。これまでブロックなどの具体物を用いて意味理解を図ってきたが，ここでは図に表す活動も取り入れ，順序数を含む場面でもこれまでと同じようにたし算やひき算ができることを説明できるようにしている。

　順序数を含む加法でも児童はあまり違和感を覚えないことが多い。しかし事例においては「同じ人でないとたせないよ」という発言があるように，同じ集合でないとたし算ができないことを理解している。ここから順序数を集合数に置き換える発言を引き出している。加法や減法の意味指導を丁寧に行ってきたことがうかがえる。また，図に表したり言葉で説明させたりする活動は主体的，対話的に問題解決する態度を育てるために大切である。

　この単元で指導している図は今後，数が大きくなりブロックなどの具体物では表しきれない場面や，加法と減法の相互関係を学習する際に有効に働くモデル図となる。自分の考えや根拠を説明する道具として今後ともそのよさを丁寧に指導し，進んで使うように指導することが大切である。

10 100までの数

十進位取り記数法の原理についての基礎的な理解を図る

□1□ 本単元の授業づくりのポイント

(1) 三つの柱の資質・能力をいかに育むか

　本単元で育成したい資質・能力は，十進位取り記数法の原理についての基礎的な理解を図ること，また，2位数については，10のまとまりの個数と端数という数え方を基にして表現されていることを理解し，数の構成についての感覚を豊かにすることである。

　十進位取り記数法では，一，十，百などの単位の大きさを，数を記す位置で表す。また，数の大小についての判断や，筆算形式による四則計算もこれによって簡単にできるようになるなど，十進位取り記数法のもつよさについて分かることが大切である。例えば，43については，一の位は3，十の位は4であり，これは1が3個，10が4個あるという意味である。このように，数を単位の幾つ分の集まりと捉えたり，図や具体物で表したりすることで，数の大きさについての感覚を伴って用いられるようにしていく。

　子供たちはこれまでに，10までの数え方，読み方，数字の書き方から始まり，その後，30程度の数について，10のまとまりを作って数える数え方や読み方，表し方について学習してきた。しかし，これは算数の学習を通して培ってきたものというよりは，日常生活で子供自身が獲得してきた知識であるといえる。すなわち，十進位取り記数法のよさを理解しながら用いているわけではない。ある位の数が10集まったら，1繰り上がるという十進位取り記数法の仕組みについて，統一して用いることの利便性，正確性を児童に味わわせることが大切である。

（2）主体的・対話的で深い学びを支える数学的活動

　学習指導要領（H29）算数科の第1学年〔数学的活動〕について，次のようにある。「幼児期において，子供は日常生活の中で育んできた数量や文字などに関する興味や関心，感覚を基盤にして，それらの意味や操作の仕方に関心をもち自分なりに考えることができるようになってきている。これを受けて，小学校算数科において第1学年では，これまでの経験を基にして，児童が数学的活動に意欲的に取り組み，基礎的・基本的な知識及び技能を確実に身に付けるとともに，思考力，判断力，表現力等を高め，算数に関わりをもったり，算数を学ぶことの楽しさやよさを実感したりできるようにすることを重視する。」

　つまり，第1学年では，今までの生活で育んできた知識・理解について，数学的活動を通して，子供自身が算数としての価値を見いだすことが大切であると考えることができる。

　本単元は，学習指導要領算数科の第1学年〔数学的活動〕イ「日常生活の問題を具体物を用いて解決したり結果を確かめたりする活動」及びエ「問題解決の過程や結果を，具体物や図などを用いて表現する活動」に相当する活動に取り組むことを通じて，主体的・対話的で深い学びを実現し，前述の資質・能力の育成を図ることとなる。

　本授業実践は単元の第1時に位置付く。具体的には，ひと目見ただけでは判断できない個数の具体物を数える活動を行う。その活動の中で，「10のまとまり」を子供自身が着目して価値と捉える必要がある。1から順に最後まで数えたり，10以外のまとまりを作ったりしては数えにくいという感覚を，実際の活動を通して味わわせる。

　また，第3時においては，100未満の数の構成，大小を理解することをねらいとして，69と82のような数の大小を比較する活動に取り組む。

　本単元の既習事項として「10より大きいかず」で，30程度の数について，読み方や表し方などについて学習をすることにより，十進位取りの原理の素地的な理解がなされてきている。しかし「10より大きいかず」では，「10と3で13」「30と8で38」というように，いわば加法的な見方を中心に扱ってきた。本単元では「10のまとまりが3個と1が8個で38」つまり「10×3＋1×8」という乗法的な見方になる。このように見ることにより，69と82の大小を比較するときにも，「10のまとまりが6個と1が9個で69」「10のまとまりが8個と1が2個で82」というように，まずは一の位（下位の位）ではなく，十の位（上位の位）から比べればよい，ということが分かる。数の構成と関連させて「十の位」「一の位」の意味と位取り記数法の理解を図るようにすることが大切である。

10　100までの数

□2□ 本単元の目標と指導計画，本時の位置付け

（1）目標

100までの数の位取りについて，数学的活動を通して次の事項を身に付ける。

○知識・技能

　2位数について，読んだり表したりすることができる。また2位数の表し方について理解している。

○思考力・判断力・表現力等

　10のまとまりを作って数えることが効率的であることを捉えながら数えている。また，100までの数表から，数の並び方に関するきまりを見いだしている。

○学びに向かう力・人間性等

　10のまとまりを作って数えることのよさに気付き，進んで生活や学習に生かそうとしている。

（2）指導計画（6時間扱い）

内　容	時　間	ねらい	主な評価規準
100未満の数の数え方	1 本時 2	100未満の数の数え方，読み方，表し方，十進位取り記数法の基礎（一の位，十の位）を理解する。	【態】具体物の個数を進んで数えたり読んだり表したりしようとしている。 【思】100までの数の数え方を，10のまとまりの個数と端数がいくつという数え方の工夫をしている。
100未満の数の構成	3 4	100未満の数の構成，大小を理解する。	【知】100までの数について，数えたり読んだり表したりすることができる。また，2位数を10がいくつと1がいくつと捉えることを通して，数の構成を理解している。
たしざんとひきざん	5 6	簡単な2位数同士，2位数と1位数の加法，減法の計算ができる。	【思】簡単な2位数の加法・減法の計算の仕方を，10のまとまりについて着目して半具体物などを用いて考えている。

□3□ 本時の主体的・対話的で深い学びづくりのポイント

（1）問題提示について

　右の図①と図②を見ると，ひと目ではどちらが多いのか判断がつきにくいという点では同じような提示となっている。しかし，図②は具体物が10ずつまとまっているため，子供は無意識のうちに10のまとまりを作って数えていく。一方，図①は具体物のまとまりが見えないため，どのように数えていくかを考える必要がある。

　本時では図①を提示する。本時で子供たちに身に付けさせたい思考力・判断力・表現力は「10のまとまりを作って数えると効率的である」ということである。図①を提示し，1つずつ数えたり，いくつかのまとまりを作ったりしながら具体物を数える活動の中から「大変だな」，「もっと簡単に数えられる方法はない

116　　Ⅲ　算数授業の新展開

かな」と子供が自ら考えることが大切である。図②で具体物を数える活動を行っても，10のまとまりがあらかじめ見えているため，子供はそのような感覚はつかみにくい。

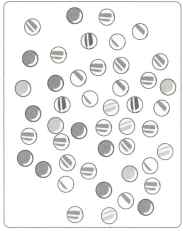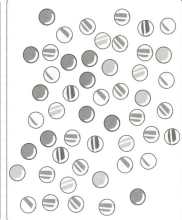

図① 10のまとまりが見えない

図② 10のまとまりが見えやすい

（2）数学的活動について

　図①の具体物を数えていく活動の中で，子供は「印を付けると数えやすい」「同じまとまりを作ると"2とび"や"5とび"で数えやすい」ということに気付く。さらに正確に効率的に数えるために「10のまとまり」をつくるとよいという考え方にたどり着くことができる。このような過程を経て，「10のまとまり」のよさについて学んでいく。

□4□ 本時の展開

(1) 目標

100未満の数の数え方，読み方，表し方，十進位取り記数法の基礎（一の位，十の位）を理解する。

(2) 展開

教師の働きかけと予想される子供の反応	◎指導上の留意点　◇評価
①問題を見いだす。 おはじきが いくつあるか かぞえよう。 T：りんさんはおはじきをいくつ持っているでしょう。 りんさん C：1，2，3，4，5…。 C：2，4，6，8，10…。 C：分からないから近くに行って見てもよいですか？ T：このままでは数えられないという言葉があったので，一人一人にプリントを配りますね。	◎黒板に大きな図を提示し，児童の反応を確認する。 ◎見てすぐには判断できないので，数える必要があることを全体で確認する。 ◎指で数えたり，声に出したりする児童を価値付けて，数える活動であることを全体で再確認する。 ◎「ゆびさしかくにん」「2とび」など，数え方を黒板の隅にメモをしておく。 ◎児童から「近くで見たい」など，何らかの反応があってから黒板に提示した図を縮小したプリントを配布する。
②おはじきの数を数える。 T：りんさんがもっているおはじきの数を数えましょう。 C：1個ずつ数えていったら46だった。 C：印を付けると，数えていないところが分かりやすいね。 C：2，4，6，8，10，12，…46。 C：2とびで数えている。 C：私は5とびで数えたよ。 C：私は10個ずつ数えたよ。	◎どのように数えたか分かるようにかくように促す。 **資質・能力育成のポイント** 考えたことを図や言葉にして書き留めることで理解を深める。 ◎「印をつけたほうが数えやすい」「2とび，5とび，10個ずつなどだと早く数えられる」などの発言が児童からあった場合には黒板の隅にメモをしておく。

118　Ⅲ　算数授業の新展開

T：いくつかの数え方が出たので，もう一問解いてみましょう。今度はあきらさんのおはじきの数を数えます。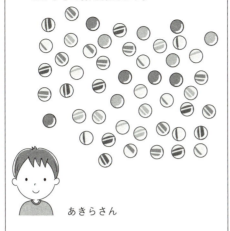あきらさん C：49個！ T：短い時間で数えられた人がいますね。 C：10のまとまりを作ると数えやすい。 C：数えたおはじきに印を付けると，数えていないところが分かりやすいよ。	◎1問目では「いくつあるか」という問題に正対し，数え方の吟味については教師が行わないようにする。 ◎自分の考え方だけではなく，黒板にあるいくつかの方法で数えるように促す。 ◇100未満の数を10のまとまりを作ると効率的であることに気付いて数えている。 （発言，ノートの記述） ◎「いくつあるか」という問題を2問続けることで児童に「速く」や「正確に」という視点をもたせるようにする。
③まとめる。 T：1問目と2問目ではおはじきの数え方を変えている人がいました。どうしてでしょうね。 C：1個ずつ数えると大変だよ。 C：10のまとまりを作った方が，間違えずに数えられた。 C：しかも早く数えられたね。 C：10のまとまりがたくさんできたら，どうすればよいのかな。 T：もっと大きな数はどうやって表すのでしょうね。	◎途中で問題意識が変わったことを確認し，全体の視点を数え方に向かせる。 ◎数を数えるときに見つけたことを板書の記載などを基に再確認する。 **資質・能力育成のポイント** 10ずつ数えると効率的であるという本時の目標に迫る気付きを振り返り，再度価値付けを行う。

10　100までの数

□5□ 実践のまとめと考察

　本実践は，「10のまとまりをつくるよさ」を子供自身に気付かせることに価値を置いたため，導入部分に多くの時間を割くことになった。結局，1時間を通して，子供は2問しか解いていないことになる。しかし，本時で大切なことは多くの問題を解かせることではなく，子供が納得して自ら10のまとまりを作ることができるようになることである。そのように考えると，適用問題に取り組んだ多くの子供たちが，問題を見てすぐに10のまとまりを作り始めたことは成果であったといえる。問題を解決するためには，遠回りをさせたり誤答を扱ったり，試行錯誤させながら取り組んでいくことも大切である。授業時数と指導内容の関係など，様々な要因で敬遠されがちであるが，本当に身に付けさせたい内容に関しては，試行錯誤させた上で定着させたい。

　第5，6時では，簡単な2位数同士，2位数と1位数の加法，減法の計算に取り組ませたが，本時で学習した「10のまとまり」とそれ以外というように，子供たちは位ごとに分けて計算をすることができた。単元を通して「10のまとまり」を中心に据えた指導をすることで，学びに向かう資質・能力を育成することができる。

おりがみを　30まいもっています。
そこへ　20まい　もらいました。
ぜんぶで　なんまいになったでしょうか。

10が3こと　10が2こで　10が5こ

コメント（細水 保宏）

　本事例では，十進位取り記数法についての基礎的な理解と，数の構成についての感覚を豊かにすることを育成すべき資質・能力に挙げている。主体的・対話的で深い学びでは，具体物を用いて解決したり結果を確かめたりする活動や，その過程や結果を具体物や図などを用いて表現する活動を通して，その実現を図っていくことを大切にしていきたい。例えば，本事例のように，数えにくい感覚をもたせると何とか数えやすくしようとする動きが生まれ，その処理の仕方に算数のよさを見いだすことができる展開づくりである。

　よく低学年では「～の素地を培う」と言われるが，何の素地か，つまり上位学年の学習のどこにつながるのかを教師自身がもっていなければ，そこに的確な価値付けすることができない。まず数える活動では，2とび，5とび，10ずつまとめて数えるといった多様な数え方に触れること自身が十進位取り記数法の理解の素地となる。紙に書かれたものだけでなく，10ずつまとめるまとめ方が異なるおはじきや数え棒，折り紙を数えたり，音のような目に見えないものは目に見えるものに置き換えて数えたりする体験も素地として培っておきたい。一方，数えたものの大きさを表す体験も大切にしたい。37を「10, 20, 30と7」から「10が1, 2, 3と7」といった10を1つのかたまりとみる表現や，「一の位の左が十の位だから，37」といった大きさを位置で表す表現にも気を付けて，取り上げていくことが大切である。

11 100 より大きい数

2位数の読み方や書き方を基に
数の構成を考える

▫1▫ 本単元の授業づくりのポイント

(1) 三つの柱の資質・能力をいかに育むか

本単元では，十進位取り記数法の原理についての基礎的な理解を図ることととも
もに，その原理を基に数を構成していくことをねらいとしている。

児童は，4月から数について学び，ものとものとを対応させて個数を比べる活
動や，数えたものの個数を数字で表す活動などを通して，数の意味についての理
解を深めたり，数についての感覚を豊かにしたりしてきている。具体的には，10
までの学習で数の合成・分解などを理解し，次に，30までの数について，10の
まとまりを意識しながら，「10と3で，13（十三）」や「10が3つで，30（三十）」
などと捉え，数の構成を学習してきている。

本単元では，2位数について，具体物を数えたり，具体物で数を表したりする
などの数学的活動を通して，「10のまとまりの個数と端数で，何十何」という数
の構成が理解できるようにする。また，「一の位」「十の位」の用語と意味につい
ても理解できるようにしていく。

さらに，簡単な場合の3位数の表し方についても，2位数の学習と同様に，具
体物を用いた数学的活動を通して，「100のまとまり，10のまとまりの個数，端
数で，百何十何」と，120程度までの数を表す活動に取り組むようにする。それ
により，2位数までの意味や表し方の理解を深め，第2学年で扱う3位数の学習
へとつなげていく。

①知識及び技能

本単元で育てたい知識及び技能は，2位数以上の数の表し方（読み方，書き方）
の仕組みを理解し，2位数以上の数を表すことができるようになることである。
右の表1は，第1学年で学習する2位数以上の数の表し方の仕組みをまとめたも
のである。11〜19の数を通して学ぶAやB（aやb）といった表し方の仕組み
は，2位数以上の数の構成の最も基礎となる考えである。これらの仕組みは，新
たな考えとして児童が導くことは困難であり，児童の日常経験の中から想起した
知識を手掛かりに理解できるようにしていく。その中でも，20の「2」は，10の
まとまりが2個の「2」であり，「0」は，ばらが0個の「0」であることなど，そ
の先の学習に生かせる部分に気付くことができるように，授業を展開していくこ
とが大切である。

122　　Ⅲ　算数授業の新展開

表1　数の読み方と書き方の要点

学習する数	読み方	書き方
11～19 20	A：十と何個で，「十何」 B：十が2個で，「二十」	a：10とばらが□こで，「1□こ」 b：10のまとまりが2こ（ばらは0こ）で，「20」
21～29 30	（Aを基に）二十と何個で，「二十何」…A' （Bを基に）十が3個で，「三十」…B'	（aを基に）20とばらが□で，「2□」…a' （bを基に）10のまとまりが3こ，ばらは0こで，「30」…b'
(31)	（A'を基に）三十と1個で「三十一」	（a'を基に）30とばらが1こで，「31」
31～99 100	（A'，B'を基に） 何十と何個で，「何十何」…C 十が十個で，「百」…D 99よりも1大きい数を「百」	（a'，b'を基に）10のまとまりが■こ，ばらが□こで，「■□」（■：十の位，□：一の位）…c （cを基に） 10のまとまりが10こ，ばらが0こで，「100」
101～109	（A'を基に）百と何こで，「百何」	（cを基に） 10のまとまりが10こ，ばらが□こで，「10□」
110～119	百と十何個で，「百十何」	10のまとまりが11こ，ばらが□こで，「11□」
120	百と二十で，「百二十」	10のまとまりが12こ，ばらが0こで，「120」
121～	百と何十何で，百何十何	10のまとまりが12こ，ばらが□こで，「12□」

②思考力・判断力・表現力等

　本単元で育てたい思考力・判断力・表現力等は，数のまとまりに着目し，数の比べ方や表し方を考えるとともに，数の表し方の仕組みに着目し，数を拡張していくことである。具体物を数える活動を通して，よりよい数え方を考えていくようにすることで，数のまとまりに着目することのよさに気付くようにしていく。

　数える対象となるものの数が大きくなると，2や5というまとまりでは，手間が多く，数え間違いも多くなる。そこで，より大きなまとまりである10のまとまりをつくることで，そうした不都合がなくなるといったよさに気付くようにしていく。さらに，十進位取り記数法での表現や命数法を用いての表現とのつながりに着目し，数を表す際にも，10のまとまりをつくることの有用性を感じられるようにしていくことが大切である。

　そして，2位数で学習した数の表し方の仕組みを基に，簡単な場合の3位数の表し方を統合的に考え，大きな数でも同じ仕組みを基に構成していけることを見いだし，数を自ら拡張していけるようにする。数を自ら拡張することで，十進位取り記数法の理解を深め，数学的に考える資質・能力を育成していく。

(2) 数学的な見方・考え方を働かせた数学的活動にいかに取り組むか

①具体物を操作して，数量を見いだす活動

　本単元では，具体物をまとまりに着目して数える活動を行い，数の比べ方や表し方を考えていく。活動を通して，数の表し方の仕組みを理解できるようにす

る。

本事例では，数え棒で作られた模型を提示し，どちらの模型が，数え棒を多く使っているかを問うていく。数を比較する場面を設定することで，本数を確かめる必然性を感じられるようにする。児童には，模型を作るのに必要な本数と同じ数の数え棒が入った袋を配布する。本単元で使った模型と数については表2のようになっている。本数を読み方や書き方のポイントとなる数値にすることで，数の表し方の仕組みに気付くことができるようにし，数の表し方について理由をもって表し方を説明できるようにしていく。

単元を通して，具体物を一貫させて（本時では数え棒）数学的活動を行うことにより，児童の操作（数え方や束ね方）が洗練され，数の表し方により着目できるようになる。既習の模型の本数との比較を促すことで，前時までに学んだ数の表し方の仕組みを想起できるようにし，数の表し方を統合的に考え，大きな数でも同じ仕組みを基に構成していけることを見いだし，数を自ら拡張していけるようにする。

②問題解決の過程や結果を，数表を用いて表現する活動

数の表し方の仕組みを基に説明ができるようにするためには，数表の活用も有効である。第1時から単元を通して，授業で取り扱った数値を順次，数表に書き加えていくことにより，数表における並び方のきまりに気付くことができ，10のまとまりの数とばらの数で数が構成されていることを理解できるようにする。特に，数の表記の方法については，数表における並び方のきまりを活用することで，未習の数を自ら構成し，数を拡張していくことができる。数表の空いている部分を埋める活動や全て埋まっても，まだ数が続いていることに気付き，それを書き加えていく活動を設定することにより，数を自ら拡張して表していけるようにする。

表2 本時で用いる模型

	【第1時】 ひこうき 46本
	【第1時】 橋 50本
	【第5時】 ロケット 100本
	【第8時】 船 113本
	【第8時】 家 120本 （旗をたして 121本）

たて 十のくらいが1つずつふえる。一のくらいがそろっている。

0	1	2	3	4	5	6	7	8	9
10	11	12	13	14	15	16	17	18	19
20	21	22	23	24	25	26	27	28	29
30	31	32	33	34	35	36	37	38	39
40	41	42	43	44	45	46	47	48	49
50	51	52	53	54	55	56	57	58	59
60	61	62	63	64	65	66	67	68	69
70	71	72	73	74	75	76	77	78	79
80	81	82	83	84	85	86	87	88	89
90	91	92	93	94	95	96	97	98	99
100	101	102	103	104	105	106	107	108	109
110	111	112	113	114	115	116	117	118	119
120	121	122	123	124	125	126	127	128	129
130	131	132	133	134	135	136	137	138	139
			143	144	145	146			149

よこ 十のくらいがそろっている。一のくらいが1つずつふえた。

◻2◻ 本単元の指導計画と本時の位置付け

小単元	時　間	ねらい
おおきい かず	1・2	2位数の構成や読み方，書き方を理解する。
	3・4	2位数の構成や読み方，書き方の理解を深める。
99より おおきい かず	5	100という数の構成や読み方，書き方について，前時までに学習した仕組みを基に考える。
かずの ならびかた	6	数表から，100までの数の並び方のきまりを見いだし，数の規則性や構成の理解を深める。
	7	数直線から，100までの数の系列や大小を理解する。
100より おおきい かず	8 本時	2位数の読み方や書き方を基に，100より大きい数の構成や読み方，書き方について考える。
練習とまとめ	9	身の回りにあるものの数に興味をもち，2位数の理解を深める。
たしざんと ひきざん	10	（何十）＋（何十）や（何十）−（何十）の加減計算の仕方を理解し，その計算ができる。
	11・12	繰り上がり・繰り下がりのない2位数と1位数の加減計算の仕方を理解し，その計算ができる。

◻3◻ 本時の主体的・対話的で深い学びづくりのポイント

　本事例では，既習の数の表し方の仕組みを基に，より大きい数の表し方を考え，数を自ら拡張できるようにすることを大切にしている。

　児童は，「100（百）」を学習する第5時で，初めて3位数の表し方を知ることになる。これまでの指導では，「10のまとまりが10個で百と読み，100と書く」というように，決まり事として扱われることが多かった。ここでは，2位数の数の表し方の仕組みを基に「100（百）」の表し方について，考えられるようにしていく。また，そのように表した理由についても問い，数の表し方を統合的に考えられるようにする。書き方については，既習の仕組みと同様に，数えた数を10のまとまりがいくつかに着目して書けば，正しく表せることを確認する。また，読み方についても，既習の仕組みを生かせば，「十十（じゅうじゅう）」と読むのが原則であるが，既習の仕組みと，児童が日常的に扱っている百という知識のズレを問い，百を用いることを確認する。

　本時では，「113」と「120」についての表し方を考える。これまでと同様に，読み方については，「百」と「十三」で「百十三」，「百」と「二十」で「百二十」と読むことを推測できるようにし，書き方については，既習の仕組みと，数表から気付いたきまりを用いて，10のまとまりが11個，ばらが3個で，「113」というように，10のまとまりがいくつかに着目して推測し，書き方を考えていけるようにする。そして，最後には，「121」を扱うことで，「百何十何」と表せる数

11　100より大きい数　125

を自ら拡張することができるようにし，第２学年の学習へとつなげていきたい。

□4□ 本時の展開

（1）目標

既習の数の読み方や表し方を基に，簡単な場合の３位数の読み方，表し方を考えることができる。

（2）展開

教師の働きかけと予想される子供の反応	◎指導上の留意点　◇評価
①問題を把握する。 Ｔ：これを見てください。（数え棒で作られた船と家の模型を提示する） Ｃ：家だ。船もあるよ。 Ｃ：何本くらい使われているのかな。 Ｃ：前に数えた「ロケット」よりも多く使われていると思うな。 Ｔ：みんなもロケットより多いと思いますか。（多くの児童がうなずく） では，船と家，どちらが多く使われていると思いますか。 Ｃ：船の方が大きいから，本数も多いと思います。（16人） Ｃ：家の方が詰まっているような感じがするな。（19人） どちらが　おおくの　かぞえぼうを　つかっていますか。	◎数え棒で作った「家」と「船」を提示し，どちらが多くの数え棒を使っているかを問うことで，数える活動に意欲がもてるようにする。 ◎２つの形と前時で提示した形（100本）を比べてどちらが多いかを問うことで，100本より大きくなりそうだという見通しをもてるようにする。 ◎どちらが多いか予想を立てることで，学習課題を自分の課題として捉えることができるようにする。
②数え棒の本数を数える。 Ｔ：数えた結果がぱっと見て分かるようにしていきましょう。 Ｃ：10のまとまりをつくっていくといいね。 Ｃ：100本をもう超えたよ。 Ｃ：船を数えたら，10のまとまりが11個になったよ。 Ｃ：家は10のまとまりが12個になったよ。 	◎数え棒を１セットずつ（船113本，家120本）配布する。 ◎近くの友達と協力して，効率よく数えられるようにする。 ◎合計した数が一目で見て分かるように並べるように指示し，前時の100を数える学習を生かし，10の束を作って考えられるようにする。
③課題を設定し，数を表す。 Ｔ：どちらが多くなりましたか。また，ロケットと比べて，本数はどうでしたか。 Ｃ：家の方が多くなりました。 Ｃ：船も家も，100本よりも多くなりました Ｔ：数をノートに表しましょう。 100よりも大きいかずの　あらわしかたを　かんがえよう。	◎100よりも10以上多い数であることを確認し，さらに興味をもてるようにする。 ◎家の方が使う数え棒が多いことや，どちらも本数が100より大きい数であることを確認する。

126　Ⅲ　算数授業の新展開

④数え棒の本数の読み方と書き方を考え，発表する。 T：どのように数を表しましたか。 C：「船」の数は，「113」と書いて，「ひゃくじゅうさん」と読みます。 C：「家」の数は，「120」と書いて，「ひゃくにじゅう」と読みます。 T：どうして，そのように読むのですか。 C：読むときは，くっつけて読みます。 T：何をくっつけるの。 C：百をくっつければいい。 C：46のときも，四十と六をくっつけて「四十六」と読めたので，百と十三もくっつけて「百十三」，百と二十もくっつけて「百二十」と読めます。 C：百が十十（じゅうじゅう）だと，十十十三（じゅうじゅうじゅうさん）のようになってしまって，大変です。 T：10が10個で，百と読むことのよさだね。今までの読み方と同じでよいのですね。 T：書き方はどうですか。 C：10のまとまりの数とばらの数を分けて書いてきたので，「百十三」と「百二十」も同じように書けます。 　　10が11個と，ばらが3個で11|3 　　10が12個と，ばらが0個で12|0	◎数を書き終えた児童には，その読み方や書き方の理由について問い，書いたり話したりできるようにする。 ◇既習の数の読み方や表し方を基に，簡単な場合の3位数の読み方，表し方を考えている。【数学的な考え方】（発言，ノート） ◎2桁の数の読み方，表し方や，数表の十の位と一の位の規則性を振り返ることで，数を推測して書けるようにする。 ◎発表の際は，数え棒の10のまとまりとばらの数を，黒板に貼って確認する。  ◎百の学習の際に，なぜ「十十」ではなく，「百」と読むのかを議論しておくことで，新しい単位をつくることで，数が増えた際にも簡潔に表すことのできるよさに気付くことができるようにする。 
⑤本時のまとめをする。	
⑥120に1加えたときの数の読み方と書き方を考える。 C：1本たしても，百と二十一なので，「百二十一」と読め，「121」と書けます。 T：今日は「121」まで進みましたね。この先は，表せますか。 C：もっと大きな数も書けるよ。どんどん表せるよ。	◎以下の点を押さえ，本時のまとめとする。 ・「百十三」は，100と13で113と表し，「百二十」は，100と20で120と表すこと。 ・これまでと同じきまりで，100より大きな数を書き表すことができること。 ◎「家」に旗を付けるために1本加えたら，数字がどのように変わるかを考える場面を設定し，「百　何十何」の読み方と表し方を考えられるようにする。

11　100より大きい数

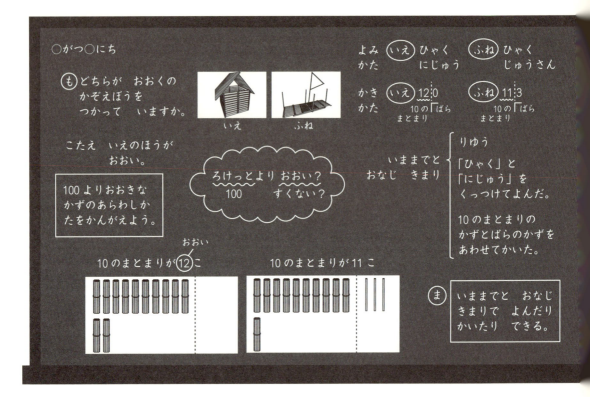

□5□ 指導のまとめ

　児童は，既習の数の表し方の仕組みに着目し，「113（百十三）」と「120（百二十）」という数の読み方と書き方を見いだし，理解することができた。

　読み方について，百と十三で「百十三」や，百と二十で「百二十」など，10のまとまりが10個で「百」と表すよさを捉えながら，「百と何十何」と表すことができた。一方，書き方については，10のまとまりが11個，ばらが3個で「113」や10のまとまりが12個，ばらが0個で「120」など，10のまとまりがいくつとばらがいくつという既習の仕組みを生かして表している。第2学年で200より大きい数を学習する場合でも，同様の仕組みを生かせば，「10のまとまりが20個」として「200」と表すことができる。表記された数を新たな視点で見直したときに，100のまとまりが2個で「200」という百を単位とした百の位の考えが生まれていく。数がより大きくなれば，あるまとまりを単位として考える見方を生かし，10のまとまりがいくつか数えるよりも，100のまとまりがいくつかを数えた方が便利であることに気付いていくだろう。読み方も書き方も，そうして十進位取りの考えが確立していく。

　児童は日常的な経験から100（百）や百何十という数を知識として知っている。その知識を生かすことはもちろん有効である。しかし，それだけでなく，なぜそうした表し方をするのか考えたり，数が大きくなったときに，今までの表し方ではどんな不具合が起こるかを経験したりすることで理解が一層深まり，この先も同じ仕組みで続くのではといった推測ができるようになる。具体的な数について知ることよりも，原理や仕組みに触れ，自ら数を拡張していける算数の面白さを味わうことに重点を置いて指導に当たっていくことが必要である。

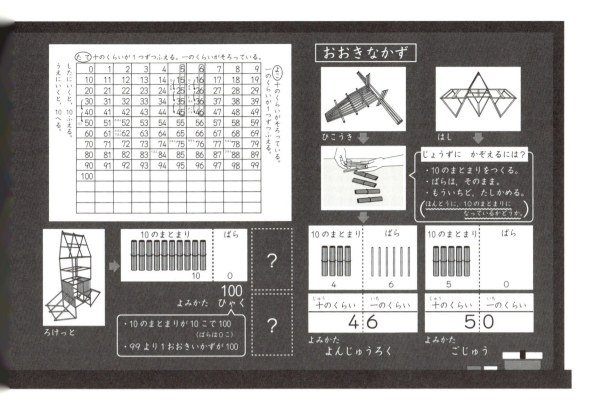

コメント（二宮 裕之）

　算数の学習は「考えることが大切」と言われる。しかし何でも「考えさせればよい」ということでもない。例えば三角形の学習で「この図形の名前を考えましょう」という授業を行い，「おにぎり形」「トライアングル形」「三辺形」など，多様な考えを授業で取り上げても，そこから何かを一般化することは不可能であり，最後は「このような図形を三角形と呼びます」と教師が定義する必要がある。ピアジェは知識を大きく，物理的知識，社会的知識，論理・数学的知識の3つに類別している。その中でも「論理・数学的知識」は算数の学習に深く関わるもので，既習の経験や知識を基に学習者が自ら考え，新しく構成する知識である。算数の学習は，子供たちが論理・数学的知識を構成することを目標にしているといっても過言ではない。一方，社会的知識とは，規則や習慣など社会の中で得られる知識である。基本的には「教師（他者）から教わるべき知識」であり，上述した「三角形」の名称などはこれに当たる。算数の授業では，社会的知識は教師がきちんと教えるべきであり，論理・数学的知識は子供が自ら構成する（教師は教えない）べきものである。これらを混同してはいけない。

　さて，本事例の主題である「数の読み方・書き方」は，基本的には『社会的知識』であり，それを子供が自ら構成することが期待できないものであるが故に，最終的には教師がきちんと教えるべき知識である。しかし子供たちは，日常的な経験から100（百）や何百何十という数を知識として知っている。ただしこれらの知識は明確な数学の知識（科学的概念）ではなく，日常の知識（生活的概念）でしかない。ヴィゴツキーによると，生活的概念は自然発生的に発達しても科学的概念にはなりえず，生活的概念を科学的概念へと引き上げる（一般性をもたせる）ところに教育の意義があるとされる。本事例では，生活的概念である「百や何百何十」を，数学的活動を通して科学的概念へと昇華させるプロセスにおいて，既習の科学的概念を用いながら子供たちに知識を再構成させる点に価値がある。

12 ものの形

ものの形や特徴を理解し，
理由を説明する

□1□ 本単元の授業づくりのポイント

(1) 三つの柱の資質・能力をいかに育むか

学習指導要領（H29）では，第1学年の図形の目標が以下のように示されている。

---

(1) 身の回りにあるものの形に関わる数学的活動を通して，次の事項を身に付けることができるよう指導する。

　ア　次のような知識及び技能を身に付けること。
　（ア）　ものの形を認め，形の特徴を知ること。
　（イ）　具体物を用いて形を作ったり分解したりすること。
　（ウ）　前後，左右，上下など方向や位置についての言葉を用いて，ものの位置を表すこと。
　イ　次のような思考力，判断力，表現力等を身に付けること。
　（ア）　ものの形に着目し，身の回りにあるものの特徴を捉えたり，具体的な操作を通して形の構成について考えたりすること。

　本単元全体で育てたい資質・能力は，形について学ぶことの楽しさを感じる経験を土台として，上記のような知識・技能や思考力・判断力・表現力を育み，学びに向かう力である。とりわけ，かたちあそびの「出会い」においては，具体物を用いて形をつくったり分解したりする操作を通して，ものの形の特徴を捉えたり，形の構成について考えたりしながら，形に対する関心を喚起し，学びに向かう力を涵養することが重要である。また，児童がこれまで目にしてきたものを形に着目して捉えさせ，新しい見方を与えることにより，箱や筒，ボールなど多様なものの形に目を向けて考えようとすることが大切である。

　第1学年の児童にとって，ものの形や特徴を理解するためには，身の回りにあるものをよく観察したり，自分の経験や観察したものが箱や筒，ボールなどのどんな形に似ているか，どんな特徴があるかを考えたりして，児童自らがものの形やその特徴に働きかけることが重要である。また，その活動の際に，子供の自由な発想や子供なりにもつ根拠を，教師が認めることが重要である。

　子供がもつもの（例えば箱）の弁別の観点は，使用用途や色，位置や大きさなど多様である。形に着目してものを分類することを指示しても，色に着目して分

130　Ⅲ　算数授業の新展開

類する児童もはじめは多くいるであろう。そのような分類の観点も肯定的に認めつつ，いろな仲間分けの仕方が考えられる中で，「形」も，その一つの観点であることへと徐々に意識を向けさせて，子供の見方を広げさせる。

(2) 数学的な見方・考え方を働かせた数学的活動にいかに取り組むか

①本単元で大切にしたい数学的な見方・考え方とその成長

児童はこれまでの生活経験で，身の回りにある箱などのいろいろなものを目にしている。しかし，これらの「形」を，必ずしも意識して捉えてはいない。本単元では，児童がこれまで目にしてきた身の回りのものを，形の観点から捉えるという新しい見方をする。その見方こそ，本単元で大切にしたい数学的な見方の一つである。そして，身の回りのものを形に着目して見ることができたとき，これまでは異なるものとして見てきたものが，同じ形であるという共通性をもつことに気付く。その気付きも，新たな見方を手に入れたことによって生じる数学的な考え方の価値の実感のもととなるものであり，大切にしていきたい。

また，「同じ形である」「とがっているところが8個ある」などの「形状」と，「高く積むことができる」「転がる」などの「機能」に関する数学的な見方・考え方を大切にする。形状や機能という図形を仲間分けする観点を知り，観点を決めれば仲間分けができるという数学的な考え方の基礎を培いたい。また，形状への着目は，図形の構成要素や構成要素間の相等関係や位置関係など，その後の図形の学びの土台となる。その意味でも重要である。

②主体的・対話的で深い学びを支える数学的活動

本授業実践は単元の第1時に位置付き，学習指導要領算数科の第1学年〔数学的活動〕ア「身の回りの事象を観察したり，具体物を操作したりして，数量や形を見いだす活動」に相当する活動に取り組むことを通じて，主体的・対話的で深い学びを実現し，前述の資質・能力の育成を図ることとなる。具体的には，身の回りにあるものを，箱や筒，ボールの形を組み合わせてつくる活動の中で，「どうすれば本物みたいにつくれるか？」と問いかけ，身の回りにあるものの部分と箱や筒，ボールの形とを比べて，同じ形や特徴を見つける。

主体的・対話的で深い学びを支えるために，この活動の中で特に重視したいのは，「理由を説明すること」である。児童が箱や筒，ボールの形を使ってつくったものに対して，その形を使った理由を説明させる。それに応えることによって，「どうして筒の形を使うのか」「なぜ箱の形にしたのか」などと，児童が根拠をもって身の回りのものをつくっていこうとする意識を生むと考えられる。また，お互いの理由を交流することで，対話的で深い学びが起こることも期待できる。例えば，「足は丸いところがあるから，キリンの足を筒の形でつくりました」と考えた児童が，他の児童の「ぞうの足を筒の形でつくりました」というような理由を聞き，「どちらの足も筒の形だったので，他の動物も考えてみると，筒の形がたくさんある」と気付くことができたり，また他の児童の「車のタイヤの部分を筒の形にしました。どうしてかというと転がるからです」という理由を聞

12 ものの形

き，「丸いっていうのは，転がるってことと同じだ」と気付くことができたりする。

　さらに，子供に「こんな形があったらいいのに」という考えを出させることを重視したい。子供たちは，かたちあそびの活動をする中で，つくりたいものを表現することができないという場面に出くわす。その不自由感が，箱や筒，ボールの形だけでなく，他のいろいろな形へと発展的に目を向けていく態度を育成するだろう。

□2□ 本単元の目標と指導計画，本時の位置付け

(1) 目標

　身の回りにある立体図形の特徴や機能を生かして，形を構成し，構成した形同士を比べて，同じところや違うところを見つけようとする。

　○知識・技能

　　身近にある具体物（箱や筒など）を用いてものの形を構成し，それを通して，ものの形を認めたり，形の特徴を捉えたりすることができる。

　○思考力・判断力・表現力等

　　いろいろなものの形をつくるときに，立体図形の機能や形状を生かして考えることができる。

　○学びに向かう力・人間性等

　　身近にある具体物（箱や筒など）を使っていろいろなものの形をつくろうとする。

(2) 指導計画（5時間扱い）

内　容	時　間	ねらい	主な評価規準
いろいろなものの形の構成	1 本時	身の回りにある立体図形の機能や形状を生かして，形を構成しようとする。	【態】身近にある具体物を使っていろいろなものの形をつくろうとしている。 【考】ものの形をつくるときに，立体図形の機能や形状を生かして考えている。
立体図形の機能や形状による仲間分け	2	形の特徴をつかみ，仲間分けをすることができる。	【考】大きさや色，素材などを捨象して，形状による仲間分けができる。
立体図形の特徴	3	手探りで立体図形を触り，その特徴を捉え立体図形を識別する。	【考】立体図形を識別することを通して，面や角などに着目して，立体図形の特徴を考えている。
立体図形の面の抽出	4 5	立体の面を写して平面図形を抽出できる。 立体図形から平面が抽出できる。	【技】身の回りの立体の面に着目して，まる，さんかくなどの形を認めることができる。 【知】立体図形から平面図形を抽出することができることを理解している。

132　Ⅲ　算数授業の新展開

◻3◻ 本時の主体的・対話的で深い学びづくりのポイント

(1) 数学的活動をいかに充実させるか

　数学的活動を充実させる上で最も重要なことは，子供が「やってみたい」という気持ちになる問題や活動を設定することである。本時の「いろいろな箱を使って身の回りにあるものをつくる」という活動は，第1学年の児童が「やってみたい」と思う活動としてふさわしい。

　学習指導要領では，数学的活動とは「事象を数理的に捉えて，算数の問題を見いだし，問題を自立的，協働的に解決する過程を遂行することである。」と示された。これを踏まえ，第1学年においても，子供自身が問題を見いだす過程を踏まえた学習活動を計画する。本時では，「どんな形の箱を使えば，本物みたいにつくれるかな。どうしてかな」を問うことで，現実の事象から算数（形）の問題を見いだし，「足のまわりはとがっているところがないから，筒の形を使う方がよい」と，まずは問題を自立的に解決し，次に協働的に考えを深める中で，「友達の考えと自分の考えが似ている」と気が付き，ものと形に関する学びが深まる。数学的活動の設定において，単に子供たちが「やってみたい」と思うことをさせるにとどまるのでなく，例えば，「もっとこんな形があれば……」という不自由さを感じさせるなどの指導の工夫を行うことにより，おのずと子供自身が「多様な箱でやってみたい」と考えを広げられるよう，数学的活動を工夫したい。そのように，子供自身が次の新たな問いを生むという視点を入れることで，数学的活動が充実すると考える。

(2) 深い理解を支える授業にいかに転換させるか

　深い理解を支える授業への転換の方策として，「理由を説明する」という活動を考えたい。第1学年の子供にとっては，理由を説明することはやや難しいことかもしれない。本事例では，具体物を用いた活動を対象とし，「どれを使うか」「どうしてか」などを問う。シンプルで考えやすい問いならば，理由を説明することが可能であると考えた。理由を説明することのよさは大きく3つある。1つ目は，子供に理由を表現するという目標を与えることが，子供に自分自身の行為を見つめさせる手立てとなることである。2つ目は，例えば「どうして箱の形を使ったかというと……」などと，箱の形や筒の形を用いる理由を考えることが，ものの形状や機能への着目を促すことへとつながるからである。そして3つ目は，理由を考える過程で自分の考えを明確にし，表現することになり，他者との交流がしやすくなることである。交流を通して，身の回りのものの形状や機能についての他者の考えを知り，自分では気が付かなかったことに気が

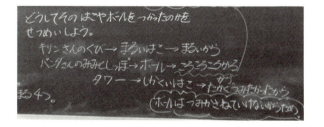

付いたり，自分の考えを深めたりして，ものの形について一層深く理解することできる。

□4□　本時の展開

(1) 目標

　身近にある具体物（箱や筒，ボールなど）を用いてものの形を構成し，ものの形を認めたり，形の特徴を捉えたりすることができる。

(2) 展開

教師の働きかけと予想される子供の反応	◎指導上の留意点　◇評価
①問題を見いだす。 　動物や乗り物などの身の回りにあるものを，いろいろな箱を使ってつくろう。 T：動物や乗り物をつくってみよう。 C：ぞうさんができたよ。 C：キリンさんができたよ。 C：丸い形の箱ばかり使っているな。 C：新幹線ができたよ。 C：車ができたよ。 C：今度は箱の形も使ったよ。 T：つくった形を発表しましょう。 C：わたしは筒の形を7つ使ってキリンをつくりました。 C：ぼくは四角の形を1つと筒の形を4つ使ってバスをつくりました。 T：すごいね。本物みたいにできたね。 　　どんな工夫をすれば本物みたいにできたのかな。 C：本物とできるだけそっくりな形を使えばできたよ。 　どんな形の箱を使えば，身の回りの物を本物みたいにつくれるだろう。	◎児童が自ら問題に働きかけられるよう，自由に取り組ませる。 ◎形の特徴に関する発言が出てきた場合は，挙ってきた言葉を板書したり，ノートに書かせたりする。 ◎本物みたいな工夫として，箱の色や大きさ，位置，材質などに着目した考えが出た場合，それらも箱の多様な属性として認めながら，その中の一つである形に注目させる。
②本物みたいにつくる工夫を考える。 T：どんな形の箱を使えば，本物みたいにつくれるかな。 C：キリンの首の部分には筒のかたちを使えばよいと思う。 C：バスは四角の箱と筒のかたちを使ってつくった。 C：バスのタイヤが四角だったら転がらないから前に進まないと思う。 T：箱で身の回りのものをつくって，どうしてその形の箱を使ったのかを説明しよう。	◎工夫をノートに表現するように指示する。 **資質・能力育成のポイント1** 「ころころ転がる」「とがっている」など，機能や形状を子供自身の言葉で表現するように促す。

134　Ⅲ　算数授業の新展開

C：キリンの首は丸いから，こっち（直方体）ではなくて，こっち（筒の形）を使った。 C：ぼくは筒の形を5本と，ボールを3つ使ってパンダさんをつくりました。どうしてそれを使ったかというと，パンダの手と足と体は筒で，顔と耳はボールの形だと思ったからです。 C：わたしはタワーをつくりました。使ったのは筒の形と箱の形です。高いタワーをつくりたかったので，縦向きにして置いていきました。 T：ボールの形はどうして使わなかったの。 C：ボールの形は転がっちゃうし，上にのせられないと思ったからです。	**資質・能力育成のポイント2** 箱でつくった動物や乗り物を，どうしてその箱を使ったのか，理由を説明することにより，思考力・判断力・表現力と学びへ向かう力を養う。
③まとめる。 C：チーターのしっぽは長くて丸いから，筒の形を使うと本物みたいにつくれた。 C：タイヤは転がすと転がるから，丸い形を使った方がよい。 C：バスの乗るところは，転がしても転がらないので，四角の箱を使った方がよい。 C：形の特徴を見つけると，本物みたいにつくれるんだね。 　今までに使った箱以外に使いたい箱はあるかな。 C：鉛筆の形みたいな箱を使いたいな。 C：サイをつくろうと思ったけど，つののところをどうするかに困ったから，筒の形がとんがったような箱があればいいのにな。 T：他にもいろいろな形の箱でつくってみたいね。 T：では，今から他のつくりたいものをつくって，どうしてその形を使ってつくったかを説明してください。	◎本物みたいにつくるためには，ものの形の形状面や機能面に着目することで，それが可能になることを確認する。 **資質・能力育成のポイント3** これまでの経験を想起させ，「箱の形」「筒の形」以外の多様な形にも意識を向け，発展的に考えようとする態度を育成するとともに，図形の学習に関する関心を喚起し，学びへの意欲を高める。 ◇身近にある具体物（箱や筒など）を用いてものの形を構成し，ものの形を認めたり，形の特徴を捉えたりすることができる。

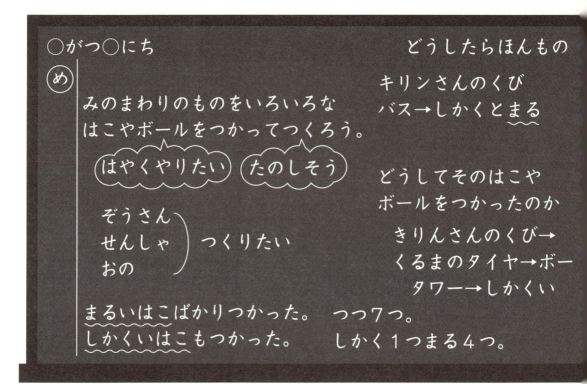

□5□ 実践のまとめと考察

　自由に身の回りのものをつくる活動は子供にとって，楽しんで取り組める活動となった。「本物」という言葉を用いて，「どんな形の箱を使えば，本物みたいにつくれるかな。どうしてかな」という問いかけが，子供の関心を「形」に焦点化させ，また，形状や機能に着目して進んで説明をする子供が多く見られた。

　単純に箱に慣れ親しむための時間として自由につくって終わりとするのではなく，第1学年の段階でも根拠をもって説明することを意識して立体を組み合わせていくことで，より深くものの形に着目することができた。また，その活動が「もっとこんな形だったら本当はいいのに……」と，箱や筒やボール以外の立体への関心を引き出すことにつながった。

　第2時や第3時では，持ち寄ったいろいろな箱などを，形状や機能に着目して仲間分けした。第1時でつくりたいものの形を意識して活動したことが，その後の学習にも生かされていることが実感される実践であった。

みたいにつくれるかな？ ―――→ ㊝ ┌─────────────────┐
　　　　　　　　　　　　　　　　　　　│ かたちのとくちょうを │
　→まるいはこ　　　　　　　　　　　　│ みつけたら　ほんもの │
　　　　　　　　　　　　　　　　　　　│ みたいにつくれる。　 │
（タイヤ）　　　　　　　　　　　　　　└─────────────────┘

しかくだったらころがらない。　　クラッカーのかたち　）つかい
　　　　　　　　　　　　　　　　えんぴつのかたち　　）たい！

をせつめいしよう。

まるいはこ→まるいから
ル→ころころころがるから。
はこ→たかくつみたかったから。

ボールはつみかさならないからだめ。

コメント（近藤 裕）

　具体物の中から「ものの形」を抽象し，それをさらに抽象したものが図形である。本事例は，子供たちが，図形の世界の扉を開けて一歩目を踏み入れる授業である。何事も「出会い」で得る情感は，その後の取り組みに大きく影響する。是非，子供にとって知的に楽しく，「もっとやりたい」と思わせるような展開にしたい。その導入として多く行われている，空き箱等を使って子供がつくりたいものをつくる活動は，その目的にかなった活動であるといえよう。

　本事例では，さらに，「どんな形の箱を使えば，本物みたいにつくれるかな」という知的刺激を与える教師の発問や，「こんな形があったらいいのに…」と子供に思わせる「不自由感」の演出がなされている。そしてこれらは，授業者の意図である，「理由を説明する」ことを子供から引き出す。理由を説明するという行為の背景には，説明する相手と目的，それに応じた表現の方法を要する。したがって，必ずしも1年生にとって容易なことではないが，上記の授業者による働きかけは，子供の説明への欲求を自然に引き出している。

　算数で学ぶ説明は，やがて，中学の証明の学習へとつながり，証明が数学の世界を確かなものとする。残念ながら証明を理解する中学生の割合は大変少ない。算数での説明の学習経験を通して，いかにその素地を豊かにするかが鍵となろう。第1学年はその学び始めであるのだから，自由にのびのびと表現することを大切にする。ただし，指導者はこれを単に放任するだけにならないよう留意し，説明する力の素地を育成することへの意識を忘れることのないように肝に銘じたい。

12　ものの形

13 ものの形

立体図形の構成要素に着目し，
自分なりの言葉で表現する
―形を表す算数の言葉―

□1□ 本単元の授業づくりのポイント

(1) 三つの柱の資質・能力をいかに育むか

本単元で育成したい資質・能力は，立体図形について，その構成要素や機能に着目して弁別の観点を決めるとともに，それらの観点に従って立体図形を弁別する力である。これまで「さんかく」「まる」「しかく」など日常の言葉で表現してきた図形的な特徴を，算数の言葉で具体的に表現する活動を通して，立体図形や平面図形についての素地となる経験を豊かにすることである。

子供たちは日常生活の中で，いろいろな図形に囲まれて生活している。また，遊びを通して絵を描いたり，折り紙や粘土，積み木などでいろいろな「形」を作ったりする経験もしている。その中で無意識に「さんかく」「しかく」「まる」といった言葉を用いている。

しかし，図形の特徴を捉え，共通点を見いだし分類するといった活動に関して，論理的な思考として整理されていない。そこで，第1学年の図形の素地指導では，図形の概念を形成するための準備段階として，様々な経験を通して基本的な立体図形の感覚を豊かにさせていくことが必要である。

基本的な立体図形の特徴をつかませるために，身の回りにある箱や空き箱などを観察したり，実際に手に取って触ったり操作したりする活動を取り入れることが重要である。形づくりでは，子供たちの作りたいものを身の回りの箱や空き缶などを組み合わせて構成させていく。子供たちの発想を生かし楽しく活動させる中で，作りたい形の部分にする立体図形をどれにするか，どのように組み合わせるかなど，立体図形の特徴に目を向けさせていく。

どの部分を何にするかを考える中で色や材質などの属性を捨象し，図形の特徴を捉えていくことで，立体図形の様々な特徴や機能的な特徴に気付かせていくことが大切である。

(2) 数学的な見方・考え方を働かせた数学的活動にいかに取り組むか
①本単元で大切にしたい数学的な見方・考え方とその成長

本単元では，立体図形の中にある構成要素に着目し，その図形的な特徴や機能的な特徴について分類する見方・考え方を大切にする。本単元では子供たちから出てきた図形の特徴を表す言葉を「かたちをあらわすさんすうのことば」として集め，それらを観点として立体図形を分類させていくようにする。ただし，三角形，

Ⅲ　算数授業の新展開

四角形や正方形などの数学的な用語を学習するのは第2学年である。

第1学年では，抽象化された図形の特徴を表す言葉として「さんかく」「しかく」「まる」など，子供たちなりの表現を用い，それらの違いが分かる程度でよい。これらの活動を通して，自分たちで数学をつくろうとする経験を豊かにし，学びに向かう力を高めるとともに，数学的な見方・考え方の成長へとつなげることができる。

②主体的・対話的で深い学びを支える数学的活動

本授業実践は単元の第2時に位置付き，学習指導要領（H29）算数科の第1学年〔数学的活動〕エ「問題解決の過程や結果を，具体物や図などを用いて表現する活動」に相当する活動に取り組むことを通じて，主体的・対話的で深い学び合いを実現し，前述の資質・能力の育成を図ることとなる。

具体的には，第1時に子供たちが空き箱を利用して作った作品について，立体図形の構成要素や機能に着目してその図形的な特徴や機能的な特徴について言葉で表現することが大切である。立体図形を分類し，「さんかく」「まる」「しかく」など日常で表現してきた図形的な特徴を算数の言葉で表現することにより，深い学びの実現がなされる。

▫2▫ 本単元の指導計画，本時の位置付け

（1）目標

身近な立体図形についての観察や構成などの活動を通して，次の事項を身に付ける。

○知識・技能

身の回りにあるものの図形から，基本的な平面図形を取り出したり，その基本図形を組み合わせたりすることができる，また，基本的な立体図形や平面図形の図形的な特徴や機能的な特徴を理解することができる。

○思考力・判断力・表現力等

立体の色や材質などに関係なく，形や面の特徴など，図形をみる観点ごとに図形の分類を考えている。

○学びに向かう力・人間性等

身の回りにあるものの形が，基本的な図形の組み合わせでできていると捉え，意欲的に生活の中から図形を見つけ，図形について豊かな感覚をもつことができる。

13　もの の形

(2) 指導計画（5時間扱い）

内　容	時　間	ねらい	主な評価規準
かたちあそびをしよう	1	集めた空き箱など，立体図形の図形的な特徴や機能的な特徴を生かして作品を作る。	【態】立体図形の機能や特徴を生かして，意欲的に作品作りに取り組もうとしている。
	2 本時	作品を発表し，立体図形の図形的な特徴や機能的な特徴に気付く。	【思】立体図形の図形的な特徴や機能的な特徴を考えている。
	3	集めた空き箱などの立体図形の特徴を捉え，立体図形の弁別を考える。集めた空き箱などの図形に着目して，同じ図形の仲間づくりをする。	【知】立体図形の特徴から，立体図形の弁別を考えている。【思】いろいろな図形に着目して仲間分けを考えている。
えをかこう	4 5	集めた空き箱などの立体図形から面を取り出したり，それらの図形を組み合わせたりする。描いた作品がどの立体図形から面を取り出したのかクイズを出し合う。	【知】身の回りにあるものの形から，基本的な平面図形を取り出したり，それらを組み合わせたりすることができる。

□3□ 本時の主体的・対話的で深い学びづくりのポイント

(1) 立体図形から平面の基本図形を切り取り，どのように図形を観察する視点をもたせるか

　立体図形の中にある構成要素に着目し，その図形的な特徴や機能的な特徴について言葉で表現する力を育む。そのために，前時に作った作品を使って互いに何を作ったのかを予想し合う活動を設定する。いきなり「どんな形ですか」と図形の特徴を問われても，子供たちはどこに着目し何を答えればよいか分からない。そこで，本時ではまず「何に見えるかな」と作品全体について問い，次に「どこを見てそう思ったのかな」と作品のある部分について問い，そしてその根拠を話し合う中で，図形の特徴に目を向けるようにさせる。この「何に見えるかな」「どこを見てそう思ったのかな」という2段階の問いを設定し，作品がどんなものであるのかを考え，その根拠となる図形は何かに着目をさせることで，子供たちなりの形を表す言葉を引き出していく。

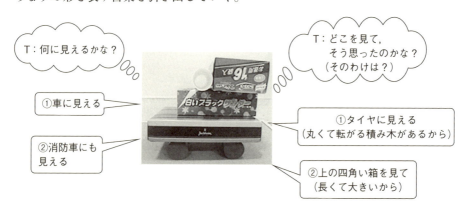

(2) 立体図形をどのように様々な視点から観察・表現させるか

　一つの立体図形を観察すると，見る角度によって形が変わって見えたり，置く向きによって機能が異なったりする。この面白さを子供たちに感じさせるために，本時では，前時に作った作品を提示する際，写真だけではなく実際の作品も併せて提示することで，様々な角度から見て形の特徴を言葉で表現させる。写真は既に，立体図形から平面に切り取った状態になっている。また，作品を見る角度が撮影者によって決められてしまっているので，子供たちが様々な角度から作品を見ることができない。子供たちが見る角度を決めて，様々な図形の特徴を発見できるようにしていく。

(3) 振り返りの活動をいかに充実させるか

　立体図形の図形的な特徴や機能的な特徴を言うとき，「さんかく」「まる」「転がる」といった子供たちなりの表現が出てくる。これらを「かたちをあらわすさんすうのことば」として集め，自分たちで数学をつくろうという態度を育む経験としたい。そのために，振り返りでは教室の中にある立体図形について紹介し合うペア活動を設定する。子供たちは，本時で集めた「かたちをあらわすさんすうのことば」を使って，ある立体図形の特徴を言葉で表現する。新しい算数の言葉を聞いて終わりにするのではなく，実際に使うことで，その意味を理解できるようにする。この活動では，今まで立体図形を見たときに，「○○の入れ物」「○○色の箱」と図形的に見ていなかった子供たちが，「転がる形の箱」「上と下が丸い形」と図形的に見ることを期待する。

□4□ 本時の展開

（1）目標

立体の形には，様々な形の特徴や機能的な特徴があることに気付く。

（2）展開

教師の働きかけと予想される子供の反応	◎指導上の留意点　◇評価
①課題をつかむ。 T：この前の算数の時間に，どんなことをしたかな。 C：みんなで作るものを決めていろいろなものを作った。 T：今日は，みんなが作ったものが何に見えるか考えましょう。 どんなものにみえるかな。	◎タブレットを用いて前時の様子を投影する。 ◎様々な角度から見て形の特徴を言葉で表現させるために，写真と合わせて実際の作品を提示する。 ◎何に見えるか生活経験と結びつけて考えるように促す。
②どんなものを作ったのか考える。 T：何に見えるかな。 C：車 C：トラック どこを見てそう思ったのかな。 C：大きくて，四角い形。人が乗っているところに見えるから。 C：タイヤみたいな形を使っているから。 T：タイヤみたいな形って？ C：丸い形。転がるけどまんまる。	 ◎児童の発言において，形の特徴や機能の特徴となるものを板書していく。 **資質・能力育成のポイント1** 色や材質などの属性を捨象し，「縦長」「三角」「四角」といった，立体図形の形の特徴や機能の特徴に目を向けさせていく。
③カードに他の作品がどんなものに見えたのかを記入する。（自力解決） T：では今度は他のグループが作ったものがどんなものに見えるのか，カードに書いてから発表してもらいます。どんなものに見えるか，どんな形があるからそう見えるのか書いてみましょう。 ※席を自由に移動し，カードに作品の①見えたもの（全体像）②理由（どんな形が何に見える）を書く。 ○みえたもの　　　　○みえたもの 　　　ロボット　　　　　　おしろ ○りゆう（どんなか　○りゆう（どんなかたちが）　　　　たちが） 　　　かおがしかくい　　　うえのさんかく	 ◎一人１枚配布し，作品を選んでカードを記入する。書き終わった児童は他の作品についてもどんなものに見えるかどうかを考えさせ，カードに記入するようにしていく。

142　Ⅲ　算数授業の新展開

④どんなものを作ったのか考える。（集団検討） 　ロケットやタワーにみえる形 T：このグループの作ったものは，何に見え 　　るかな。 C：ロケット。 T：どこを見てそう思ったのかな。 C：細長い。 C：長くて四角い形。 T：他には何に見えるかな。 C：タワー。てっぺんの三角の形。 C：たて長のところ。 ・ロケットの写真を用意し，どのような形が 　何に見えたのか比較する。 ・ロボットや人に見える形 T：このグループの作ったものは，何に見え 　　るかな。 C：人。 C：ロボット。 T：どこを見てそう思ったのかな。 C：足が細長い。 C：丸い顔がある。 C：体が長くて四角い。 ・ロボットの写真を用意し，どのような形が 　何に見えたのか比較する。 ・建物に見える形 T：このグループの作ったものは，何に見え 　　るかな。 C：おしろ。上の三角のところ。 C：公園。すべり台の形がある。 C：大きなお家。長四角の形。 C：上の三角の形。 ・建物の写真を用意し，どのような形が何に 　見えたのか比較する。 ・動物に見える形 T：このグループの作ったものは，何に見え 　　るかな。 C：いぬ。顔が三角のところ。 C：ねこ。長細いしっぽがあるところ。 T：形には，「長い四角の形」や「三角の形」 　　「丸い形」といった，いろいろな特徴があ 　　るんだね。	◎着目する形によって作品の見方が異なるこ 　とに気付かせる。 ◎実物の写真やイラストを提示し，作ったも 　のがどの形を構成する要素であるのかを確 　認する。 　**資質・能力育成のポイント2** 　「何に見えるかな」と作品全体について問い，次 　に「どこを見てそう思ったのかな」と問い，そ 　の根拠を話し合う中で，図形の特徴に目を付け 　させていく。 ◇立体の図形的な特徴や機能的な特徴を考え 　ている。（ワークシート，発言）
⑤本時の振り返りをする。 T：教室にあるものを1つ選んで，隣の友達 　　にどんな形なのか，形を表す言葉を使っ 　　て紹介しましょう。 C：（ボール）これはまんまるで，転がる形。 C：（お道具箱）これは長くて四角い形。 C：（缶）これは丸くて，横にすると転がる形。	**資質・能力育成のポイント3** 　教室にあるものの形の特徴や機能的な特徴を紹 　介し，日常生活の中に様々な形があることに着 　目させる。

13　ものの形　143

どんなものに みえるかな	①
ぞう	とうきょうタワー たかさがある
ながいのがはな	ロケット さんかくとんがり
せんしゃ ながいのがたいほう	ピラミッド てっぺんのとんがり
まるいのタイヤ	おしろ さんかくがやね
くるま まるいところタイヤ	ながしかくがへや
トラック しかく	
ひこうき とんがっている	

□5□ 実践のまとめと考察

　自分たちの作った作品が教材となっていたことで，子供たちにとって考えたくなる授業となっていた。「何に見えるかな」「どこを見てそう思ったのかな」という2段階の問いの設定により，着目する部分が作品全体から作品を構成する部分へと絞られていき自然

と立体図形に目を向け考えることができた。また，作品の正解（本当は何を作ったのか）を示さなかったことで，自由に意見を出すことができ，「もっと考えたい」と意欲的に学ぶ姿勢が見られた。発表の際には「しかく」「まる」「先がとんがっている」といった，子供たちなりの言葉で様々な形を表現することができた。本時の目標として立体図形の機能的な特徴についても取り上げたかったが，本時ではあまり引き出すことができなかった。「何に見えるかな」→「どこを見てそう思ったのかな」→「どんな形（どうしてそこに使ったのか）」という3段階の発問をし，機能的な特徴についても着目させることができるようにしたい。第2時では，「あれ，○○くんのTシャツにも形が見つかった」という声が聞こえてきた。本時を通し，立体図形や平面図形の特徴をつかむとともに，身の回りの生活の中にも様々な形があることに気付くことができた。

②    ③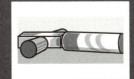

(①・2・3) のさくひん
○みえたもの
ぞう
○りゆう
（どんなかたちか，なににみえる）
ながいかたちが
はな

おしろとんがり３つ
ディズニーランドとんがり
おんせんまるくて
　　ほそながい
　　えんとつ

ロボット　しかくがかお
　　　まんなかのしかく
　　　がからだ
　　　しかく

おわったら
おかわり

コメント（神田 恭司）

　本事例は，学習指導要領，第１学年の「Ｂ図形」の学習である。図形についての理解の基礎について学ぶことがねらいである。本単元では，具体物を操作しながら図形に関わりをもつとともに算数に関心をもつ活動を行うことにより，積み木や箱などを積んだり並べたりすることや折り紙を折ったり重ね合わせたり比べたりすることなどの児童の日常生活や学校生活の場面と算数の学習をつなげていくことが重要となる。

　本事例では，身の回りにある物の形を観察や構成の対象とし，形を見付けたり，形作りをしたりする活動を重視するとともに，構成や分解の様子を，言葉を使って表すことを指導している。立体図形の構成要素や機能に着目して，その図形的な特徴や機能的な特徴について子供たちなりの形を表す言葉を引き出しているところが優れた実践と言える。

　主体的・対話的で深い学びに向け，子供たちが空き箱等で前時に作った作品を使って互いに何を作ったのか予想し合う活動を設定している。その中で，子供たちなりの形を表す言葉を引き出す手立てとして，「２段階の問い」を設定していることが特徴的である。まず「何に見えるかな」と作品全体について問い，次に「どこを見てそう思ったのかな」という２段階の問いの設定である。子供たちに作品がどんなものであるか考えさせ，その根拠となる図形に着目させることで子供たちなりの形を表す言葉を引き出している。繰り返しの２段階の問いの中で，日常生活とつなげて考えたり，図形の特徴に目を向けたりできる実践である。

14 形づくり

様々な形づくりを通して形の構成の仕方を説明する
―形の構成と分解―

□1□ 本単元の授業づくりのポイント

(1) 三つの柱の資質・能力をいかに育むか

本単元で育成したい資質・能力は，ものの形を認め，形の特徴を知ること，具体物を用いて形を作ったり分解したりすることに加え，ものの形に着目し，身の回りにあるものの特徴を捉えたり，具体的な操作を通して形の構成について考えたりする力や，身の回りにあるものの形に親しみをもち，形に対する感覚を豊かにするとともに，形の特徴を知るよさや形を作ったり分解したりする楽しさを感じながら学ぼうとする力である。この資質・能力を，単元全体の指導計画を見通してバランスよく育成できるようにすること，子供の日常生活や学校生活の場面と算数の学習をつなげていくことが大切である。

これまでに子供は，箱の形，筒の形，ボールの形などの身の回りにある立体に着目して，その形の特徴を捉えたり，立体を構成している面の形に着目して，「さんかく」「しかく」「ながしかく」，「まる」などの形を見つけ，角の有無や角の個数などの形の特徴を捉えたりしている。

本単元では，身の回りにあるものの形を観察する活動，色板や棒，点を結ぶなど具体物を用いて身の回りにあるものの形を作ったり，逆に作った形から身の回りにあるものを想像したりする活動，作った形から「さんかく」や「しかく」などを見つける活動を重視して，色や大きさ，位置や材質などを捨象し，形に着目してものを捉えさせる。「しかく」は「さんかく」2個で構成でき，「ながしかく」は「しかく」2個で構成できることにも気付かせていく。

また，ずらす，まわす，裏返すなど，図形を移動する活動，ぴったり同じ形や大きさは異なるが似ている形を作る活動を豊富にさせることも大切である。

さらに，形を作ったり分解したりすることを通じて，形の構成の仕方を考えさ

せていく。その形がもつ特徴や性質を生かして目的を達成したり問題を解決したりすることができるようにし，子供が第1学年以降も図形への親しみを深めていけるようにすることも重要である。

(2) 数学的な見方・考え方を働かせた数学的活動にいかに取り組むか
①本単元で大切にしたい数学的な見方・考え方とその成長

本単元では，これまでに学んだ立体を構成している面の形やその形の特徴など，図形を構成する要素に着目して，図形の構成の仕方を筋道を立てて考えたり，統合的・発展的に考えたりする数学的な見方・考え方を大切にする。形の構成の仕方を分かりやすく説明するためには，形を構成する要素である「さんかく」や「しかく」などに着目して，形の部分をその構成要素を用いて構成し，いくつかの部分が集まり全体を構成するというように，筋道を立てて考える必要がある。図形の移動の仕方やある具体物を用いた形作りで考えたことを，他の形や他の具体物を用いた形作りにおいても，同じように使っていこうと統合的・発展的に考えることも重要である。このような数学的な見方・考え方を働かせて形の構成の仕方を説明することができるようにする。それと同時に，働かせた数学的な見方・考え方も成長させることとなる。

②主体的・対話的で深い学びを支える数学的活動

本授業実践は単元の第2時に位置付き，学習指導要領（H29）算数科の第1学年〔数学的活動〕エ「問題解決の過程や結果を，具体物や図などを用いて表現する活動」に相当する活動に取り組むことを通じて，主体的・対話的で深い学びを実現し，前述の資質・能力の育成を図ることとなる。具体的に，自分が作りたいと考えたものの形や友達が説明したものの形を具体物を用いて表現し，その構成の仕方を説明する活動に取り組むことが大切である。このことを通して，前述の数学的な見方・考え方を働かせながら形の構成の仕方を説明する力を育み，深い学びの実現がなされる。

なお，第2時で，形を構成する要素である「さんかく」や「しかく」などに着目して，形の部分をその構成要素を用いて構成し，いくつかの部分が集まり全体を構成するというように，筋道を立てて考え説明することができるように，第1時で，東京2020オリンピック・パラリンピックのエンブレムを観察し，「しかく」「ながしかく」「ほそいながしかく」が何個で構成されているかを説明する活動を取り入れる。この活動によって，それぞれの図形が同じ数ずつ使われていることに気付き，図形を移動すれば，オリンピックのエンブレムからパラリンピックのエンブ

レムを作ることができそうだと関心を高め，第3時の図形を移動して形を変化させ，変化の様子や移動の仕方を説明する活動につなげることもできる。

第4，5時において，図形の移動の仕方や色板を用いた形作りで考えたことを，他の形の構成，棒を用いたり点と点を結んだりしての形作りにおいても，同じように使っていこうと統合的・発展的に考えさせることが重要である。

□2□ 本単元の目標と指導計画，本時の位置付け

（1）目標

身の回りにあるものの形に関わる数学的活動を通して，次の事項を身に付ける。

○知識・技能

ものの形を認め，形の特徴を知るとともに，具体物を用いて形を作ったり分解したりする。

○思考力・判断力・表現力等

ものの形に着目し，身の回りにあるものの特徴を捉えたり，具体的な操作を通して形の構成について考えたりする。

○学びに向かう力・人間性等

身の回りにあるものの形に親しみをもち，形に対する感覚を豊かにするとともに，よさや楽しさを感じながら学ぼうとする。

（2）指導計画（5時間扱い）

内　容	時　間	ねらい	主な評価規準
形の観察と分解	1	東京2020オリンピック・パラリンピックのエンブレムを観察，分解することを通して，形についての興味・関心を高める。	【知】形の移動について，基本的な操作を理解している。 【態】形に親しみをもち，観察・分解しようとしている。
色板を用いた形の構成と分解	2 本時	身の回りにあるものの形の特徴を捉え，色板を用いて，その形を作り説明することができる。	【知】ものの形を認め，色板を用いて，いろいろな形を作ることができる。 【思】色板を用いて，いろいろな形を構成・分解することを考え，説明している。
	3	色板を移動して形を変化させ，変化の様子や移動の仕方を説明することができる。	【知】形をずらす，回す，裏返すなど，基本的な操作を理解している。 【思】色板を移動して，いろいろな形を構成・分解することを考え，説明している。
棒を用いた形の構成と分解	4	身の回りにあるものの形の特徴を捉え，棒を用いて，その形を作り説明することができる。	【知】ものの形を認め，棒を用いて，いろいろな形を作ることができる。 【思】棒を用いて，いろいろな形を構成・分解することを考え，説明している。
点を結んでの構成と分解	5	身の回りにあるものの形の特徴を捉え，点と点を線で結んで，その形を作ることができる。	【知】形の特徴を理解している。 【態】形の特徴を知るよさや形を構成・分解する楽しさを感じている。

□3□ 本時の主体的・対話的で深い学びづくりのポイント

(1) 授業のゴールをいかに変えるか

　学習指導要領の領域の内容記述では，数学的活動を通して知識・技能を身に付けるとともに，思考力・判断力・表現力等を身に付けることが示されている。そのことから，授業のゴールをどのようなところに置くか，ゴールをいかに変えるかが問われてくる。本時では，色板を用いて様々なものの形を作るだけにとどまらず，友達に自分が作った形を分かりやすく説明すること，友達の説明を聞き，よい点をまねて自分自身でも説明し直すことへ高める必要がある。そして，形を構成する要素である「さんかく」や「しかく」などに着目して，形の部分をその構成要素を用いて構成し，いくつかの部分が集まり全体を構成するというように，筋道を立てて考えるというような数学的な見方・考え方を児童が働かせられるよう，授業展開に当たりたい。

(2) 数学的活動をいかに充実させるか

　本時において，子供が形の構成の仕方を説明したいと感じるために，まず様々なものの形を構成する活動に十分に取り組ませる必要がある。自分の中に作りたい形がまだある状態では，作った形を友達に伝えたい，友達が作った形を知りたいという関心が生まれない。形作りはもう十分に行ったから，今度は作った形を友達に伝えたい，友達が作った形も知りたいという展開になるよう，自力解決時に形作りの活動をしっかりと行わせる。

　さらに，発表・検討時に教師が子供のよい説明の仕方を価値付けることで，他の子供が自分も同じように説明してみたいと考えるようにしていく。

(3) 深い理解を支える授業にいかに転換させるか

　数学的な見方・考え方を働かせることが深い学びの実現には欠かせない。本時では，形の構成要素である「さんかく」「しかく」「ながしかく」に着目させるため，提示する問題を「色板を並べて，いろいろなものの形を作りましょう」ではなく「さんかくを並べて，いろいろなものの形を作りましょう」としたり，発表・検討時に「しかく」や「ながしかく」の構成の仕方を問い返したりしていく。

　形の部分を「さんかく」や「しかく」や「ながしかく」を用いて構成し，いくつかの部分が集まり全体を構成するというように，筋道を立てて考え説明することができるよう，形を作った子供だけでなく他の子供にも説明させたり，ペアで説明し合う時間を設けて表現力を高めたりしていく。

14　形づくり

□4□ 本時の展開

(1) 目標

　身の回りにあるものの形の特徴を捉え，色板を用いて，その形を作り説明することができる。

(2) 展開

教師の働きかけと予想される子供の反応	◎指導上の留意点　◇評価
①課題を把握する。 T：色板を使った学習です。この形を何と言っていますか。 C：さんかくです。 　さんかくをならべて，いろいろなもののかたちをつくりましょう。 C：好きな形を作ってよいのですか。 C：重ねてもよいのですか。 T：好きな形を作ってよいです。作るときの約束，重ねない，離さない，縁や角がつながっていればよいです。 C：作った形を友達に紹介したいです。 　つくりかたをせつめい	◎合同である直角二等辺三角形の色板を提示する。 ◎「さんかく」という言葉を使って説明できるように，「さんかく」という言葉を用いた問題を提示する。 ◎作り方を説明することを課題とする。
②自力解決をする。 C：船　　　C：家　　　C：魚 C：犬　　　C：鉛筆 　　　　　　　　　　　　　　　など	◇ものの形を認め，色板を用いて，いろいろな形を作ることができる。（活動の様子，ノートの記述） **資質・能力育成のポイント1** 形作りの活動を十分に行わせる。
③考えを発表し，検討し合う。 T：作った形とその作り方を分かりやすく説明しましょう。 C：僕は船を作りました。さんかくを4個使って作りました。 T：よい説明でしたね。さんかくを何個使うのか分かりやすかったです。〜さんは船をどう作りましたか。 C：さんかく3個で船の胴体を作り，さんかく1個で船の旗を作りました。 T：素晴らしい説明でしたね。船のどこにさんかくを何個使ったかを付け加えていました。	◇色板を用いて，いろいろな形を構成・分解することを考え，説明している。（発言，ノートの記述） **資質・能力育成のポイント2** 形を作った子供の説明を参考にさせ，他の子供にも作り方を説明させる。「しかく」や「ながしかく」の構成の仕方を問い返したり，説明のよかった点を価値付けたりする。

C：私は双子の犬を作りました。 C：あっ，色と向きが違う。 C：でも，形は同じだよ。 T：形だから，色や向きは関係ないですね。 C：さんかくとさんかくでしかくになります。しかく2個で顔と体を作ります。耳と尻尾はさんかくです。 T：すごいです。さんかくだけでなく，しかくという言葉も使っていました。しかくはどう作るのですか。 C：さんかく2個でしかくが作れます。 T：〜さんは犬をどう作りましたか。 C：顔はさんかくを2個使って，体もさんかくを2個使っています。耳と尻尾はさんかくを3個使っています。 C：さんかく2個でしかく，顔と体はしかく1個ずつで作っています。耳はさんかく2個，尻尾はさんかく1個で作っています。 T：どこにさんかくやしかくを何個使うのか，さんかく2個でしかくになることを上手に説明していました。 C：私は鉛筆を作りました。しかくを3個使ってながしかくを作ります。ながしかくで鉛筆の持つ所を，さんかくで鉛筆の削った所を作りました。 T：ながしかくはどう作るのですか。 C：しかく3個でながしかく，2個でも作れます。 C：ぼくの作った形も説明したいです。 T：では，隣同士で自分が作った形を分かりやすく説明しましょう。 C：僕は家を作りました。まず，さんかく2個でしかくを作り，壁にしました。次に，さんかく1個で屋根を作りました。 など	◎形が同じで色が違うものや形が同じで向きが違うものを取り上げる。 ◎形以外の性質を捨象することを確認する。 ◎部分に「しかく」（正方形）や「ながしかく」（長方形）が含まれるものを取り上げる。 ◎「しかく」（正方形）や「ながしかく」（長方形）の作り方も説明させる。 **資質・能力育成のポイント3** ペア活動を取り入れ，対話の機会を確保して表現力の育成につなげる。
④まとめをする。 T：学習のまとめです。さんかくを並べると。 C：船や犬や鉛筆が作れました。 C：家と魚も作れます。 T：さんかくと同じような特別な形も出てきました。 C：さんかく2個でしかくが作れました。 C：しかく2個，3個でながしかくが作れました。	◎子供の発言を基に，学習のまとめを行う。 ◎まとめの後，ものの形の作り方を説明する適用問題に取り組ませる。

14 形づくり

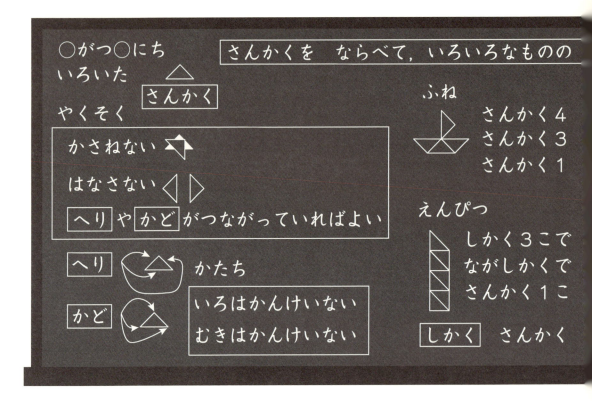

□5□ 実践のまとめと考察

　児童が日常生活で利用している形に関する言葉「さんかく」を確認し，その言葉を用いた問題を提示することで，形の構成の仕方を説明する際，「さんかく」や「しかく」「ながしかく」という言葉を積極的に使って説明する姿が見られた。
　自力解決時に，形作りの活動を十分に行わせたことにより，様々なものの形を構成したり分解したりすることを通し，図形に親しみをもつことができた。自分が作った形を友達にも説明したい，友達が作った形も知りたいというような関心を高めることにもつながった。発表・検討時に，形を作った子供だけでなく，他の子供にも作り方を説明させる活動に重点を置いた。「しかく」や「ながしかく」の構成の仕方を問い返したり，説明のよかった点を価値付けたりすることにより，作ったものの形の部分に着目する，「しかく」や「ながしかく」の構成の仕方を説明に付け加えるなど，形の構成の仕方をより分かりやすく説明しようとする子供が増えた。また，適用問題において，子供全員が形の構成の仕方を説明することができた。

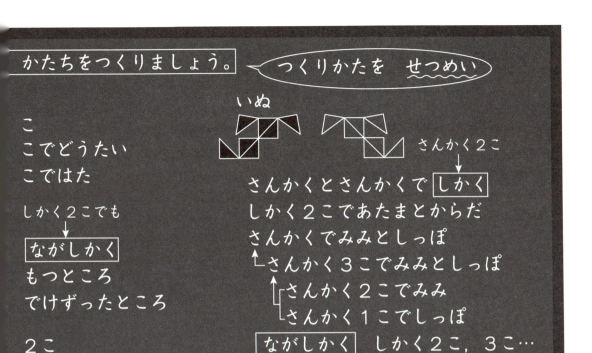

コメント（鈴木 みどり）

　第1学年の学習指導要領では，「B（1）図形についての理解の基礎」として解説され，形の特徴や構成・分解，方向や位置を言葉で表すことができるようにする。また，もののかたちに着目して特徴を捉えたり，それらを具体的な操作を通して形の構成について考えることできたりすることが求められている。

　提案は，最初によく目にしている東京オリンピックパラリンピックエンブレムを観察し，3つの形（しかく，なかしかく，ほそながしかく）に仲間分けすることで，興味・関心を高めている。さらに，色板を使って形作りをすることで，「ずらす（平行移動）」「まわす（回転移動）」「裏返す（対称移動）」の操作を基に，構成要素や作り方について言葉で説明する数学的活動を丁寧に行っている。

　1年生にとっては，図形概念の基礎となる，形に着目して身の回りにある形を抽象する経験を豊かにすることが大切である。ここでは，日常語である「さんかく」「しかく」など，おおまかな形を捉えた言葉を使って，将来の図形の学習の基礎となる経験をたくさんすることが2年生の図形（三角形，正方形，長方形等）に繋がる。さらに，色板が増えたとき，数学的な見方・考え方が育つ発問を工夫するとさらに充実した授業となる。

15 位置の表し方

日常から見いだした算数を，
また日常に戻す

□1□ 本単元の授業つくりのポイント

(1) 三つの柱の資質・能力をいかに育むか

　本単元で育成したい資質・能力は，ものの位置について，方向や順序に着目し，素地的な生活経験を基に表現の仕方について考え，理解し，習熟するとともに，その過程で方向や数える起点などの一定の基準を定めてものの位置を把握する仕方について考えたり工夫したりする力を身に付け，生活に用いることで学んだことのよさを実感できることである。資質・能力を単元全体の指導計画を見通してバランスよく育成すると同時に，具体的な場面での活動を取り入れ児童が実感的に学習を進められるよう指導することが大切である。

　数を用いてものの位置を表すとは，ある基準の点の位置を基（平面上ならば0, 0で表すことが一般的である）として目的とする点の位置を表すことであり，

①直線上（一次元）での点の位置

②平面上（二次元）での点の位置

③空間（三次元以上）における点の位置

のような場合がある。本単元では主に①②の場面において順序数を用いて位置を表すが，以後の空間概念の理解の素地となる資質・能力の育成の場であることを念頭に指導に当たることが大切である。そこで，まず，前後，左右，上下といった要素を含めて表現することが必要であることに気付かせることが大切である。その際に，表したものの位置を他者と共有するためには「何を基準に左右や前後を定めるか」という約束が必要である。なお，上記の通り，平面や空間の位置を座標として扱う場合には，基準となる点を原点O（0, 0）として考える場合が一般的であるが，本単元では児童の実態に即して基準となる点を「1番目（1）」として考える。基準となる点を（0）としてものの位置を表すことは第4学年で扱うが，その際に本単元での学習を想起し発展・統合して捉えることができるように，基準となる点を（1）として表現していることを活動を通して考えることが大切である。

(2) 数学的な見方・考え方を働かせた数学的活動にいかに取り組むか

①本単元で大切にしたい数学的な見方・考え方とその成長

　本単元では，身の回りのものの位置関係に着目し，これまでに学んだ数の用い方を発展して考えようとする見方・考え方を大切にする。身の回りのものの位置関係に着目するとは，「AはBより前にある」や「CはDの上にある」といった

方向に着目してものの位置を把握することや，「真っすぐに人が並んでいる」や「教室の机は同じ間隔で並んでいる」といった整然と並んでいることに着目して場面を把握することなどである。これまでに学んだ数の用い方を発展して考えようとするとは，位置関係に着目して捉えたものの位置について，これまでに学習してきた順序数と関連付けて考えることである。このような見方・考え方を働かせてものの位置の表し方について習得した後には，視点や基準となる点の位置を変えたり，実際の場面に適用したりすることにも取り組んでいきたい。これらの過程を通して児童の気付きや発言を価値付け，数学的な見方・考え方を働かせたことのよさを実感させ，さらに使っていこうとする学びに向かう力の育成を行い，また，見方・考え方の成長へとつなげることができる。

②主体的・対話的で深い学びを支える数学的活動

　本授業実践は単元の第2時に位置付き，学習指導要領（H29）算数科の第1学年〔数学的活動〕イ「日常の事象から見いだした問題を解決する活動」に相当する活動に取り組むことを通じて，主体的・対話的で深い学びを実現し，前述の資質・能力の育成を図ることとなる。具体的な活動としては，教室の座席の位置を数で説明する場面について，場面絵を用いて問題提示を行う。児童は前時の学習を基にしながら「○○さんの座席は何列目にあるよ」「右から数えて何番目だよ」といった表現でものの位置を表す。本時ではさらに，「友達の座席の位置が知りたい相手に座席の位置を伝える」という実際の場面に戻して自分たちの解決の仕方を振り返る時間を設ける。すると，「右や左という言葉だと，相手の向きによっては間違えてしまう」「『廊下から数えて』という言い方の方が間違えにくいよ」「前や後ろは教室だと間違えないね」といった表現の精選を行わせることができる。さらに，場面が進むと「廊下から3列目，前から2番目」といった「今までの学習では正しい答え」を提示する児童と「そこから前に2つ目の席」「左に2つ，前に1つ行ったところ」といった表現をする児童が現れる。両者の答えを取り上げ，どのような視点に基づく表現なのかを議論することで数学的な表現を用いて目的に応じた柔軟な表現ができる児童を育成したい。なお，前時でも〔数学的活動〕イ「日常の事象から見いだした問題を解決する活動」に相当する活動を設定することで，単元全体を通して算数での学びを日常生活に活用していくよさを経験させることが望ましい。本単元に限らず，単元の指導計画を立てる際には「その時間に焦点を当てる数学的活動」を明確にしていく必要があるだろう。

□2□ 本単元の目標と指導計画，本時の位置付け

　本単元については，いわゆる「トピック教材」として扱われたり，1単位時間で扱われる場合が多いが，児童の学校生活上の必然性や学習内容の系統性を踏まえ，順序数の学習を終えた直後に行うことが望ましい。そのため下記の指導計画では順序数の単元の指導計画も記載する。

15　位置の表し方　155

（1）目標

ものの位置に関する数学的活動を通して，次の事項を身に付ける。

○知識・技能

数と上下や左右の言葉を組み合わせ，ものの位置を表すことができる。

○思考力・判断力・表現力等

ものの数や方向に着目し，既習の数の表現や使い方を活かしてものの位置の表し方を考えたり，表されたものを読み取ったりする方法を考える。

○学びに向かう力・人間性等

既習の数の用い方を発展させたり，数を用いた表現やコミュニケーションを行ったりすることの楽しさやよさに気づくとともに，基準点を基に情報を表現することを生活や学習に活用しようとする。

（2）指導計画（3時間扱い　※前2時間は順序数の単元）

	内　容	時　間	ねらい	主な評価基準
順序数	順序数の表現 前後を用いた 順序数の表現	1	前後に関わる順序の表し方を理解する。	【知】集合数と順序数の違いを理解している。
	上下・左右に関わる順序の表現	2	上下，左右に関わる順序の表し方を理解する。	【知】数を用いて上下，左右に関わる順序を表すことができる。
ものの位置	数を用いたものの位置の表し方	1	数を用いたものの位置の表し方を理解する。	【態】ものの数や方向に着目し，ものの位置の表し方を考えようとしている。 【思】既習の数の表現を用いてものの位置の表し方を考える。
	活用	2 本時	ものの位置を順序数を用いて表し，日常の場面に適用する。	【知】日常の場面でのものの位置を，数を用いて表す。 【考】基準点を基に情報を表現することを生活や学習に活用しようとする。
	まとめと習熟	3	基本的な学習内容を確認し，定着を図る。	【知】単元の学習を振り返り，数を用いてものの位置を表したり読み取ることが確実にできる。

ロ3ロ 本時の主体的・対話的で深い学びづくりのポイント

（1）いかに「ゴール」の先を意識した授業にするか

50m走の指導をしている際，一生懸命に走ってきたのにゴールした途端に立ち止まってしまう児童がいる。そんな児童を見ると教師は「ゴールは走り抜けて！」と声を掛けるが，ゴールに着けば終わりと思っている児童には教師の意図がなかなか伝わらない。算数の授業についても同じことが言えないだろうか。学習指導要領解説で，各学年の内容に該当内容の前後の系統性が記されていることや数学的活動が一連のサイクルとして示されていることは，連続性のある学びを児童が自分のものとすることの必要性を示している。授業の終末では，全員が共通のまとめを書いて終わるだけではなく，「今，勉強したことは，どんな時に使

156　Ⅲ　算数授業の新展開

えるのか」「次は、こんな勉強をしてみたい」「数値や場面が変わっても同じことが言えるだろうか」等の問いを児童がしている中で終わりたい。可能ならば、実際に授業の中で確かめたり、児童の「問い」が先の学習の中で解決されることを示したりすることで連続性のある学びを児童に示したい。

(2) いかに「生きて働く知識及び技能」を育てる授業にするか

　学習指導要領では、各学年の目標及び内容として「思考力、表現力、判断力等」や「学びに向かう力、人間性等」が明示されたことが注目を集めており、「知識及び技能」は従前の内容と大きく変わらないと捉えられている場合もある。しかし、学習指導要領解説でも述べられている通り、「知識及び技能は、実際の問題を解決する際に、的確かつ能率的に用いることができるようになって初めてその真価が発揮される。」のである。第2時に当たる本時では、教室の中で起こり得る問題を取り上げ、その能率的な解決方法を考える中で前時に学んだ知識及び技能を用いる場面を設定した。このような場面を授業の中で積み重ねていくことで、「計算ができる」「用語の意味を正確に述べられる」という以上の「生きて働く知識及び技能」の育成を図りたい。

(3) いかに「柔軟に表す力」を育てる授業にするか

　算数では、数や式等を用いた数学的な表現により簡潔・明瞭・的確に事象を表し論理的に考えを進めることができるようになる。一方で、自分の思いや考えを共有するためには、抽象化された表現を一般化したり具体的な表現にしたりすることや、場面や目的に合わせて柔軟に表現することも必要である。本時では、場面絵での解決から、次に実際の場面での解決にする場を設定し、伝える相手の状況が変化する過程を通して、最適だと考えていた表現の仕方について再考する機会を設けることで、目的に応じて柔軟に表す力を育てたい。

□4□ 本時の展開

(1) 目標

　ものの位置について、目的に応じて的確・柔軟に表すことができる。

(2) 展開

教師の働きかけと予想される子供の反応	◎指導上の留意点　◇評価
①問題を見いだす。 （場面絵を提示する） 配り係さんが、皆にノートを配ろうとしています。でも、誰がどの席なのか分からず困っているようです。 T：配り係さんは、皆のために頑張ってくれているのに大変そうですね。 C：たつおさんの席を教えてあげればよい。 T：そうですね。じゃあ、皆さんに聞いてみます。たつおさんの席はどこですか。 C：そこ！（指をさす）	◎架空の座席表（俯瞰図）を提示する。 ◎普段の児童の実態に合わせて、問題場面を設定する。

15　位置の表し方　　157

C：上から2つ目，左から3番目！ C：みんなバラバラだね。 C：「上から」って言っている人がいるけど，上じゃないよ。 C：言い方がバラバラで配り係さんが分かるのかな。 　配り係さんに，分かりやすい言い方で席を教えてあげよう。	◎様々な表現で座席の位置が表されていることに気が付いている発言を取り上げ，問題作りを行う。
②座席の位置を数を用いて表す。 T：たつおさんの席の分かりやすい説明はどんなものですか。 C：前から2番目，左から3番目です。 T：上から2番目ではないのですか。 C：絵だと上だけど，本当の教室だと上じゃなくて前だよ。 C：やってみればわかるよ。	◎場面絵としての解決と，日常場面での解決の違いに気が付いている児童の意見を取り上げ，実際の場面で確かめることを促す。
③実際の場面で解決や表現の妥当性を確かめる。 （児童は席を立ち教室後方に集まる。代表児童に配り係役になってもらう。配り係は黒板上の座席表を見ないことを約束すると同時に問題とする児童名が書かれたノートを持たせる） T：では，実際にやってみましょう。たつおさんの座席を配り係さんに教えてあげてください。 C：前から2番目，左から3番目です。 C（配り係）：ここですか。 C：正解！ T：上から2番目ではないのですか？ C（配り係）：上から2番目だと，天井か，△年生の教室になってしまいます。 T：なるほど。では，係さんにはあと2人分のノートを配ってもらいましょう。（スタート地点で2冊のノートを係に渡す）まず，誰のノートですか。 C（配り係）：すすむさんのノートです。 T：すすむさんの席はどこですか。係さんに教えてあげてください。 C：一番後ろの列の，右から2番目です。 C（配り係）：一番後ろの列の…右？こっち？ C：違うよ。反対だよ。 C：廊下の方が右だよ。 C（配り係）：右と左を間違えちゃった。ここですか。 C：正解！ T：ノートを届けることができましたね。でも，配り係さんは少し困っていました。なぜだろう。 C：私たちは前を向いていたのに，係さんは後ろを向いていたから右と左が逆になってしまいました。	**資質・能力育成のポイント1** 解決の結果を実感的に確認することで，ものの位置を表す知識・技能を生きて働かせるものとする。 ◎相手が席の位置を正しく理解できるように表現を考えるよう促す。 ◎方向を用いて位置を伝える際の留意点に気が付いている発言を取り上げ，価値づける。

158　Ⅲ　算数授業の新展開

T：どう伝えたらうまく伝わりましたか。 C：「廊下から」と伝えたら伝わりました。 T：それはなぜだろう。 C：相手の向きが変わっても，廊下の場所は変わらないからです。 T：他に「廊下から」のような言葉はないかな。 C：「窓から」「黒板から」とかです。 C：向きで変わらないものを使うといいです。 T：「前から」という言葉はなぜ大丈夫なのかな。向きによって変わってしまうよ。 C：教室の「前」は黒板がある方です。先生がいつも「前を向きましょう」というときは，黒板がある方を向いています。 T：そうですね。クラスでは「前」といったら，黒板がある方と約束していましたね。 C：右は廊下がある方，左は窓がある方って約束すればいいのかな。	◎日常生活の中でも，方向について約束をした上でものの位置を表していることを確認する。
④場面に応じた表現を考える。 T：配り係さんが配るノートはもう一冊あります。配り係さん，お願いします。 C（配り係）：なつさんの席はどこですか。 C：前から3列目の窓から2番目です。 C（配り係）：えーっと。（全体を見渡して，それぞれの列を確認し始める） C：2つ前に行って，3つ窓側に行った席だよ。 C（配り係：）ここですか。 C：正解です！ T：今，新しい席の伝え方がありましたね。 C：「〜〜前に行って，〜〜窓側に行く」という言い方です。 C：配り係さんのいる場所からの「行き方」で場所を教えていました。	◎スタート地点のような，全体を俯瞰できる場所ではなく，たつおさんの座席から次のノートを配ることを確認し，相手に合わせた柔軟な表現を促す。 ◇位置関係に着目し，数を用いて的確・柔軟にものの位置を表すことができる。（発言，ノートの記述） **資質・能力育成のポイント2** 基準となる点（係の位置）が動いていることや，「行き方による位置の表し方（座標）」に触れ場面に応じた柔軟な表現力を伸ばす。
⑤まとめる。 C：絵で見て考えることと。実際にやってみることでは違いました。 C：右や左は，相手の向きによって変わってしまう。 C：「黒板がある方が前」「廊下側が右」とか，約束をしてから席を伝える方が相手に正しく伝わります。 C：「何列目の何番目」だけでなく，そこからの行き方でも席の位置を伝えることができました。 T：実際にやってみることで，ものの位置のよりよい表現の仕方や新しい表し方も見つかりましたね。 T：配り係さんを助けてあげることの他にも，今日の勉強を使えることはないですか。 C：誰かに友達の席を教えるとき。 C：お母さんに運動会で自分の場所を伝えるとき。 C：地図とかかな。	◎ものの位置を表し伝える際には基準や方向を約束する必要があることを再確認する。 **資質・能力育成のポイント3** 本時が日常の生活に算数が生かされている場面であることを確認し，他の場面のことを想起させることで学びに向かう力を伸ばす。

15　位置の表し方　159

□5□ 実践のまとめと考察

　児童にとって係活動は身近な活動であり，ノートを配るという問題場面は，「前時までの学習を身の回りの事象・日常生活の課題解決へ活用する」ことへ自然な題材となった。場面絵を用いた場合での解が現実場面に当てはめた場合に適さない場合があることについては，教師の見込み以上に抵抗なく児童に受け入れられていた。このことについては教師側でもう少し丁寧に扱い，児童に印象付けるべきか検討が必要である。3冊目のノートを配るという問題では，点の位置を座標で表す考え方の素地的な経験をさせることができた。活動の時間が長くノートへの記述が難しい内容であるため，本学習の実施の時期によっては，本時の評価を見取ることが難しい。ワークシート等を用意し評価の仕方を工夫していきたい。また，座席を題材に行うことで，表したいものの位置が「席」に限定されてしまい「その間」への意識がないまま学習が進んでしまったことは課題である。数直線等を用いた問題も取り扱うことで，ものの位置に関する稠密性などの特徴にも触れられる単元計画を行うことが必要である。

　総じてみると，算数での学びを日常生活に活用する活動を通して，目的や相手に応じてものの位置を柔軟に表現する力，算数で学んだことのよさを感じる態度を養うことができた。第1学年の時点でこのような活動を行ったことを教師が念頭に置き，第4学年でのものの位置の学習に生かしていくことが大切である。

こくばん

てつや	なおこ	なお	まきこ
たつお	めぐみ	ひろし	ようこ
としお	かなえ	としき	ゆうこ
りょう	けいこ	よしお	みわ
れい	ゆりか	すすむ	あさこ

ろうか

・えだと うえにみえるけど，ほんとうは まえ

・「ろうかから」「まどから」というと わかりやすい。

（どちらが「みぎ」か，やくそくするといい）

・「～～こまえにいって，～～みぎにいった せき」
→「いきかた」でも ばしょが わかる！

コメント（茂呂 美恵子）

　本事例は，ものの位置について，目的に応じて的確・柔軟に表すことができるようにすることをねらっており，順序や位置を調べるときは，数え始める基準をはっきりさせ，既習の順序数と関連付けて考えていく過程を丁寧に扱っている。そのために，数学的な見方・考え方を働かせ，よさを実感できるように，実生活で起こり得る具体的な場面を取り上げ，考えを深めていくようにしている。例えば，児童の不十分な表現に着目し，「なぜ～」という問いかけを大切にしている。このように，意図的に不十分な反応を取り上げ，「どうして間違えたのだろう」「なぜだろう」と考え，振り返る活動を大切にすることにより，本時のめあて（課題）に正対した理解が深まり，学びの質の向上につながっていく。つまり，友達の間違いを生かし，それに共感し，修正し，より洗練された表現に高め合っていく関わり合いにより，集団全員の理解の深化につながっていくといえよう。

　さらに，本事例はもとより，実生活と結びついたものの位置を表す問題づくりなどに主体的に取り組ませ，ものの位置を的確かつ能率的に表したり当てたりする活動により，生きて働く知識・技能の育成につなげていきたい。その際，本事例のように同じものの位置でもいくつかの表し方があることに気付かせ，理解を深めていくようにする。ものの位置関係は，日々の生活と密接に結びつき，ここでの学習は第4学年の平面上や空間上での位置の表し方の学習につながる素地となる。今後も生活の中で，意図的にものの位置を表したり，確認したりしていく場面を位置付け，日常生活に活用していくよさを味わわせたい。

16 量との出会い

もののの特徴に着目し，量を捉える

□1□ 本単元の授業づくりのポイント

(1) 三つの柱の資質・能力をいかに育むか

　本単元で育成したい資質・能力は，児童のこれまでの生活経験や学校生活の場面の中で漠然ともっている量に対する概念を，身の回りのものの特徴に着目し，ものの長さ，重さ，広さ，かさなどの量として捉え，身の回りに広くある量に関心をもって調べていこうとする態度である。ここでは，具体物を操作しながら量に関わりをもつとともに算数に関心をもつ活動を行うことにより，児童の日常生活や学校生活の場面と算数の学習をつなげていくことが大切である。

　第1学年の児童は，これまでに日常生活の中で様々な量を目にしたり，感じたりしてきている。例えば，動物園に行ってゾウを見学した際に感じる「大きい」という感覚である。この「大きい」という感覚は，①高さ②重さ③かさ④長さ⑤厚み…またはそれらが複数合わさったものなど，児童によって様々である。このような経験についてはそれほど意識されずに通り過ぎていってしまうことが多いが，これは児童が量と出会う一つの機会となっている。また，「ゾウは僕よりも大きい」や「リスは僕よりも小さい」というように，量の大小の比較などについても概念ははっきりとはしていないが，児童は感覚的に行っている。

　次期教育課程では，幼児教育と小学校の各教科などにおける教育の接続の充実や関係性の整理を図っていく必要性を示している。算数・数学科では，「幼児期の終わりまでに育ってほしい姿」の中の一つとして「数量や図形，標識や文字などへの関心・感覚」が挙げられている。これについて，「遊びや生活の中で，数量などに親しむ体験を重ねたり，標識や文字の役割に気付いたりして，必要感からこれらを活用することを通して，数量・図形，文字などへの関心・感覚が一層高まるようになる」と記述されている。このことから，小学校低学年では，「幼児期の終わりまでに育ってほしい姿」を生かして，量の学習を進める必要がある。

　児童のもっている量に対する素直な感覚から出た言葉や表現を，用途によってどの観点に着目するのかを考えさせ，整理していく。身の回りに量はたくさんあるが，それが「長さ」や「重さ」「広さ」「かさ」という量として認識できるように測定の学習の基礎的な素地を育てていく。

(2) 数学的な見方・考え方を働かせた数学的活動にいかに取り組むか

①本単元で大切にしたい数学的な見方・考え方とその成長

　本単元では，これまで日常生活の中で経験してきたことを踏まえ，身の回りの

Ⅲ　算数授業の新展開

ものの特徴に着目し，余分な情報を捨象して，用途に合った量を捉えようとする見方・考え方を大切にする。このような見方・考え方を働かせて身の回りのものの中から量を見いだし，それらに進んで関わっていけるようにする。児童がこれまで漠然と捉えていた量を「背の高さ」に着目して「高い」「低い」と表現したり，「重さ」に着目して「重い」「軽い」と表現したりして，算数の舞台に乗せること，つまり，事象をものの特徴に着目して，数学的に表現できるようにしていく。このような経験を重ねていくことで，問題解決の中で，ある特徴に着目して見いだしたことから，事象を見直し新たな発見をしていくという発展的な学習を行うことができる。そしてこのことを通して，数学的な見方・考え方を働かせるよさを味わわすことができ，それがまた，見方・考え方の成長へとつながるのである。

②主体的・対話的で深い学びを支える数学的活動

　本授業実践は単元の第1時に位置付き，学習指導要領（H29）算数科の第1学年〔数学的活動〕ア「身の回りの事象を観察したり，具体物を操作したりして，数量や形を見いだす活動」に相当する活動に取り組むことを通じて，主体的・対話的で深い学びを実現し，前述の資質・能力の育成を図ることとなる。

　具体的には，「ゾウとキリンはどちらが大きいのか」などの，児童がこれまで感覚的に行ってきた大小比較の場面を提示し，児童が自身の中にもっている量に対する感覚や見方を表出させ，どの特徴に着目して「大きい」と感じたのかを話し合い，量について整理していく。この活動を通して主体的・対話的な学びができるようになる。児童の生活経験に根差した場面を用意することで，児童が問題場面を自分事として捉え，主体的に問題に関わっていくことができる。また，自身の考えとは違う友達の考えに触れたり，自身の経験を思い出したりするなど，他者や自己との対話を通して考えていくことができる。さらには，着目した量の視点で比較対象を振り返り，他の情報を捨象して考えることで，日常の場面を数学の舞台に乗せ，考えていくことができるようにする。このことにより，深い学びが実現される。

　なお，第2時では，第1時の学習を生かして，身の回りのものの中から様々な量を見つける活動に取り組む。例えば，ノートや教科書を観察し，表紙を広さや幅（長さ）で捉えたり，紙の重なりを厚さ（長さ）で捉えたりすることが予想される。また，教室の入り口を見て「入り口が広い」というときに，そこに長さ（線分）を想定していることに気付かせるなど，身の回りのものの特徴に着目し，余分な情報を捨象して，用途に合った量を捉えようとする見方・考え方を活用し，問題解決していけるようにする。

　これらの学習が，長さやかさ，広さなどを測定していく学習（直接比較・間接比較・任意単位による測定・普遍単位による測定）につながっていく。

16　量との出会い

▫2▫ 本単元の目標と指導計画，本時の位置付け

(1) 目標

　身の回りに広くある量に関わる数学的活動を通して，次の事項を身に付ける。

○知識・技能

　　身の回りには様々な量があること，また，1つのものに対して見る視点を変えることで捉えられる量が変わることを理解するとともに，それらの量を適切に用いることができる。

○思考力・判断力・表現力等

　　身の回りのものの特徴に着目し，これまでの経験を生かして，どのような量があるかを考えたり，用途に合った量を見いだしたりし，それらを活用して事象を捉え直したりする。

○学びに向かう力・人間性等

　　日常生活や学校生活の場面と算数の学習をつなげて量を見いだすことの楽しさやよさに気付き，進んで生活や学習に活用しようとする。

(2) 指導計画（2時間扱い）

内　容	時　間	ねらい	主な評価規準
身の回りの量（1）	1 本時	身の回りには様々な量があることを理解し，それらの量を適切に捉え，用いることができる。	【思】生活経験を基にして，ものの特徴に着目し，どんな量があるかについて考える。 【知】用途に合った量を選び，用いることができる。
身の回りの量（2）	2	身の回りにあるものの中から様々な量を見つけることができる。	【態】身の回りのものの特徴に着目し，量を見いだそうとする。

▫3▫ 本時の主体的・対話的で深い学びづくりのポイント

(1) 授業のゴールをいかに変えるか

　測定の授業では，測定活動の基礎となる具体的な操作や活動を通して，感覚的な考察から論理的な考察へと発展させて，次第に量の概念を理解できるようにすることが大切である。

　量の測定の考え方は，①直接比較，②間接比較，③任意単位による測定，④普遍単位による測定の4つの段階で形成することが望ましく，第1学年では，この4段階のうち①，②，③の測定活動を扱うことになる。これまで，前述の測定活動については多くの研究がなされており，具体的な操作や活動を通して，それぞれの比べ方のよさや問題点を理解することができている。しかし，幼児教育において培われた量に対する関心や感覚を一層高めるような学習の連携が取れているとは言い難い。

164　　Ⅲ　算数授業の新展開

児童がこれまでの経験の中で漠然ともっている量の概念を算数として捉え直し，学習したこととそれに関わる思考力・判断力・表現力等を活用した問題発見・解決の学習過程を経験できるようにしていくことが重要である。本時では，児童がこれまで感覚的に使ってきた量に対する言葉の意味について問い，児童の言葉と概念を整理していく。

　児童は既習や経験が様々である。そのため，それぞれの児童がもつ量に対する感覚も様々である。互いの考えを出し合い共有していく中で，自分の感じていたものと友達の感じていたものは違うのだと感じたり，新しい見方に気付いたりする。そのことにより，「ものの特徴に着目して見いだしたものを基に考えていくと新しい発見がある」という思考力・判断力・表現力等に関わるゴールも具体的な場面に即して設定することができる。そのことを意識して，授業展開に当たりたい。

（2）数学的活動をいかに充実させるか

　児童が「なぜだろう」と考えたくなる場面を提示することが大切である。本時では，児童が考える「大きい」という言葉の意味を問い直す。

　例えば，「ゾウとキリンはどちらが大きいのだろう」と聞かれて，「ゾウの方が大きい」と答える児童もいれば「キリンの方が大きい」と答える児童もいるはずである。ゾウと答えた児童はその重さに着目し，キリンと答えた児童はその長さ（高さ）に着目していることが考えられる。この児童の感じ方のズレを授業で取り扱う。自分と答えが違う児童には「なぜ？」と問いたくなり，「だって」と答えたくなる。

　もののどこに目を付けるかで量の捉え方が違ってくることに気付き，量に対する概念を自分たちで徐々に整理していく経験を積ませたい。

（3）深い理解を支える授業にいかに転換させるか

　児童が発する言葉や反応には必ず理由がある。本授業についても，児童は様々な意見を出すであろう。大切なことは「なぜそう思ったのか」や「なぜそう考えたのか」と理由を問い，価値付け，意味を共有していくことである。例えば，「だってゾウはなんだかずっしりとしているから」という児童なりの表現に対して，ずっしりという部分に目を付けたことを価値付け，さらに「ずっしり」という言葉の意味を問い直し，「重い」や「ぎっしり詰まっている感じ」など，児童の感覚を言葉に変換していく。

　出された意見は板書し，児童が概念を整理する際の手助けとなるようにする。また，イラスト等も用意し，どの部分に着目したかが視覚的にも分かるようにすることも大事である。

16　量との出会い

□4□ 本時の展開

(1) 目標

　身の回りのものの特徴に着目し，そのものにどんな量があるかについて考え，説明することができる。

(2) 展開

教師の働きかけと予想される子供の反応	◎指導上の留意点　◇評価
①問題を見いだす。 どうぶつえんにゾウとキリンがいます。どちらがおおきいですか。 T：ゾウとキリンどちらが大きいだろう。 C：ゾウが大きいと思います。 C：キリンが大きいと思います。 T：意見が分かれました。それぞれに理由がありそうですね。 おおきいってどういうことかな。	◎遠足などで動物園に行ったことを想起させる。 ◎ゾウとキリンのイラストまたは写真を提示し，イメージができるようにする。 ◎なるべく多くの児童に発表させ，考えの違いがあることに気付かせるようにする。 **資質・能力育成のポイント1** 「大きい」という言葉の捉えの違いを浮き彫りにし，考えるべきことを焦点化する。
②「おおきい」とはどういうことか考える。 T：どうして大きいと思ったのか，その理由を説明してください。 C：ゾウはずっしりとしているから，キリンよりも大きいと思いました。 T：「ずっしり」ってどういう意味ですか。もう少し詳しく教えてください。 C：たぶん重いってことだと思います。 C：ゾウの方がキリンより重いからね。 T：重さで見て，大きいと思ったのですね。 T：キリンの方はどうですか。キリンの方が大きいというのは，どういうことだろう。 C：キリンの方が背が高いから大きいと思いました。 T：背の高さを見て，大きいと思ったのですね。 C：背の高さだと大きいって言っていいのかな。 C：背の高さだと「高い」と言うと思います。 T：背の高さは「高い」「低い」で表します。 C：「おおきい」っていろいろな意味があるんだね。 C：重さならゾウの方が大きいし，背の高さならキリンの方が大きいね。	◎児童に必ずどうしてそう考えたのかの理由を問う。 ◎イラストや写真を活用し，どの部分を指して説明しているかが分かるようにする。 **資質・能力育成のポイント2** 「なぜそう考えたのか」の理由を問い，児童の言葉と概念を整理し，意味の共有を図る。 ◇身の回りのものの特徴に着目し，そのものにどんな量があるかについて考え，説明することができる。（発言） ◎児童の説明の際は，イラストの着目した部分に線を引かせたり（長さ），線で囲んだりさせ，視覚的に捉えられるようにする。 ◎長さを比べるときは長さを基にして比べる。重さを比べるときは重さを基にして比べることに気付かせるようにする。

166　Ⅲ　算数授業の新展開

T：目を付けるところによって，いろいろな見方ができるのですね。 T：重さを比べるときは，ゾウもキリンも重さで考えなければいけないし，背の高さを比べるときは，ゾウもキリンも背の高さで考えなければいけないんだね。 C：重さと背の高さで比べていたから意見が違ったんだね。	
③他の場面に広げる。 T：「大きい」って他にどんなときに使いますか。 C：ケーキを切り分けたときに，僕の方が弟のより大きかった。 T：その「大きい」ってどういうことだろう。 C：たくさん食べられるってことじゃないかな。 C：中身の量が多いってことだと思います。 T：他にもありますか。 C：私の手よりお姉ちゃんの手の方が大きい。 T：その「大きい」はどういうことだろう。 C：手を合わせたときに，はみ出た方の手が大きい。 C：広いってことじゃないかな。	◎児童がすぐに思いつかない場合は，教師から場面を提示する。 **資質・能力育成のポイント3** 学んだことを生かし，他の場面に広げ，同じようにものの特徴に着目して量を見いだすことに取り組ませる。
④まとめる。 C：最初はなんでゾウの方が大きいのだろうって思ったけど，僕とは見ている部分が違うことが分かった。 C：同じものでもいろいろな見方ができて面白かった。 T：どこに目を付けるかで見え方が変わるのですね。この教室の中のものでもいろいろな見方ができそうですか。 C：できるかな。 C：できそうだよ。 T：比べるときに同じもの同士で比べなければいけないね。次回考えてみましょう。	◎他にも調べてみたいという児童の思いを引き出し，次時の活動へとつなげる。

16　量との出会い

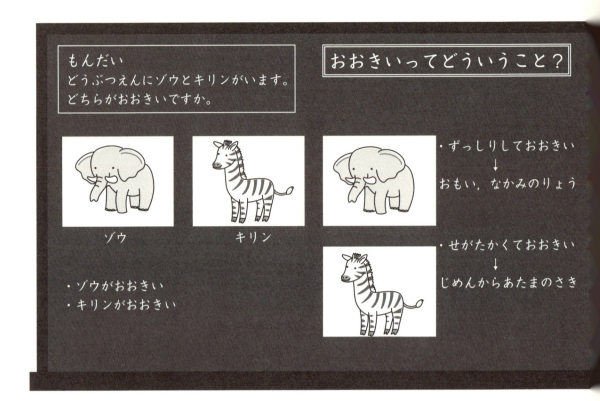

□5□ 実践のまとめと考察

　ゾウとキリンはどちらも児童にとっては大きいと感じる動物である。問題を提示するとすぐに児童から「ゾウが大きいに決まっている」や「キリンだよ」という反応があり，意見の違いに戸惑う姿も見られた。児童のもっている当たり前を揺さぶる問題となっていた。話し合いでは，「だって～だから」と自分の意見を理由とともに説明する児童も見られ，「大きい」という言葉の意味を振り返り，違う表現へと変換していくことができた。

　児童一人一人がもっている量に対する感覚は，これまでの生活環境や経験によって様々である。概念を形成していく段階では，児童が漠然ともっている感覚を言葉や身振りなどで表現する。「ずっしり」や「背が高い」という表現も全員が同じように捉えているとは決して言えない。本時では児童に「ずっしりとはどういうことか」と問うたり，どこを見て「ずっしりしている」と感じたのかを写真にかき込ませたりすることで，徐々に言葉の意味を共有していくことができた。

　さらに，重さと長さ（背の高さ）を対比させることで，同じものでも見る視点が違えば捉え方も違ってくるということを児童から引き出すことができた。本授業では，漠然としていた児童の量に対する概念を顕在化させ，それを整理していくことができた。身の回りのものを算数の目で見ていくという態度の育成が図れたと考える。

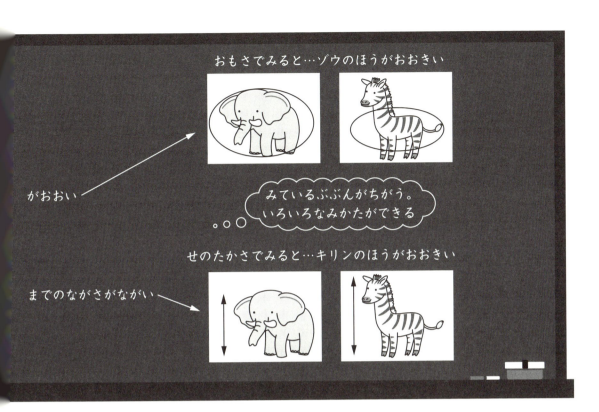

コメント（内田 宏）

　本事例は，児童が生活経験の中で漠然ともっている量に対する概念を，ある視点を決めて見ることにより，数学的に捉えていくことを体験する学習である。

　私たちは，日常生活の中では，背が高いことを「背が大きい」と言ったり，面積が広い公園を「大きい公園」と言ったりすることは少なくない。児童も今までの生活の中では，「大きい」「小さい」で日常の量の大小を表す経験をしてきた。

　本事例では，それらの量に対して，見る視点を決め，「長さ」に着目すると「長い」「短い」，高さに着目すると「高い」「低い」，重さに着目すると「重い」「軽い」となることを学習する。今まで「大きい」「小さい」だけで量の比較をしてきたが，「ゾウ」「キリン」のどちらが大きいかを考えたときに，背の高さに着目すると「キリン」の方が大きくなり，重さに着目すると「ゾウ」の方が大きくなる。視点が変われば，捉え方も変わるということを経験させるよい機会である。さらに「高い」「低い」や「重い」「軽い」などの言葉も使えるようにしていく。今後，体積（かさ）を比べるときは「大きい」「小さい」，広さを比べるときは「広い」「狭い」など，適切な言葉を使えるようにしていきたい。

　また，この学習が，今後量の学習を進めるに当たり，長さを比べるときは，長さを基にして比べる，重さを比べるときは，重さを基にして比べることの素地的な学習になることにも留意して指導することが大切である。

17 長さ比べ

量の大きさの比べ方を
見いだし表現する

□1□ 本単元の授業づくりのポイント

(1) 三つの柱の資質・能力をいかに育むか

本単元で育成したい資質・能力は，身の回りにあるものの長さに着目して，比べ方を見いだしその大きさを表現したり，長さの概念を理解し適切な方法で比べたりするとともに，長さを測定することのよさを感じながら身の回りの量に進んで働きかけようとする態度である。

量の測定を考えるには，ものがもつ様々な特徴の中から何に目を向けるかが分かることが必要である。そのために，まず，長さを比べてみることが大切である。

長さを比べるには，具体物のどこからどこまでを長さと見て比べるのかを明確にし，その部分を並べて置いたり，重ね合わせたりする直接比較の方法がある。このとき，比べたい部分の一方の端をそろえると，もう一方の端の位置によって長短を判断することができる。

そして，比べたいものを移動できない場合は，他のものの長さを媒介として比べる間接比較の方法を用いる。これは，同値関係や大小関係の推移律を使ったもので，棒や紙テープなどに長さを写し取って第三の量とし，比べたい部分に並べて置いてみることで長短を判断するというものである。しかし，長さを写し取ることができる媒介物が見つからないこともある。そのときには，適当な媒介物を選び，その幾つ分より多いか少ないかという考え方で判断することができる。

さらに，多くのものの長さを比べる場面では，多大な時間や手間を要することが予想され，あるいは，長さの違いを正しく知りたいときもある。そのようなときには，身の回りにある適当なものの長さを単位として，その幾つ分になるかを調べることで，それぞれの長さを数値化し，比べる方法がある。これは，ものの個数を比べる考え方に帰着し，長さの長短を判断することにつながる。

このような長さの比較や測定は，ものが移動しても，分割・合併しても，変形しても，全体の大きさは変わらないという保存性を前提とし，同種の量のたし算やひき算ができるといった加法性が成り立つことの理解が必要になる。しかし，保存性の認識は言葉で教えられるものではないため，具体的な操作の場面で教師から問いかけ，子供自身が考え言語化する機会を設けていくようにする。

下学年の測定領域の入り口となる本単元だからこそ，具体物における測定のプロセスに焦点を当て，適切な方法を選択して長さ比べができるようにし，日常生

活の中でも長さに関心をもって調べようとする意欲につなげられるようにする。

(2) 数学的な見方・考え方を働かせた数学的活動にいかに取り組むか

①本単元で大切にしたい数学的な見方・考え方とその成長

　幼児期からの遊びや生活において，数量に親しみ，ものの性質を感じ取るなどの感覚が磨かれるような体験を重ねてきている。このような経験を基に，身近な具体物を比較し「長い」「短い」等の言葉で表現することを通して，身の回りのものの特徴の中から長さに着目できるようにする。そして，取り出した長さの比べ方を考える場面では，比べるべき長さの一端をそろえて並べ，余りがある方が大きいと判断できるようにする。さらに，身近にある適当なものの長さを任意単位として着目し，その幾つ分かに置き換えて比べたい長さを数で表す測定の見方・考え方へと高めていく。このような見方・考え方を日常生活や学校生活の場面においても用いる経験を重ねていくことで，その有用性を実感できるようにする。

②主体的・対話的で深い学びを支える数学的活動

　本授業実践は，単元の第3時に位置付き，学習指導要領（H29）算数科の第1学年〔数学的活動〕エ「問題解決の過程や結果を，具体物や図などを用いて表現する活動」に相当する活動に取り組むことを通じて，主体的・対話的で深い学びを実現し，前述の資質・能力の育成を図ることを目指す。具体的には，机の縦横の長さの違いを考える場面を設定する。直感的に横が長いと判断でき，また，直接比較や間接比較で容易に確かめられる。よって，ここでは，縦横の長さの違いがどれだけかをどのように表現すればよいのかが子供の問いの中心となる。これぐらい違うと曖昧に捉えていたものを分かりやすく表すために，身近なものの長さに着目し置き換えようとするだろう。さらに，違いという言葉から，ひき算の学習を振り返り，机の縦横の長さを数で表す方法を考える活動に取り組んでいくことになる。そこで，実際に鉛筆など適当なものを1つ分の長さとして見いだし，その長さを反復して写し取っていく。一人一人が自分の見いだしたものを単位として測定していることから，何を単位とし，その何個分だったのか，結果を表現し交流する必要が生まれる。このようにして，単位の意味や測定の仕方についての考えを深める対話的な学びの実現がなされる。

　なお，第1時では，紙を切り伸ばす活動を通して長い長さに触れ，長さを比べてみたいという意欲がもてるようにする。切り伸ばした紙は扱いにくいため，鉛筆などの比べやすいもので代替し長さの比べ方を見いだす。長さを比べる活動を振り返り，長さが長いとはどういうことか絵や言葉で表現し，長さの概念を感覚的なものから明確にしていくことで深い学びの実現がなされると考える。

　第4時は，電子黒板を教室に入れることができるか投げかける。電子黒板や入り口の長さに着目し，それらの長さを比べる活動に取り組む過程で，日常生活の問題を算数で考え解決できることに気付き，そのよさを感じられるようにするとともに，他の場面にも同じように生かしていこうとする姿勢を育みたい。

　各時間とも前時の学びを生かしながら具体物の長さを比べる活動に取り組むこ

17　長さ比べ

とで，段階的に問いが生まれ，試行錯誤しながら長さの比べ方や長短の判断の仕方を見いだせるようにする。そして，その過程を振り返って，気付きを具体物や絵などで表現し，次時に生かすといった問題解決の手順を，単元を通して経験させていくようにする。

□2□ 本単元の目標と指導計画，本時の位置付け

（1）目標

身の回りにある長さに関わる数学的活動を通して，次の事項を身に付ける。

○知識・技能

　長さを具体的な操作によって直接比べたり，他のものを用いて比べたりすること，また，身の回りにあるものの大きさを単位として，その幾つ分で大きさを比べることができる。

○思考力・判断力・表現力等

　身の回りのものの長さに着目し，長さの比べ方を見いだしたり，その長さを表現したりする。

○学びに向かう力・人間性等

　具体物を操作しながら長さという量に関わりをもち，目的に応じた長さの比べ方のよさや長さを比べる楽しさに気付いたり，身の回りに広くある量に関心をもって調べたりし，進んで生活や学習に活用しようとする。

（2）指導計画（4時間扱い）

内　容	時　間	ねらい	主な評価規準
長さ比べの方法を考える	1	鉛筆や縄跳びの縄など具体的なものの長さに着目し，直接比較によって比べたり，長短を判断したりすることができる。	【態】身の回りのものの長さに着目し比べる方法を考えようとしている。【知】端をそろえて並べるなど直接比較の方法を理解し，長短の判断が確実にできる。
	2	本の縦と横など直接重ねることができない長さに着目し，間接比較によって比べたり，長短を判断したりすることができる。	【思】直接比較ができない場面で，媒介物を用いて比べる方法を考える。【知】媒介物で長さを写し取るなど間接比較の方法を理解し，根拠を明確にして長短の判断が確実にできる。
	3 本時	長さを任意単位の幾つ分で数値化し，その数の大小で長さの長短を判断することができる。	【思】身近にあるものの長さを単位として着目し，比べたいものの長さをその幾つ分で数値化する方法を考える。【知】任意単位を用いた長さの比較の仕方とそのよさを理解し，適当なものの長さを基にして比べたい長さを数値化し大小の判断をすることができる。
学習したことの習熟，発展を図る	4	日常生活の問題について，長さに着目し直接比較，間接比較や任意単位を用いた比較の方法を生かして解決することができる。	【態】日常生活の問題を長さに着目して考えようとする。【思】これまでに学習した長さの比べ方を活用して，日常生活の問題を解決する。

172　Ⅲ　算数授業の新展開

□3□ 本時の主体的・対話的で深い学びづくりのポイント

(1) 身近なものの長さを単位として認める過程でいかに試行錯誤させるか

　前時までに長さを間接比較の方法で比べることを学んでいる。この経験から，身近なものを用いて長さを調べることには，誰もが抵抗なく取り組むことができる。しかし，その身近なものの長さを単位として繰り返し用いるということでのつまずきはあるだろう。調べたい長さに沿って，何本もの鉛筆をつなげてしまったり，鉛筆と消しゴムと定規をつなげてしまったりすることが考えられる。そういった方法で長さを比べるアイデアは認めた上で，何の幾つ分という表現に帰着させることで，長さを数で表すには決めた一つのものを繰り返し用いることに気付くようにする。その際，単位とするものの長さを1回写し取るごとに指で押さえるなど目印を付けている子供の姿を見取り，なぜそのようにしているのか全体に問いかけることで，単位の意味や役割について考えを深めていけるようにしたい。

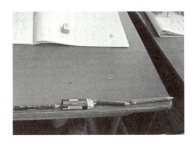

(2) 数学的活動をいかに充実させるか

　小学校低学年の子供は，幼児期と同じような発達の特性をもっている。活動と場，体験と感情が密接に結びついており，感じたことや考えたことを自分なりに組み換えながら学びを進めている。そういったことから，具体的な操作をする時間を十分に保障し，活動と表現が同時であることが予想されるので，基になる長さを写し取る過程でのつぶやきや仕草などを教師が丁寧に見取る必要がある。さらに，振り返って考える場面で本人や全体に，教師が見取ったことについて問い返していくことが大切である。それぞれが無意識にやっていたことにもそれぞれ意味があるということが分かり，その価値に気付くことができると考える。このような段階を踏みながら，長さを測る活動そのものを楽しみ，長さを測定する意味が理解できるようにしていく。

(3) 深い理解を支える授業にいかに転換させるか

　基になる長さを繰り返し写し取っていくと，その幾つ分というように数で長さを表現できるのはなぜなのか，写し取った長さはどんなことを表しているのか，こういった当たり前のところを当たり前で済ませてしまわずに，なぜなのかを問い直すことが大切である。その問いに対する考えが，たとえ拙い表現であったとしても，それらをつなぎ合わせていくことで，教師がもっている大人の言葉より子供に理解しやすい説明になると考える。そのため，「なぜ」「どういうこと」に対する子供の反応をキーワードとしてできるだけ板書に残し，黒板が共同思考の場として機能するようにしたり，各自が学習を振り返る際のヒントとなるようにしたりする。このように互いの気付きを生かすための支援をすることで，任意単位を用いた測定について深く考えられるようにする。

□4□ 本時の展開

（1）目標

　身近なものの長さを単位として着目し，その幾つ分で長さを表す方法を考え，数で表した長さから大小を判断することができる。

（2）展開

教師の働きかけと予想される子供の反応	◎指導上の留意点　◇評価
①問題を見いだす。 　つくえのたてとよこでは，どちらがどれだけながいかな。 C：横に決まってるよ。 T：今日はどれだけ長いかも調べます。 C：これぐらい（両手の幅でだいたいを測ってみる）かな。 C：昨日使った紙テープで調べたいな。 C：テープの長さの違いの分だけ長い。 C：違いなら，ひき算かな。 C：でも，何ひく何。 C：縦と横の長さが数になっていれば，ひき算できそう。 　ながさをかずであらわすには，どうしたらいいのかな。	◎机の縦と横の長さはどの部分を指すのか全員で確認する。 ◎縦と横の長さを数値化してひき算をするという見通しを共有し，活動の方向性を明確にする。
②長さを数で表す方法を考える。 T：どうやって長さを数にするのかな。 C：例えば，消しゴムの何個分とかにしたらどうかな。 C：消しゴムは1個しか持っていないからできないよ。 C：消しゴムを置いて，続きのところに消しゴムを動かしてってやれば，1個でいいよ。 C：だったら，鉛筆でもいいよね。 T：どのようにやるのか教えてください。 C：まず，鉛筆を机の端のところにそろえて置きます。ここまであったよというところに目印を付けます。次に，鉛筆をその印のところに合わせます。また目印を付けて，鉛筆を動かします。同じようにして，机の縦の終わりのところまで鉛筆を動かします。最後に，鉛筆を幾つ分置いたのか数えます。 T：何か基の長さになるものを決めて，その何個分になるか分かればよさそうですね。	◎基にした長さと，1つ目の目印まで，さらに次の目印までの長さが全て等しくなることを確認する。 ◎任意単位を見いだせないときには教師から鉛筆やブロックを提示する。 **資質・能力育成のポイント1** 測定の意味を捉えられるように，単位とするものを移動しながら長さを写し取っていく手順について，なぜそのようにするのかを問い返していく。
③単位とする長さを見いだし，違いを考える。 C：縦は鉛筆が3本分で，横は鉛筆が4本分だったよ。 C：4−3＝1だから鉛筆1本分横が長い。 C：僕の机の横は，長い鉛筆が3本と中くらいのが1本。そして縦は，長い鉛筆が2本と短いのが1本。 C：4−3だけど答えの1はどの鉛筆かな。	◎基にする長さを繰り返し写し取る方法と，同じ長さのものを並べる方法を取り上げ，測定の意味理解を促す。 **資質・能力育成のポイント2** 測定におけるつまずきは全体に投げかけて考え，基にする長さの幾つ分の表現に帰着させていく。

174　　Ⅲ　算数授業の新展開

C：使う鉛筆はどれか1本にした方がいいと思う。 T：なるほど。基にするものを1つに決めて使うと何の幾つ分と言えるのですね。 C：僕は1つじゃなくてブロックをつなげて机の縦と横に置いたんだ。それで数えて，幾つ分かが分かる。 C：どうしてブロックはたくさん使えるの。 C：ブロックはみんな同じだから，印を付けて動かしていったことと同じだと思う。 T：本当に同じですか。 C：ブロックは同じ大きさだから，たくさん並べても，1つでやったのと同じ。 T：なるほど，同じ長さのものはたくさん使ってよいのですね。机の縦と横にはブロックがいくつ並びましたか。 C：横が22個分で縦が14個分だったよ。 C：22－14をブロックで計算して8個だった。横が8個分長い。 C：私は，紙テープを使ったんだけど，テープをこうやってノートに重ねて，ます目のところに線を引いたの。 C：そうか，ます目の数を数えると，幾つ分が分かるんだ。それで，縦がます目幾つ分で，横がます目幾つ分って。 C：僕も，紙テープとます目で考えて，横が35個分で，縦が23個分。式は35－23。 C：えっ，そんなひき算習ってないよ。大きすぎるし。 T：みんなが勉強したひき算より数が大きいですね。図で考えてみましょう。 C：十の位は3から2をひいて残りは1。 C：一の位は5－3で2。12だ。 C：ます目12個分，横が長いってことだね。 C：ます目12個分，縦が短いとも言えるよ。 T：そういう見方もできますね。	◎測定の意味につながる部分については，特に丁寧に問い返し，確認する。  ◇身近なものの長さを単位として着目し，その幾つ分で調べたいものの長さを表す方法を考え，数値化して長さの比較をしている。（観察，発言，ノートの記述） | 十のくらい	一のくらい
⑩⑩⑩	①①①①①
1	2	
④まとめる。 T：今日は長さの違いを調べました。どんな方法で考えましたか。 C：何か基になる長さを決めて，それの幾つ分かを調べるやり方です。 C：鉛筆を目印でつなげてその幾つ分をひき算するとどれだけ違うか分かりました。 T：お友達と同じだったところはありますか。 C：何かの長さを決めて，その幾つ分を調べたところ。 C：幾つ分が大きい方から小さい方をひいたところ。 C：横の幾つ分が大きかった。 C：鉛筆は同じだけど，幾つ分が違った。 C：他のものも調べてみたいな。 C：ます目でやってみたい。 T：学校や家にあるものも調べてみてね。	◎何をどのように操作して数値化したのか子供の言葉をつなげながら，任意単位による測定の仕方を確認する。 **資質・能力育成のポイント3** 身近な生活の中のものに調べる範囲を広げ，学びへ向かう力を伸ばす。

17 長さ比べ

つくえのたてとよこでは，どちらがどれだけながいかな。

よこがながい？
・つくえとつくえをつける。
・かみテープをつかう。

どれだけちがうか？
・ひきざん
・たてとよこのながさをかずにする。

●どうやってながさをかずにしたらいいのかな。

①もとにするものをきめる。
　けしごむ　えんぴつ　ゆび
②なんこぶんになるかしらべる。
③ひきざんをする。

▫5▫　実践のまとめと考察

　長さの違いを問うことで，これぐらいと指や手で表現していたものをより分かりやすく数で表す必要感をもたせ，測定の方法を考える問題場面となるように設定した。机上にあるものや，教室に置いてあるものの中から，思い思いに単位とするものを選択し幾つ分になるかを調べるのは，子供にとって楽しい活動になっていた。また，テープの端を押さえてもらってます目を写したり，ブロックの端が机の端にそろっているかを確かめてもらったりなど，こうしたいというイメージを友達に伝えて協働していく姿が見られた。つまずきを共有し，何の長さの幾つ分という言い方に帰着させることで，基にする長さは１つであることやその長さを繰り返し写し取っていく操作の意味理解を促すことができた。

　任意単位として選択したものの長さが短すぎた子供もおり，幾つ分の数が大きいことから第１学年のこの時期では対応できない計算もあった。こういったことも想定して，適切な測定の単位となりそうなものを教室に用意し，授業の本質から子供の思考がそれないようにする配慮も必要であった。

　長さを数値化するよさは，違いを明確に表現するだけではない。多くのものの長短を簡単に素早く判断できるよさもある。学習のまとめでは，そういったよさを実感できるようにすることも大切なので，他のものの長さも調べてみようと言うだけでなく，今日の方法が他にどんなことに役立ちそうか考えてみようと投げかけ，日常生活や他の学習に活用しようとする態度につなげたい。

えんぴつで
つかうえんぴつは，どれか1本
たて 3本ぶん よこ 4本ぶん
しき 4－3
こたえ よこがえんぴつ1本ぶんながい。

しるしをつけてうごかすこととおなじ
ブロックで
ぜんぶおなじ
たて 14こぶん よこ 22こぶん
しき 22－14
こたえ よこがブロック8こぶんながい。

十のくらい	一のくらい
~~10~~ ~~10~~ ~~10~~	~~①①①①~~ ① ①
1	2

ます目で
たて 23こぶん よこ 35こぶん
しき 35－23
こたえ よこがます目12こぶんながい。
　　　 たてがます目12こぶんみじかい。

コメント（小口 祐一）

　本事例は，長さの比べ方を見いだしその大きさを表現する活動を通して，主体的・対話的で深い学びを実現しようとした実践である。長さの測定指導は，大きく4つの段階に分けられる。第1段階は，比べたいものを移動できる場合，並べて置いたり，重ね合わせたりする「直接比較」，第2段階は，比べたいものを移動できない場合，長さを写し取った第三の量を並べて置いたりする「間接比較」である。第3段階は，長さの違いを正確に知りたい場合，あるいは多くのものの長さを比べる場合，適当なものの長さを単位として，その幾つ分になるかを調べる「任意単位による測定」，第4段階は，普遍的な単位の幾つ分になるかを調べる「普遍単位による測定」である。本事例では，「つくえのたてとよこでは，どちらがどれだけながいかな」という問題を投げかけ，違いを表現するために，長さを数値化してひき算をする方法を考える課題に結び付けている。本時の目標は，「任意単位による測定」の方法を見いだし，ものの長さの大小判断ができるようになることであった。展開を見ると，先生の1つの発問に対し，児童の多数の意見が連鎖している。授業参観もしたが，自分のイメージを友達に伝え協働して問題解決している姿が見られた。先生は「話し合いの本質は聴き合いである」と考えて指導されており，生活習慣の形成において重要な時期である低学年の児童に，身を入れて聴く学習の姿勢が育っていた。日常の聴く指導が，児童の対話的な学びを実現することにつながることを示していただいた実践である。

18 広さ比べ・かさ比べ

量の大きさの比べ方を考える
―面積や体積の比較―

□1□ 本単元の授業づくりのポイント

(1) 三つの柱の資質・能力をいかに育むか

　本単元で育成したい資質・能力は，広さとかさについての量の概念を理解し，その大きさの比べ方を見いだすとともに，量とその測定の方法を日常生活に生かそうとする力である。また，これらの資質・能力を単元全体の指導計画の中に関連付け，計画的にバランスよく育成していくことも大切である。

　量の概念の育成に当たっては，具体物などを用いて量の大きさを比べる活動が肝要である。量の大きさを実際に比較する活動を通して，どのようなものの量を比べようとしているのか，その量がどのような大きさであるのかといった，量の性質や特徴を捉えやすくなり，量の概念が次第に形成されていく。

　本単元までに児童は，長さを直接比較や間接比較の方法で比べることや，指や鉛筆などを任意単位として用いて長さを数値化して表すことを学習している。本単元では広さとかさを，長さの場合と同様に「①直接比較，②間接比較，③任意単位による測定」という展開で学習することにより，量と測定についての理解の基礎となる経験が豊かになるようにする。量の大きさを比べる指導においては，場面や状況に合わせて児童が比べ方を見いだすことができるようにすることが大切である。このことは，量の大きさの比べ方を目的に応じて柔軟に選択し，学習した方法を活用する資質・能力の育成を目指す上で特に重要である。

　本単元は，広さ・かさという身近な量の大きさについて関わることを学習の基盤としているため，日常生活との関連が深く，日常生活の様々な場面で生かすことができる。例えば，遠足の場面を一つとってみても，持ち寄ったレジャーシートの広さを比べたり，水筒に入る水の体積を比べたりする活動が考えられる。このように，様々な場面で比較や測定をすることを通して「広いとは」「かさが大きいとは」といったそれぞれの量の意味やその測定の仕方についての理解をより確かなものとしたり，量の大きさについての感覚を豊かにしたりする。本単元の学習を日常生活に積極的に活用することで，算数への関心を高め，算数を主体的に学ぶ態度を含めた学びに向かう力の育成へとつなげていくことが大切である。

(2) 数学的な見方・考え方を働かせた数学的活動にいかに取り組むか

①本単元で大切にしたい数学的な見方・考え方とその成長

　本単元では，日常で用いられている量の単位を用いて測定する前の段階において，面積や体積を，既習である長さと同様の展開で学習することにより，量とそ

Ⅲ　算数授業の新展開

の測定を統合的・発展的に捉えようとする見方・考え方を大切にする。また，面積や体積の比べ方を，量の性質や特徴に着目して捉える見方や，それらの根拠を基に考える力も育んでいきたい。

本単元においては，このような数学的な見方・考え方を働かせながら，面積や体積の大きさを比較することにより，量とその測定についての理解の基礎となる経験が豊かなものになっていくと考えられる。このような経験を重ねていくことで，数学的な見方・考え方を働かせたことのよさを実感させ，学習場面のみならず日常生活でも，使っていこうとする学びに向かう力につなげることができ，また，見方・考え方の成長へとつなげることができる。

②主体的・対話的で深い学びを支える数学的活動

本授業実践は単元の第3時に位置付き，学習指導要領（H29）算数科の第1学年〔数学的活動〕イ「日常生活の問題を具体物などを用いて解決したり結果を確かめたりする活動」とエ「問題解決の過程や結果を，具体物や図などを用いて表現する活動」に相当する活動に取り組むことを通じて，主体的・対話的で深い学びを実現し，前述の資質・能力の育成を図る。

本時では，入れ物に入る水の体積を取り扱う。児童は日常生活の中で，水やジュースなどが「多い」「少ない」「同じ」などを，漠然とした感覚を基に判断していると思われる。体積の概念の理解は，言葉での説明によってできるものではないので，具体物を使った操作や活動を通して体得していくようにする。2つのペットボトルに入る水の量を比較する場面では，児童に生活経験や長さの学習を想起させることで，満水にした一方の容器から他方の空の容器に水を移し替えて比べる方法（直接比較）と，同形同大の容器にそれぞれの水を移し替え，そのと

きの水の高さで比べる方法（間接比較）を見いだからせたい。比べ方を発表し合う場面では，友達の考えを捉えやすくするために比べ方を図示したり，児童の言葉でネーミングしたりしたものを板書して可視化する。また，結果を発表し合う際は具体物を実際に操作させるとともに，比較した方法と大小を判断した理由とを関連付けて説明させることで，直接比較や間接比較，それぞれのメリットについても考える深い学びにつなげていきたい。

なお，第1・2時では，身の回りにあるものの面積を直接重ねて比べる数学的活動を通して面積に関心をもち，2次元的な広がりを意識するとともに，面積も単位とするものを決めて，その「幾つ分」と数値化して表したり比べたりできることに気付かせる。また，第4時は，本時でまとめた体積の比較方法について再度検証・確認する活動に取り組む。さらに，第5・6時では，水の体積はコップなどの任意単位によっても比較できることを，長さや面積の学習を基にして統合

的・発展的に考えさせていく。

ロ2ロ　本単元の目標と指導計画，本時の位置付け

（1）目標

　面積や体積の把握とその測定に関わる数学的活動を通して，次の事項を身に付ける。

　○知識・技能

　　　面積や体積についての基礎的な概念や感覚を豊かにするとともに，直接比較や間接比較，任意単位による測定などによって，面積や体積を比べることができる。

　○思考力・判断力・表現力等

　　　身の回りにあるものの特徴を量に着目して捉え，量の大きさの比べ方を考えることができる。

　○学びに向かう力・人間性等

　　　身の回りにあるものの面積や入れ物に入る水の体積に親しみ，面積や体積を数値化することのよさに気付き，進んで生活や学習に活用しようとする。

（2）指導計画（6時間扱い）

内　容	時　間	ねらい	主な評価規準
広さ	1 2	身の回りにあるものの面積に関心をもち，直接比較や任意単位を用いて比べることができる。	【知】面積を直接比較で比べることができる。 【思】面積を任意単位の幾つ分の大きさとして捉え，数で表現する。
かさ	3 本時 4	身の回りにあるものの体積に関心をもち，直接比較，間接比較の方法で比べることができる。	【態】身の回りにある入れ物に入る水の体積に関心をもち，比較の方法を工夫しようとする。 【知】体積の大小を直接比較，間接比較の方法で比べることができる。
	5 6	身の回りにあるものの体積を，任意単位を用いることによって，数として表したり，比較したりすることができる。	【思】既習を基に，体積も数値化して表すとよいことに気付き，その方法を考え，言葉や具体物を用いて説明する。 【知】任意単位による体積の測定方法を理解し，比べることができる。

ロ3ロ　本時の主体的・対話的で深い学びづくりのポイント

（1）児童一人一人に自分の考えをいかにもたせるか

　主体的・対話的で深い学びを実現するためには，「アクティブ・ラーニング」の視点に立った授業改善が不可欠である。本時では，問題解決の過程において児童が主体的・対話的に学習を進めるために，「児童一人一人が自分の考えをもって活動する」ことを大切にしたい。

　そのために，水の体積の大小比較という，どの児童にとっても予想をもちやす

く，自己の経験を基に考えを伝えやすい題材を用意する。見通しをもたせる際には，見た目などの直感的に判断した予想も含め，自分なりの考えをもたせてから比較方法を検討させたい。解決のイメージがもてなかった児童も，友達の考えを参考にして自己の考えを広げたり深めたりできるよう，グループで具体物を操作しながら話し合う時間を設ける。

(2) 数学的活動をいかに充実させるか

直接比較や間接比較など，いくつか出された比較方法の中から，自分がやってみたい方法を一人一人に意思決定させる。検証の際には同じ比較方法を選択した児童同士，複数名で操作活動に取り組ませる。そうすることで水を注ぐ児童，ペットボトルを支える児童，漏斗を持つ児童と，必然的に児童の協働が生まれ，「あふれた」「足りない」「こっちが高い」といった問題解決につながるつぶやきが広がっていく。これらのキーワードを理由に入れながら全体の場で説明させることで，自分の考えを友達と共有する喜びを味わわせたい。終末では，数学的に考えることのよさや，友達との協働を通じて自らの考えを広げ深めたことを実感できるような振り返りの視点を与え，次の学びにつなげていきたい。

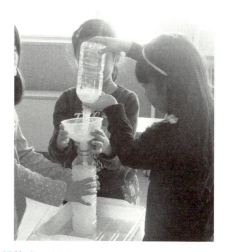

(3)「深い学び」を実現する授業にいかに転換させるか

「深い学び」を実現するために，習得・活用・探究という学びの過程の中で，「数学的な見方・考え方」を働かせ，数学的活動を通して，新しい概念を形成したり，よりよい方法を見いだしたりすることが求められている。

本時においては，既習である長さや広さの学習内容と，導入場面で獲得した体積の保存性という知識を活用し，直接比較や間接比較といった技能と関連付けて体積の大小を比べさせたい。学習で得た知識・技能を相互につなげることが，未知の状況にも対応できる思考力・判断力・表現力を高めることにつながり，さらには学びを人生や社会に生かそうとする学びに向かう力の涵養にもつながっていくと考えるからである。そのためには，友達の考えから学び合ったり，学習の過程と成果を振り返り，よりよく問題解決できたことを実感したりする活動も大切である。

□4□ 本時の展開

（1）目標

　身の回りにある入れ物に入る水の体積に関心をもち，直接比較や間接比較の方法で比べることができる。

（2）展開

教師の働きかけと予想される子供の反応	◎指導上の留意点　◇評価
①体積の保存性を確認する。 T：今から魔法でジュースの量を増やします。 C：すごい。本当に増えた。 C：あれ？でも戻したら減っちゃったよ。 T：どうして増えたように見えたんだろう。 C：入れ物が変わったからだよ。 T：入れ物が変わると高さが変わって，同じ水の量でも違って見えるんだね。	◎色水を別の容器に移し，高さを変えて違う量に見せることで水の体積への関心をもたせる。 ◎水を形状の異なる容器に入れても体積は変わらないことを確認し，容器の形状によって「水の高さ」が変わることを明らかにしておく。 **資質・能力育成のポイント1** 体積は容器に関係なく決まるという量の保存性についての理解を確実にする。
②問題を捉える。 　あといⓘ　2つのペットボトルがあります。 　どちらが　おおく　はいりますか。 T：困ったな…魔法で増やせないとすれば，今度の遠足に持っていくペットボトル，どちらが多く入るかな？ C：あ（いⓘ）の方がたくさん入りそうだよ。 C：両方とも同じくらいじゃないかな。 T：どうしてそう思ったのかな？ C：あはいⓘよりも低いけど，太いから多く入ると思います。 C：いⓘはあよりも高いから多く入ると思います。	◎児童の意欲と思考が分断されないように，体積の保存性を確認した際に使用したペットボトルをあとして引き続き使用して問題を提示する。 ◎見た目などの直観的な判断による予想も含め，児童一人一人に自分なりの考えをもたせる。 ◎予想の理由を発表させる。 ◎見た目だけでは正確には判断できないことを確認し，めあての設定につなげる。
③めあてをつかみ，解決方法を考える。 　どちらに　おおくはいるか　くらべるには T：どうやって比べたらいいかな？グループで相談してみよう。 C：水を使ったらできそうだよ。 C：他の入れ物を使ってもいいのかな。 T：みんなの考えを聞いてみましょう。 C：片方に水を入れ，もう片方に移して比べる。（直接比較） C：両方に水を入れ，同じ形の容器に移して比べる。（間接比較）	◎各グループに空の容器を渡し，観察しながら比べ方を考えさせる。 ◎机間指導で児童の考えを把握し，意図的指名で発表させる。 ◎発表が滞ってしまった場合は，他者説明させるなどして考えを全体で共有する。

Ⅲ　算数授業の新展開

C：両方に水を入れ，コップ何杯分かで比べる。（任意単位による比較）	◎任意単位による比較の考えが出た場合は，紹介した上で次時以降に取り上げることを確認する。 ◎児童の考えを図示するなどして板書し，比べ方を視覚的に捉えられるようにする。
T：比べ方に名前をつけてみよう。 C：水が引っ越しするから「ひっこしさくせん」はどうかな。 C：同じ入れ物に入れるから「おなじいれものさくせん」が分かりやすいね。 C：コップで比べるから「コップいくつぶんさくせん」にしよう。	◎比べ方をイメージしやすくするために，児童の言葉でネーミングする。 ◇身の回りにある入れ物に入る水の体積に関心をもち，比較の方法を工夫しようとする。（ノート，発言）
④体積を比べる。 T：自分がやってみたい方法で，どちらのペットボトルに多く入るか調べてみよう。 C：あをいに「ひっこし」したらあふれたよ。（直接比較） C：いをあに「ひっこし」したら足りないよ。（直接比較） C：「おなじいれもの」に移したらあの方が高いよ。（間接比較）	**資質・能力育成のポイント2** 全体で共有した解決方法を児童一人一人に比較・選択させ，問題解決に必要な意思決定をさせる。 ◎児童が選択した方法別の3カ所に分かれて比べさせる。 ◎水を移す作業による誤差を少なくするために，開始時の水はあらかじめセッティングしておく。
⑤結果を発表し合い，まとめる。 T：多く入るのはどちらのペットボトルでしたか。 C：あのペットボトルです。 T：どうしてあの方が多く入ると分かったの？ C：あをいに移したらあふれたからです。 C：いをあに移したら足りなかったからです。 C：同じ大きさの入れ物に移したら，あの方が高かったからです。 T：この言葉を使ってもう一度説明できるかな。 T：比べ方は違っても結果は同じですね。 ・もうひとつに　うつす。 ・おなじいれものに　うつす。	 ◎なぜあの方が多いと判断できたのか，その理由を説明させる。 ◎図示しながら発表を確認し，キーワード「あふれる」「たりない」「たかい」等を板書する。 ◎キーワードを使って他者説明させる。 ◎児童の言葉を生かしながら，本時をまとめる。 ◎めあてに立ち返り，めあてを主語としたときの述語の形でまとめをつくる。
⑥振り返る。 T：今日の振り返りをしましょう。 C：予想とは違ってあの方が多かったけど，水のかさの比べ方が分かってよかったです。 C：○○さんの「おなじいれものさくせん」は，見ただけでどちらが多いかすぐに分かっていいと思いました。 C：次は，「コップさくせん」で比べてみたいです。	◎友達と学び合った成果の実感がもてるように，焦点を絞った振り返りの場を設定し，次の問題解決に生かせるようにする。 ◎直接比較と間接比較，それぞれのメリットについて考えさせる。 **資質・能力育成のポイント3** 振り返りの視点を与え，他者との協働を通じて自らの考えを深めたことを自覚させて次の学びにつなげる。

18　広さ比べ・かさ比べ　183

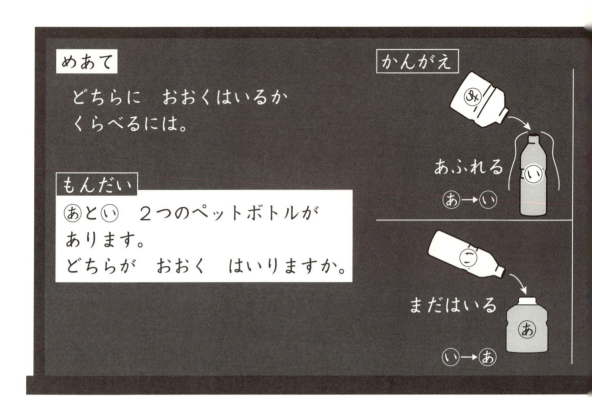

□5□ 実践のまとめと考察

　本実践では，問題を解決していく過程で「児童一人一人が自分の考えをもって活動する」ことに主眼を置いて学習を展開した。どちらに多く入るかを予想する場面，どの方法で比較するかを選択する場面，自分の選んだ方法で比較する場面，検証結果を理由とともに発表し合う場面等，それぞれの場面で考えを可視化したり，具体物を操作したりする手立てを講じることで，児童の「主体的な学び」を実現することができた。また，友達の考えを受け入れたり，よりよい考えについて話し合ったり，キーワードを用いて論理的に説明したりする「対話的な学び」を通して，お互いの考えの良いところを認めながらそれぞれの考えがより深まったことは，「○○さんの考えは，見ただけでどちらが多いか分かってよかったです」「○○さんの『少し足りない』という言葉を使って，上手に説明できました」といった児童の振り返りからも感じることができた。

　課題としては，「どちらに多く入るか」という結果だけに興味がいき，それぞれで検証して問題が解決すると学習意欲が低下してしまい，その後の話し合い活動に消極的な児童が見られたことである。教師側がねらいを達成した児童の姿をしっかりとイメージし，問題が解決した後にもめあてに立ち返ることでより深い学びへとつなげていきたい。また，導入場面は「魔法」という言葉で児童の意欲を高めることはできたが，時間をかけずに進めてしまったことで，全員が量の保存性について理解していたとは言い難い。場合によっては２単位時間を連続して行うなど，弾力的な展開で児童の理解を確かなものにしていく必要がある。

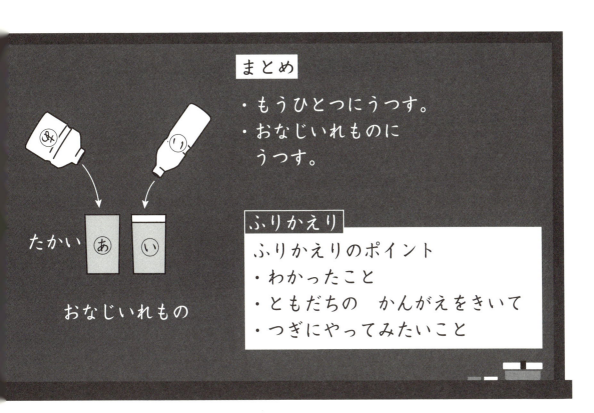

コメント（佐藤 心一）

　本事例は，小学校算数科の内容の「③　量の把握とその測定の方法の理解」を取り扱ったものである。本単元までに，長さの比較で数値化して表すことを学習している。ここでは，水の量という大きさでどこまでも細分化でき，数値で表すことがやや困難な場合であるが，この水の量の概念の育成にあたっては，本事例で行っている具体物の量の大きさを比べる活動が大切である。

　導入の「魔法でジュースの量を増やす」で児童の意欲を高め，その疑問からあといの２つの量のペットボトルの多い方を決めるという流れに続き，どういう方法で多い方を決めるのか，を児童同士で話し合い，そして，実際に行い，その結果を発表するというまさに数学的活動が前面に出ている授業実践例である。算数の場合，他の単元でも問題解決の方法として児童独自のネーミングを付けることが多々あるが，ここでも「ひっこしさくせん」等のネーミングは，与えられた課題を児童のフィルターを通して，児童自身の課題としているところが良い。さらに，分かったことを児童の言葉で説明していくという活動も主体的な学びに通じている。また，指導案に具体的な発問は表れていないが，「次時で任意比較による測定の学習」や「振り返りの際に焦点を絞った場にしていく」など，教師の専門性が出た場面である。課題としている解決後の意欲を高める場面では，拡張・発展として，「３つの容器の多さを解決するには」などを与えてみたい。

　この授業実践は，主体的・対話的で深い学びを追究し，何より付けたい力を明確に打ち出した授業デザインがしっかりしている事例である。

19 時刻と時間

時計の動きから時刻を考える
—時刻の読み方—

□1□ 本単元の授業づくりのポイント

(1) 三つの柱の資質・能力をいかに育むか

　本単元で育成したい資質・能力は，時計模型を操作する活動を通して時計の仕組みについて知ること，日常生活の中で時刻を意識させることで時刻を読むことに関心をもち，何時，何時半，何時何分を読むことができるようにすることである。

　日常生活の過ごし方と深い関わりをもつ時刻や時間について学ぶことは，ものごとを能率的計画的に処理する能力や態度を育てることや，見通しをもって規則正しい生活を送ったり，さらに改善，向上を目指したりする人間性を培うことにつながる。また，集団生活は時刻や時間による約束によって成り立っていることを踏まえ，学校生活の入門期において時刻についての意識を高め，子供の生活の具体的な事象と結びつけて指導する意義は大きい。

　しかし，時刻については，長さ，かさなど捉えやすい空間的視覚的な量とは異なり，捉えにくい時間という抽象的な量である。また，計器を用いて単位を設定し，単位の幾つ分という操作による測定もできないことから，量として意識させながら指導していくことが困難な学習である。また，アナログ時計は，1から12までの数が円形に並んでいて，長針と短針があり，同方向に回転運動をするが，その動きがそれぞれ異なることや，読む単位も異なることから他の計器と比べて複雑で読み取りが難しい。

　そこで，時計の動きを実際に見せながら操作させることで，時間はどんどん過ぎていくことを捉えさせ，時間を量として意識させていく必要がある。また，時計をじっくり観察させて，その特徴について気付かせながら読み方を教えていく必要がある。その際，具体的な生活場面や事象と時刻を結びつけることで，時刻や時間に関心をもたせ，時間の感覚を養っていきたい。

(2) 数学的な見方・考え方を働かせた数学的活動にいかに取り組むか

①本単元で大切にしたい数学的な見方・考え方とその成長

　本単元では，既習事項である十進位取り記数法の数の構造を生かして，時計も短針は「1，2，3…」，長針も「1から順に5，10，15…」と増えていくという見方・考え方を働かせて時刻の読み取りを習得できるようにする。その際，日常の事象と結びつけて考えさせることで，より学習を身近に感じさせ，日常の生活に生かしていこうとする態度を養っていく。

②主体的・対話的で深い学びを支える数学的活動

　本授業実践は単元の第３時に位置付き，学習指導要領（H29）算数科の第１学年〔数学的活動ア「身の回りの事象を観察したり，具体物を操作したりして，数量や形を見いだす活動」に相当する活動に取り組むことを通して，主体的・対話的で深い学びを実現し，前述の資質・能力の育成を図ることとなる。そこで，次のような数学的活動に取り組ませていく。

○時計の針を動かし，観察する活動

　アナログ時計は２つの針があり，数字や目盛りをいつもぴったり指していないため，読むことが難しく感じる児童もおり，理解の個人差が大きい。

　そこで，時計の仕組みを観察する活動を行う。模型の時計を手に取り，時間を感じながら針を動かす。すると，長針が早く動くこと，短針がゆっくり動くことに気付く。長針が１周回ると，短針が12から１（数字１つ分）動くことや１時間で長針が１周回ることなど，発見したことを自由に話すことで時計の動きの面白さを感じさせていきたい。

○共通点や相違点を調べる活動

　時計の読み方は教えることである。しかし，頭ごなしに教え込むのでは定着が弱い。「何時」「何時半」「何時何分」を教える際には，それぞれの共通点や相違点を比べることで，時計を読むときには，どこに注目するとよいかを考えさせ，それから時刻を読むことを教師から教えていきたい。

○針の動きや時間の流れを考えて導き出す

　何時半や何時55分の読みは誤答を招きやすい。それは，短針の近くの数字を読んだり，短針が３と４の間にある場合，３時なのか４時なのか分かりにくかったりするためである。時計の針の動きや時間の流れを感じ，当然前の数字になるはずであるという理解から何時を読み取れるようにしていきたい。

○模型の時計で時刻をつくる活動

　模型の時計をおおいに活用させたい。

　　時計→時刻（時計から，時刻を読む活動）

　　時刻→時計（時刻から，時計を合わせる活動）

　この両方向の学習活動を２人ペアでゲーム性をもたせて行っていく。子供たちは主体的に活動でき，時計の読み方の習得も確かに図ることが期待できる。

　また，模型時計で時刻をつくるときに，まず短針で何時であるかを合わせ，次に長針で何分であるかを合わせるという基本となる作り方をしっかり習得させることで，時刻の感覚を豊かに育成したい。

19　時刻と時間　　187

□2□ 本単元の目標と指導計画，本時の位置付け

（1）目標

時刻に関わる数学的活動を通して，次の事項を身に付ける。

○知識・技能

時計の文字盤の仕組みについて知り，時刻を文字盤で表したり，時刻を読んだりすることができる。

○思考力・判断力・表現力等

時計の長針や短針の指す目盛りに着目して時刻を考えたり，日常の生活に合わせて時刻を結びつけて考えたりする。

○学びに向かう力・人間性等

時刻を読んだり，それを生活と結びつけて考えたりすることの楽しさやよさに気付き，進んで生活や学習に生かそうとする。

（2）指導計画（5時間扱い）

内　容	時　間	ねらい	主な評価規準
何時・何時半	1	時計を観察することで，針の動きを知る。何時，何時半を読む。	【態】時計を観察することで針の動きについて調べようとする。 【知】何時，何時半の時刻の読み方が分かる。
	2	模型時計を動かすことで，時計の仕組みを知る。何時，何時半をつくることができる。	【態】時計模型を動かすことで時計の仕組みについて調べようとする。 【思】何時，何時半の時刻をつくることができる。
何時何分	3 本時	時計の読みに興味をもち，何時何分の時刻を読むことができる。	【思】長針や短針の読み方を考えることができる。 【知】何時何分の時刻を読むことができる。
	4	何時何分の時刻を正しく読んだり，つくったりすることができる。	【思】何時何分の時刻を読んだり，つくったりすることができる。
習熟	5	基本的な学習内容を確認し，定着を図る。	【知】単元の学習を振り返り，時刻の読み取りが確実にできる。

□3□ 本時の主体的・対話的で深い学びづくりのポイント

（1）時計の針を動かし，観察する活動

日常の生活の場において時計は身近な存在であるので，数多く目にし，時刻を決めて生活する経験をしてきている。しかし，長針と短針の2本の針があることから読み方を混同してしまう子供がいるであろう。特に，「何時何分」では，2本の針が指す時刻が複雑になってくることから，針がどのように動くのかをじっくり観察させる必要があると思われる。

また，時計の読み取りの主体となるのは短針であり，長針は補助的なものであ

188　Ⅲ　算数授業の新展開

ることから，まず，短針だけで文字盤の数表示を明確に理解させる必要があると思われる。

そこで，短針を見せて，その動きを観察させたい。そこから既習の「何時」「何時半」を想起させたり，実際の生活と結びつけて時刻を読み取らせたりしていきたい。

(2) 共通点や相違点を調べる活動

「何時」「何時半」（8時・8時半・9時）が指す短い針の位置や動きを観察させた後に，「何時何分」（9時12分）が指す短い針の位置を観察させる。今までとは違うことに気付くであろう。「9時より少し過ぎている」「9時半には到達していない」「長い針を見なければ分からない」など子供たちが感じている疑問や問いを自由に話すことで，短針が指す位置に興味を高めていきたい。また，本時の課題を明確にしていきたい。

後半には，3つの時刻（①6時5分，②2時50分，③4時10分）を読む活動がある。①③の時刻の読み取りは容易であるが，②は3時50分と読む児童がたくさんいると思われる。実際に時計を動かして正確な時刻を読み取らせた後に，どうしてそのように読んだのか，また，正しく読み取るためにはどうしたらよいのかを考えさせたい。その際，短針が数字と数字の間にあるときはどちらが時間となるのかを①～③の3つの時刻を比べることで明らかにしていきたい。また，機械的に読み取るだけでは，定着が弱い。時間の流れを感じ，当然前の数字になるはずであるという理解から何時を読み取れるようにもしていきたい。

(3) 既習事項を生かした学習

長針の読み方については，児童の中で分の読み取りを知っている子に教えてもらいながら授業を進めていく。そして，小さい目盛りを調べていく活動となる。その際，文字盤の「1」が5分，「2」が10分，「3」が15分といった具合に5分刻みになっていることや，数直線に似ていることを児童の気付きの中から明らかにしていく。既習事項とつなげて進めていくことで，時計の読み取りを身近なものとして捉えさせていきたい。

19　時刻と時間

□4□ 本時の展開

（1）目標

時計の読みに興味をもち，何時何分の時刻を読むことができる。

（2）展開

教師の働きかけと予想される子供の反応	◎指導上の留意点　◇評価
①課題を見いだす。 T：時計を読みましょう。その時，何をしていますか？ C：8時　　　朝の自習が始まる。 C：8時半　　朝の会をしている。 C：9時　　　1時間目の途中だ。 C：分からない。 C：9より少し過ぎている。 C：9時と9時半の間だと思う。 T：9時と9時半の間だね。何時何分ですか？ C：分からない。まだ学習していない。 C：9時12分だ。 ちょっと過ぎている時計の読み方を考えよう。 T：12分とは？ C：小さい目盛りを読めばいい。	◎短針のみ動く様子を実物投影機で見せる。 ◎既習事項「何時」「何時半」の読み方を確認しながら，その時刻に行っている活動を確認していく。 ◎長針の位置に興味をもたせる。 ◎時計の全体を見せる。 ◎短針が表している時刻（9時）は分かるが，長針の読み方が分からないことを確認する。 ◎「何時」「何時半」の間の時計の読み方について学習していくことを明確にする。 ◎長針の読み方が分かっている児童に説明させる。 ◎長針について，以下の点を押さえる。 ・1目盛りが1分を表すこと。 ・文字盤の数字上が5分，10分…5とびになっていること。 ・数直線に似ていること。 **資質・能力育成のポイント1** 分の目盛りを順に確認し，文字盤の数字上に5，10…と記入することで既習事項の数の仕組みに似ていることに気づかせる。

②長針の目盛りについて調べる。
T：小さい目盛りを数えてみよう。

T：調べて見つけたことを発表しましょう。
C：数字の1のところが5。数字の2のところが10。12のところが60。
C：数字があるところは5とびになっている。数の線に似ている。
C：1目盛りは1分だ。

T：では，時計は何時何分ですか？
C：9時12分です。

③まとめる。

　長い針は，小さい目盛りを数える。

④時刻を読み取る。
○時刻の神経衰弱ゲームをする。
T：学習したことを基に何時何分かを読み合いながらゲームをしましょう。

① ② ③

T：カードをたくさん取れた人は？

T：何時何分か分かりにくかったものはありますか？
C：あります。②です。

○時計の短針の読み方を知る。
T：これは何時何分ですか。
C：2時50分。3時50分。

T：時計を使って確かめましょう。
C：やっぱり2時50分だ。

T：どうして間違ったのだろう。
C：短い針のそばにある数字を読んだと思う。

T：では，どうしたら正しく読めるだろう。時計の動きで考えてみよう。また，①②③の読み方で似ているところはないだろうか。
C：短い針が2と3の間にあるときは，小さい数の方を見ればいい。
C：短い針がまだ3に来ていないから2時と考えればいい。

⑤まとめをする。

　短い針は，小さい数を読む。
　通り過ぎた数を読む。

◎6枚（3セット）のカードを配布する。
◎2セットは読みやすい時刻（①③）にする。
　1セットは間違いやすい（②）時刻とする。
◇何時何分の時刻を読むことができる。

◎短針の見方について学習することを押さえる。

資質・能力育成のポイント2
共通点や時計の動きに着目させることで，短針の読み方を考えさせる。

◎短針が数字と数字の間にあるときの読み方には2つの方法があることを確認する。
・小さい数字の方を読む。
・時間の流れで考える。
◇長針や短針の読み方を考えることができる。

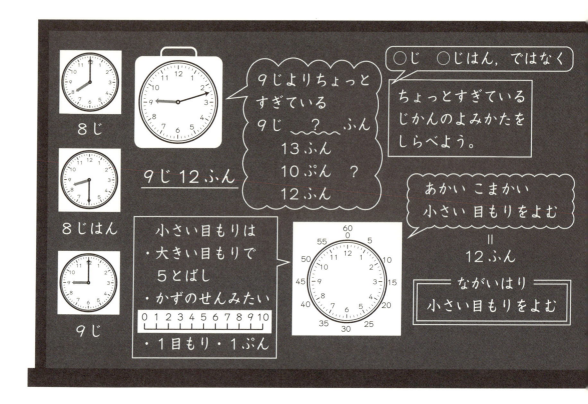

□5□ 実践のまとめと考察

　短針だけを見せ，実際の動きを実物投影機で確認したり，止まった時刻（何時・何時半）を考えさせたりしたことで，既習事項を振り返ることができた。また，そこから，未習の何時何分（9時12分）を短針で見せたことで，今までと違うことや何が違うのかを明確にすることができ，本時の課題へとつなげることができた。

　神経衰弱ゲームでは，ゲーム的要素のある活動が好きな低学年であることから，意欲的に取り組んでいた。2時50分と3時50分では，ちょうど半数に意見が分かれ，間違った理由も的確に発表することができた。しかし，間違わないための方法については，頭をかしげる児童が多かった。数名の発表であったが，「小さい数の方をよむ」という考えが出されたときは，「なるほど！」と歓声が上がっていた。友達の意見から新しい考えが広がり，主体的・対話的な活動につなげられたように思う。ただ，一部児童の中には，2時と3時の間を理解できない児童もいた。間に色を塗ったり，短針が指す方向を延ばして線を書き入れたり，視覚に訴える必要があると思った。

　時計の読み方は，教えることである。児童が創造的に生み出すものではない。ただ，できるだけ児童に主体的に学ばせていきたい。発見していく授業により楽しくそして確かな力として習得できるようにしていきたい。

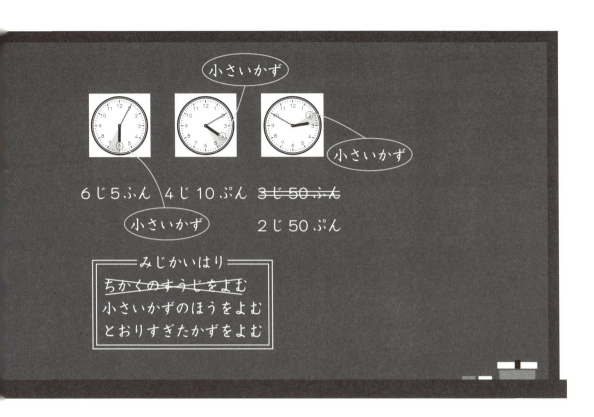

コメント（佐藤 学）

　時刻と時間の読みは，規則正しく計画的な日常生活を送る上で重要な働きをもつ一方，その技能の習熟は容易でない児童の実態がある。さりとて，必然性に欠いた反復練習に終始する指導は避けたい。

　時刻と時間の読みにおいて，数学的な見方・考え方を働かせるとは，針の位置や動きに着目し，数の数え方を根拠にして読んでいくことである。

　本実践では，針の位置や動きに着目できるよう，時計の針を動かして，観察する活動を設けている。9時12分を直ぐに読めなくとも，「9時より少し過ぎている」と捉えることができるのは，この活動のよさと考えられる。短針だけで9時12分の提示もよく工夫されている。また，早々に9時12分と読む児童も現れているが，安易に認めていない。1目盛りが1分であること，5分おき，10分おきになっていること，1周すると60分になることを確認した上で，9時12分と判断してよいことにつなげている。これは，筋道立てて考えることのよさ，数の数え方と時計の読み方を統合的に見ることのよさの感得をもたらすであろう。

　さらに，授業の後半では，短針が小さい数字に近い場合（9時12分）と異なる，短針が大きい数字に近い場合（2時50分）を扱っている。これにより，小さい数字を読むこと，時間の流れを捉えることの大切さが再認識できる。習熟を急がず，時計の操作も認めながら活動していることも，児童の実態に即している。

20 データを絵図に表す

身の回りの事象の特徴を捉える
―ものの個数を簡単な絵や図で表し，読み取る―

□1□ 本単元の授業づくりのポイント

(1) 三つの柱の資質・能力をいかに育むか

　本単元で育成したい資質・能力は，ものの個数を絵や図を用いて表すことで，その特徴が分かりやすくなることを理解し，落ちや重なりがないように絵グラフに分類整理したり，分類整理した絵グラフを正確に読み取ったりすることができるようにするとともに，資料のデータの個数が分かりやすいように表現し，データの個数に着目しながら身の回りの事象の最大値や最小値といった特徴について考え，意欲的にデータを分類整理して最大や最小といった特徴を捉えることのよさを見いだそうとする態度を育てることである。また，資質・能力を単元全体の指導計画を見通して，バランスよく育成できるようにすることも大切である。

　本単元では，子供がものの個数を数えやすいように分類整理ができるようにすることが重要である。そのためには，多様な

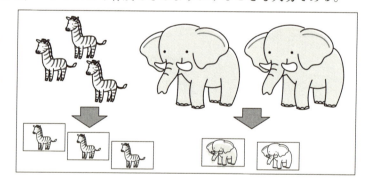

要素の中から個数に着眼し，他の要素を部分的に捨象することができるようにする。つまり，右上のように，しまうまとゾウがいたときに，その大きさを捨象することである。大きさの要素を残したまま並べても数を比較しにくい。そこで，子供に「個数を数える」という目的をもたせ，子供自身で大きさをそろえようとすることができるようにする必要がある。

　このときに，色や形まで捨象して，○のような図を用いることも考えられるが，第1学年の発達段階では難しい。そこで，「簡単な絵や図」を用いて，大きさはそろえたとしても，そのものが何であるのかは把握できるように情景図を用いることが大切である。

　「分類」とは，集団を作っている個々の単位を，場所，時間，状況，質，量，形，行動，機能といった観点によって類似と差異を区別することであり，集団の構造を見ようとするときの基本的な方法である。また，分類された量を表などによって分かりやすくまとめることを「整理」という。

（2）数学的な見方・考え方を働かせた数学的活動にいかに取り組むか

①本単元で大切にしたい数学的な見方・考え方とその成長

　本単元では，分類整理したい資料の個数に着目して，身の回りの事象に関する数の大小関係を捉えようとする見方・考え方を大切にする。このような見方・考え方を働かせることで，調べたいものの個数について，簡単な絵や図などに表したり，それらを読み取ったりすることができるようにする。また，ものの個数を簡単な絵や図等に表して数えたり比べたりすることができるようになった後には，生活科等の学習において，分類整理の仕方を活用させていきたい。

　このような経験を重ねていくことで，統計的な考えや数学的な見方・考え方を働かせたことのよさを実感させ，さらに使っていこうとする学びに向かう力につなげることができ，また，見方・考え方の成長へとつなげることができる。

②主体的・対話的で深い学びを支える数学的活動

　本授業実践は単元の第2時に位置付き，学習指導要領（H29）算数科の第1学年〔数学的活動〕イ「日常生活の問題を具体物などを用いて解決したり結果を確かめたりする活動」，エ「問題解決の過程や結果を，具体物や図などを用いて表現する活動」に相当する活動に取り組むことを通じて，主体的・対話的で深い学びを実現し，前述の資質・能力の育成を図ることとなる。

　具体的には，問題解決過程を具体物や絵，図を用いて表現したり，表現したことを友達と交流することでよりよい表現に高めたりする活動に取り組むことが大切である。また，表現したことを振り返って，調べたい「数」以外の要素をできるだけ捨象することや，並べる際に均等に配置することのよさに気付かせたりする活動に取り組むことが大切である。そのことを通して，目的に応じた適切な分類整理の仕方を統合的・発展的に考えることにより，深い学びの実現がなされる。

　なお，第1時では，大きさの違う動物の個数を比較し，データの個数への着目の仕方を考え，ものの数の違いを分かりやすくするための方法を調べる活動に取り組む。大きさが違う絵図を並べたものと大きさをそろえて並べたものを振り返って比較することで大きさをそろえるよさに気付くことができるようにする。ここでは，単元を通して大切な「個数」に着目する見方ができるようにする。

　また，第2時においては，同じ種類の動物の絵カードを並べて分類整理し，資料の特徴のつかみ方を調べる活動に取り組む。絵カードの間隔がそれぞれバラバラな状態で並べて表現したものと，絵カードを等間隔に並べたものを振り返って比較することで，均等に配置するよさに気付くことができるようにする。

　第3時では，形が同じで色の違う花の数を絵グラフに表し，調べたい資料の特徴を捉える活動に取り組む。ここでは，整理する観点によって並び方を変えると，分かりやすくなることを実感させる。

20　データを絵図に表す

□2□ 本単元の目標と指導計画，本時の位置付け

(1) 目標

数量の整理に関わる数学的活動を通して，次の事項を身に付ける。

○知識・技能

ものの個数を絵や図を用いて表すと調べたいものの特徴が分かりやすくなることを理解し，落ちや重なりがないように絵グラフに分類整理したり，分類整理した絵グラフを正確に読み取ったりすることができる。

○思考力・判断力・表現力等

絵カードを操作したり色を塗ったりすることで資料のデータの個数が分かりやすいように表現し，データの個数に着目しながら身の回りの事象の最大値や最小値といった特徴について考えたり，判断したりできるようにする。

○学びに向かう力・人間性等

データの個数にこだわって数を比較することについて関心を持ち，意欲的にデータを分類整理して最大や最小といった特徴を捉えることのよさを見いだし，整理するよさを生かして問題を解決していこうとする。

(2) 指導計画（3時間扱い）

内　容	時　間	ねらい	主な評価規準
大きさの違う動物の個数を比較し，データの個数への着目の仕方を捉えさせる	1	ものの個数を比べるときの整理の仕方は，調べたいものを同じ大きさの絵や図に表すと比べやすくなることを捉える。	【態】データの個数に目を向けて数を比較しようとする。 【知】ものの個数を絵や図を用いて表すと個数が分かりやすくなることを理解する。
同じ種類の動物のカードを並べて分類整理し，資料の特徴のつかみ方を捉えさせる。	2 本時	いくつかのものの個数の多少を比べやすくするときの整理の仕方は，同じ大きさの絵や図に表して，数える基準の位置をそろえ間隔を詰めるように並べて比べるとよいことを捉える。	【思】絵カードを操作して個数が分かりやすいように表現し，データの個数に着目しながら身の回りの事象の最大値や最小値について考える。 【知】落ちや重なりがないように資料を絵グラフに分類整理する。
形が同じで色の違う花の数を絵グラフに表し，資料の特徴を捉えさせる。	3	同じ種類のものでも色等の違いがあるときの個数の整理の仕方は，色ごとに分けて整理することでそれぞれの個数の多少が分かりやすくなることを捉える。	【態】絵や図に整理するよさを生かして問題を解決していこうとする。 【知】形に色を塗って整理することで資料のデータの個数が分かりやすくなることを理解する。

□3□ 本時の主体的・対話的で深い学びづくりのポイント

(1) 授業の導入における見方・考え方を働かせた見通しのもたせ方

学習指導要領（H29）解説算数編における目標の中でも「見通しをもつ」ことが示されている。これは，物事について判断したり，推論したりする場合に，見通しをもち筋道を立てて考えることの重要性を述べたものである。つまり，授業

の導入の見通しをもつ段階において，本時働かせるべき数学的な見方・考え方が働いている状態であることが大切である。

本時では，右のような既習の「調べたいものを同じ大きさの絵や図に表す」だけの方法を試す活動を取り入れる。そこで子供たちに，このままでは数の違いが分かりにくいことから，もっと分かりやすい整理の仕方を見いだそうとする考えをもたせたい。

これまでの「個数」に着目して同じ大きさに整理したことを基に，本時では「個数の違い」に着目してもっと分かりやすい整理の仕方を考え始めることができるようにする。

(2) 数学的な解決のプロセスを「振り返る」活動の充実

算数・数学の問題発見・解決の過程は学習指導要領解説算数編において，2つの過程が相互に関わり合って展開することが示されている。このどちらにも解決過程の振り返りが記述されているように，子供たちは数学的なプロセスを振り返ることで考えを深めたり広げたりしていく。

本時では自他の整理の仕方を振り返り，よりよい整理の仕方を見いだしていく活動を取り入れる。そこで子供たちに，解決方法に潜む自他の考えの根拠を明らかにさせていきたい。

(3) 知識の構造化

知識は他の知識とつながり関連付けられることで，概念化され確かな知識へと発展していくことで生きて働く状況になる。

本時では授業の終末場面で既習の知識と本時明らかになった知識の共通点と違いを振り返る。そこで子供たちに知識のつながりを実感させたい。

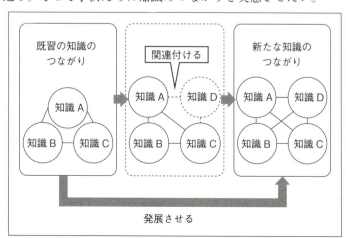

□4□ 本時の展開

(1) 目標

いくつかのものの個数の多少を比べやすくするときは，調べたいいくつかのものを同じ大きさの絵や図に表し，数える基準の位置をそろえ間隔を詰めるように並べて比べるとよいことを捉えることができる。

(2) 展開

教師の働きかけと予想される子供の反応	◎指導上の留意点　◇評価
①個数の多少が分かりやすい表し方を調べるめあてについて話し合う。 T：前回はしまうまとゾウの数を分かりやすく整理しました。今日は，ふれあい広場にいる動物の数を比べられるように看板に表したいと思います。  T：このままの絵を看板に貼ってもよさそうだよね。 C：もっと数の違いを比べやすくしたいです。 T：では，今日のめあては？ 動物の数を比べやすくしよう。	◎動物の数に着目して比較できるように，既習の2種類の大きさの違う動物の比較と同様に，本時問題場面も大きさと形に違いがある動物を問題場面に設定し，数以外の要素を捨象して分かりやすく表そうとする意欲をもたせる。
②動物の絵カードを並べ替えながら操作し，解決の見通しを基に個数の多少が分かりやすい表し方を調べる。 T：数を比べやすくするためにはどうすればよかったですか。 C：数の違いが分かるように同じ大きさのカードにして並べ直しました。 C：(絵カードを動物の絵の上に置いていく) T：次に，カードを看板に移してみよう。 （右図） C：もっと数を比べやすくなるように並べることができますよ。 T：そう？では，カードをみんなが持っているホワイトボードに並べましょう。	◎ゾウとしまうまで大きさをそろえた前時問題を振り返る場面を設定し，数が分かりやすいように形と大きさを捨象した表し方に目を向けさせる。 **資質・能力育成のポイント1** 前時と全く同じ方法を示し，それだけでは不十分であることに気付かせる。 ◎操作しながら並べ替えることができるカードとホワイトボードを準備し，数の違いが分かりやすい表し方に気付かせる。 **資質・能力育成のポイント2** 前時と同じ並べ方と新たな2つの並べ方を振り返る場を設定し，めあてに合った考えの根拠を見いだすことができるようにする。

C：（それぞれカードを並べる） C：ぼくは，このように並べました。（右上図） C：間が空いたままだったら，数が分かりにくいから，間を詰めて並べました。 C：まだあります。私はこのように並べました。（右下図） C：下をそろえていないと，一目でどれが多くて，どれが少ないのかが分からないので，下をそろえて並べました。 C：このときも間は詰めています。 T：なるほど，それでは，今３つの並べ方がありますが，どの並べ方がよいですか。また，それはなぜですか。 C：間を詰めて，下をそろえる並び方が一番よいと思います。理由は，一番数を比べやすいからです。 T：それではこの並べ方を使って考えてみよう。例えば，ふれあい広場の動物を１匹増やすとしたら，あなたならどの動物を増やしますか？ C：ぼくはあひるです。一番数が少ないから増やしてあげたいと思います。 C：私はうさぎです。一番多いのでもっともっと数を増やしてあげたいです。	◇前時の方法を生かして，いくつかのものの個数の多少を比べやすくする並べ方を見いだすことができる。（カード操作の結果） 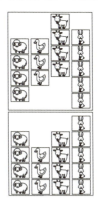 ◎絵グラフの読み取りを必要とする発問をし，絵グラフの特徴に目を向けさせる。 ◇増やしたい動物の理由をグラフを根拠に表現することができる。（発言）
③基準をそろえ，間隔を詰めて並べる方法のよさを実感し，本時学習の内容をまとめる。 T：ふれあい広場の動物の赤ちゃんが生まれています。比べやすくするには，どのように色を塗るとよいか。クーピーで塗ってみましょう。 T：まずは先生が急いで塗ってみているんだけど…（右上図） C：そんな適当に塗ってはだめです。 T：この塗り方ではいけないんだね。それではみんなも色を塗りましょう。 C：（色を塗っていく） T：では，どのように色を塗りましたか。 C：私は，間を詰めて，下から順番に色を塗りました。理由は，数が多いや少ない，同じが一目で分かるからです。 T：確かにみんなの色の塗り方の方が分かりやすいね。では，今日の学習の振り返りをしましょう。 C：下から順に詰めて並べると，多いや少ないが一目で分かることが分かりました。 T：前の学習と比べるとどうですか。 C：前までは同じ大きさにそろえることが分かっていたけど，さらに，並べ方も気を付けると分かりやすくなりました。	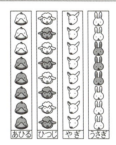 ◎バラバラに塗る例を提示し，色を塗る場合でも基準を揃えて間隔をつめる必要があることに気付かせる。 ◇はじめの問題を生かして，いくつかのものの個数の多少を比べやすくする塗り方を見いだすことができる。（色の塗り方） **資質・能力育成のポイント３** 既習の知識と本時明らかになった知識の共通点と違いを振り返り，知識のつながりを実感させる。

20　データを絵図に表す

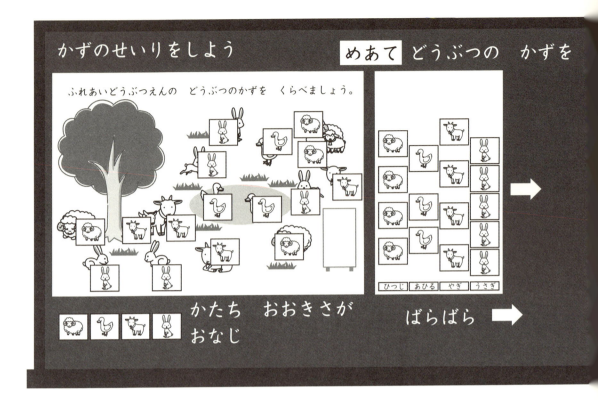

□5□ 実践のまとめと考察

　2つの動物の数を比べやすく整理した前時の問題に対して，本時は4種類の動物の数を比べやすく整理する問題を設定し，前時明らかになった「調べたいものを同じ大きさの絵や図に表す」だけの方法を試す活動を取り入れたことで，既習の知識だけでは「分かりやすさ」に関しての不十分であることを実感させるとともに，新たな方法に目を向けることもできた。絵に置き換えて並べるための教具としてホワイトボードと磁石を付けたカードを用意したことで，子供が試行錯誤をすることを通して個数に着目しながらよりよい考えを見いだしていくことができた。展開段階で，「ふれあい広場の動物を1匹増やすとしたら，あなたならどの動物を増やしますか」と発問して考えさせることで，子供自身で数の多少や等しい数に目を向けることができていた。並べ方のよさを直接問うのではなく，子供に資料の読み取りを促し，資料の読み取りを行っていく中で，本時捉えさせたい「資料を数える基準の位置をそろえ間隔を詰めるように並べる」という並べ方のよさを実感させることができた。授業の最後に，既習の知識と比較して振り返りをさせたことで，絵や図を用いた数量の表現の仕方を前時と本時で統合させ，発展させることができた。

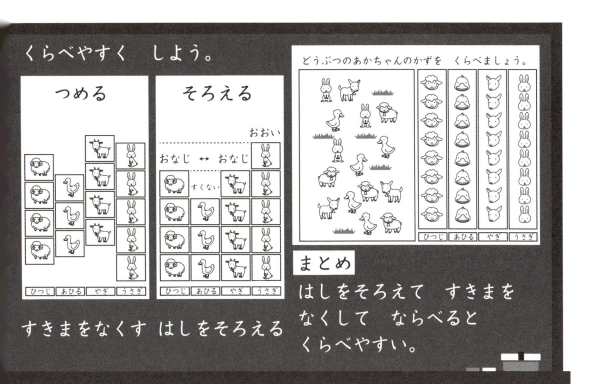

コメント（飯田 慎司）

　本事例は，ものの個数を数えたり比べたりするとき，種類ごとに分類整理するだけではなく，ものの大きさ等の本質的でない属性を捨象し，ものの個数だけを抽象するところを扱ったものである。平成20年版解説（p.68）では，動物の大きさが最初から捨象された事象が与えられていたが，平成29年版解説（p.95）では，動物の大きさが日常の事象らしくそのまま扱われており，動物の大きさを捨象して個数のみを抽象すべきことを児童に実感させることを重視した記述となっている。

　本実践では，上述のことを前時から児童に気付かせた上で，本時では，どの動物がどの程度多いのかを捉えるために，数える基準の位置をそろえることや，絵図の間隔を詰めてそろえることにも気付かせようとしている。解説では適切な絵図を提示して，「次の図のように並べてみることで一目で数の大小を比べることができる」（p.95）としているが，工夫する観点を綿密に分析していくことで，児童に気付かせたいことを顕在化させているのである。このような教材分析の視点は，第2学年で○を用いたグラフに進化していくところでも，第3学年で棒グラフに進化していくところでも有効になっていくことであろう。ひつじ，あひる，やぎ，うさぎという最下欄の表示は，第1学年の絵グラフでは必ずしも必要ではなく，第2学年の○を用いたグラフで事物の絵を捨象した際に本格的に必要となるということも理解されるだろう。

21 発展的な問題

数のまとまりに着目し，
数を多面的に捉える
―まとめて数え，等分する―

□1□ 本単元の授業づくりのポイント

（1）三つの柱の資質・能力をいかに育むか

　本単元で育成したい資質・能力は，120までの数について，ものとものとを対応させて個数を比べる活動から，数の数え方や表し方について考え，数の大小や順序を理解し，10などの数のまとまりに着目しながら数の範囲を広げ，実際に生活に数を使うことで数を使うよさを感じ，数についての感覚を豊かにしていくことである。この資質・能力を，単元全体の指導計画を見通して，バランスよく育成することが大切である。

　本単元では，2位数と簡単な場合の3位数を扱い，10のまとまりを作って数える活動などを通して，十を単位として数の大きさをみることができるようにしていく。2位数は，10のまとまりの個数と端数という考え方を基にして表現されている。3位数ではこの仕組みを利用して，100のまとまり，10のまとまりの個数，端数として表していく。その過程で，十進位取り記数法の原理についての基礎的な理解を図り，2位数までの数の意味や表し方について確実に理解できるようにしたり，第2学年での3位数の学習への連続性や発展性をもてるようにしたりすることが重要である。

　数についての感覚を豊かにしていくために，多面的な数の見方ができるようにしていくことも重要である。一つの数を合成や分解によって構成的にみることができるように，活動を通して学んでいけるようにする。一つの数をほかの数と関連付けることが大切である。この見方は，加減計算における，繰り上がり，繰り下がりの理解の素地として重要な内容である。

　具体物をまとめて数えるなど，数える活動を多様な方法で行うことも大切にしたい。既にいくつかずつにまとめられた具体物を数えるのではなく，自分で適当な大きさのまとまりを作って数え，それを整理して表すことが重要である。その過程で，一つずつ数えたときと比べて労力が軽減されていることなどに気付かせ，まとめて数えることのよさを味わわせていく。具体物を等分し，全体を同じ数ずついくつかに分けたり，全体をいくつかに同じ数ずつ分けたりすることができるようにする。その過程を操作や図で説明したり，結果を式や言葉に整理して表したりする過程で，一つの数を同じ数のまとまりとしてみたり，等分した数としてみたりできるようにしていく。これは，乗法や除法を考える際の素地とな

る。そのようにして，一つの数を多面的にみることができるようになり，数についての感覚を豊かにし，学んだことを後の学習に生かそうとする態度の育成につなげていく。

(2) 数学的な見方・考え方を働かせた数学的活動にいかに取り組むか

①本単元で大切にしたい数学的な見方・考え方とその成長

　本単元では，これまでに学んだ数のまとまりに着目し，2位数から簡単な場合の3位数へと数の範囲が広がっても，既習を生かして考え，統合的・発展的に捉えようとする見方・考え方を大切にする。このような見方，考え方を働かせて，2位数や3位数の比べ方や表し方を習得できるようにする。そして，一つの数をほかの数の和や差としてみたり，同じ数のまとまりや等分した数としてみたりすることで，数を多面的に捉え，数についての感覚を豊かにしていきたい。このような経験を重ねていくことで，数を使うことや数学的な見方・考え方を働かせたことのよさを実感させ，さらに使っていこうとする学びに向かう力を育成し，見方・考え方の成長へとつなげることができる。

②主体的・対話的で深い学びを支える数学的活動

　本授業実践は単元の第6時に位置付き，学習指導要領（H29）算数科の第1学年〔数学的活動〕ウ「算数の問題を具体物などを用いて解決したり結果を確かめたりする活動」に相当する活動に取り組むことを通じて，主体的・対話的で深い学びを実現し，前述の資質・能力の育成を図ることとなる。

　第1・2時では，2位数の数え方，唱え方を考えるにあたり，具体物を数える活動を通して，十を単位とした数の見方を養い，10ずつまとめて数えるよさに気付くようにする。そして，20までの数を「10のまとまり」が一つと一のばらがいくつと加法的に捉えたことを振り返り，2位数を「10のまとまり」のいくつ分と端数と捉えられるようにする。このように捉えることにより，十進位取り記数法での表現や，命数法を用いての表現につながる。第3・4時では，20までの数の表し方の仕組みを基に，2位数の書き表し方について考える。

　第7・8時では数の範囲を簡単な場合の3位数（120程度までの数）に広げる。具体物を数える際には，2位数を数えたときに働かせた見方・考え方を同じように働かせる。2位数と比較すると，10のまとまりの個数が多くなるので，10のまとまりをさらに10ずつまとめようと考えを進められるようにしていく。このようにして，よりよい数え方や表し方を考えていくようにすることで，数のまとまりに着目するよさに気付くようにする。統合的・発展的に捉え，数の範囲が広がっても既習の数の見方や数の仕組みを基に説明できることを理解することにより，深い学びの実現がなされる。

　第5・6時では，例えば86という数を「10が8個と1が6個」や「90より4小さい数」と加法的にみるように，数の多様な見方を身に付けていく。また，例えば40という数を10が4つだけではなく5が8つや4が10個とみるなど，ある数を同じ数のまとまりとみることで，乗法的な数の見方の素地を養っていく。

21　発展的な問題

そのような数の多様な見方を，第9・10時の簡単な場合の3位数の場合にも活用していくことで，数の見方がより一層豊かなものとなり，深い学びの実現につながる。

▫2▫　本単元の目標と指導計画，本時の位置付け

（1）目標

数の構成と表し方に関わる数学的活動を通して，次の事項を身に付ける。

○知識・技能

一つの数をほかの数の和や差としてみるなど，ほかの数と関係付けてみること。2位数の表し方について理解し，簡単な場合について，3位数の表し方を知ること。数を十を単位としてみること。具体物をまとめて数えたり等分したりして整理し，表すこと。

○思考力・判断力・表現力等

数のまとまりに着目し，数の大きさの比べ方や数え方を考え，それを日常生活に生かす。

○学びに向かう力・人間性等

数のまとまりに着目しながら数の範囲を広げ，数を使うよさを感じ，よりよく数えて表そうとしたり，進んで生活や学習に活用したりしようとする。

（2）指導計画（15時間扱い）

内　容	時　間	ねらい	主な評価規準
2位数の 数え方， 唱え方 書き表し方	1 2 3 4	具体物を数える活動を通して，十を単位とした数の見方を養い，10ずつまとめて数えるよさに気付くことができる。	【思】10のまとまりを作って数えることを通して，十を単位とした数の表し方を考える。
2位数の 多面的な 見方	5 6 本時	数の多様な見方を身に付けることができる。	【思】一つの数をほかの数の和や差，あるいは同じ数のまとまりや等分した数としてみる。
3位数の 唱え方， 書き表し方	7 8	2位数のときの考え方に基づき，簡単な場合の3位数の理解を図る。	【思】2位数の表し方等から類推し，簡単な場合の3位数の唱え方や書き表し方を考える。
3位数の 多面的な 見方	9 10	数の多様な見方を身に付ける。	【思】一つの数をほかの数の和や差としてみる。
数の系列	11 12	数直線や数表を用いて，数の位置や順序，大小を考える。	【知】数の大小や順序を考え，数直線の上に表す。
十を単位 とした計算	13 14	十を単位として数をみることで，1桁の計算として考えることができる。	【思】10のまとまりを作って数えることを通して，十を単位とした数の表し方を考える。
まとめと 習熟	15	120までの数についての感覚を豊かにする。	【知】簡単な場合の3位数の表し方について理解している。

204　　Ⅲ　算数授業の新展開

□3□ 本時の主体的・対話的で深い学びづくりのポイント

（1）授業のゴールをいかに変えるか

　資質・能力ベイスの授業づくりへの転換を図るには，授業イメージを転換させていく必要がある。そのためには，学習のゴールを見直すことが必要である。これまでの内容ベイスの授業では何を知っているかなどが学習のまとめとして位置付くことが多かった。これからの資質・能力ベイスの授業づくりにおいては，数学的な見方・考え方をどのように働かせ，それがどのように成長し，学びの結果として新たに何ができるようになったのかを明らかにしていくことが大切である。子供たちはこれまで2とび，5とびで数えるなど，2や5のまとまりで数をみることは経験してきている。そして，2位数・3位数と数の範囲を広げる中でさらに大きなまとまりを作る必要性に直面し，10のまとまりで数をみるよさを獲得してきた。本時では，等分するという活動を通し，数を多面的にみることができるようにしていく。具体的にはこれまで大切にしてきた10のまとまりに着目し，40という数を「10が4つ」と表すことで解決をする。そこで，ほかの数のまとまりに着目することで，「5が8つ」や，「4が10個」とも捉えることができるようにしていく。結果として，数のまとまりに着目したことで，分けた人数が分かるだけではなく，一つの数を同じ数のまとまりとしてみることができるようになり，数に対する感覚が豊かになる。

（2）数学的活動をいかに充実させるか

　1年生にとって40という数字は扱うには大きな数字である。子供たちはそこに難しさを感じる。しかし，ブロック操作をし，整理した後の図を観察することにより，図を利用してまとまりを見いだすことで何人に分けられるかが分かりやすくなることに気が付き，図の有用性を実感する。その図を利用してほかの数のまとまりに着目すると，ほかの数でも同様に解決できることに気付く。そのようにして数を変え，発展させて考えることを繰り返す内に，数のまとまりに着目することのよさを感得する。そして，解決過程や結果を振り返り，分けられた結果を式に整理して表し，比較することで，40という数が「10が4つ」や「5が8つ」，「4が10個」などと表されることに気付き，数を多面的にみることができるようにしていく。

（3）深い理解を支える授業にいかに転換させるか

　答えが分かったことにとどまらず，結果を図や式に整理して表し，再度観察することが大切である。それにより，効率よく数のまとまりを見つけたり，一つの数が同じ数のまとまりでできていることを実感させたりすることができる。また，10個ずつ分けた場合や5個ずつ分けた場合を解決した後には，「だったら4個ずつではどうなるのか」「ほかの数でもぴったり分けられるのか」という，新たな問いへと発展させていきたい。それにより，数の感覚がより一層豊かになり，進んで学習に生かそうとする学びに向かう力の育成につなげることができる。

21　発展的な問題

□4□ 本時の展開

(1) 目標

　数のまとまりに着目し，等分することについて操作や図で説明することを通して，一つの数を同じ数のまとまりとしてみることができる。

(2) 展開

教師の働きかけと予想される子供の反応	◎指導上の留意点　◇評価
①問題を見いだす。 　あめが 40 こあります。 　10 こずつ分けると，ぴったり何人に分けられますか。 C：難しそうだな。 C：40 だし，4 人に分けられそうな気がする… C：多分 4 人に分けられる。 T：本当に 4 人に分けられるか説明できますか。 C：どのように説明したらいいのかな… 　何人に分けられるか説明しよう。	◎何人に分けられるかという答えや結果を問うだけではなく，その過程を説明することに思考対象を焦点化する。
②手続きの説明。 C：40 は，10 が 4 つだから，4 人に分けられます。 C：わたしは今まで数を数えたときみたいに，ブロックを 10 ずつまとめて置いたら，4 人に分けられました。 《実際に操作してみる》 C：ほんとだ。10 ずつまとめたら見やすくて，分かりやすいね。 T：ブロックを使ったり，よく見たりして，10 のまとまりで考えるといいね。この場面を式に表せますか。 C：10＋10＋10＋10 です。 C：10 が 4 つだ。	◎10 のまとまりに着目して解決できたことに気付かせる。 ◎10 のまとまりごとに整理したら結果を分かりやすく表せたことに気付かせ，図のよさを価値付ける。 **資質・能力育成のポイント1** 結果を式に整理して表すことにより，一つの数が同じ数のまとまりでできていることに気付かせる。
③新たな問いへ発展。 T：10 のまとまりを見つけたら解決できたね。さて，ほかの数ずつでもぴったり分けられるかな？ 　ほかの数ずつでもぴったり分けられるか説明しよう。 C：できそうだけど難しそう… C：10 のまとまりじゃなければできないよ。 C：でもブロックを使えばできそうだよ。 T：例えば 5 個ずつだったらぴったり分けられるか考えてみましょう。 C：5 個ずつ分けてみたら，8 人に分けられま	◎10 のまとまりで解決できたことを確認し，5 個ずつ場合でも，5 のまとまりに着目させればよいことを類推させる。 ◎手がつかない児童には，実際にブロックで 5 個ずつ分けてみるように促す。

206　　Ⅲ　算数授業の新展開

した。 T：5個ずつに並べ替えたんだね。 C：並べかえなくてもできるよ。5は10の半分だから，さっきのブロックを使えばできるよ。 T：さっきの図の中に5のまとまりを見つけられるかな。 C：すごい！10の中に5があった！ T：この場面を式に表せますか？ C：5＋5＋5＋5＋5＋5＋5＋5です。 C：5が8つだね。 T：ではさらに，一人分の数を1個減らして，4個ずつでもぴったり分けられますか？ C：余りが出そうだね。無理だよ。 C：ブロックを分けて並べかえればできるかもしれない。 T：5の場合と同じように，いちいちブロックを並べかえなくても調べることはできませんか？ C：ブロックをよく見たらできるかもしれない…。 C：難しいよ。できない。 T：10や5の場合は，図から何を見つけたのかな？ C：まとまりを見つけた。 C：あっ4のまとまりがあった。 図を横に見たらあった。 C：ほんとだ。見つかった！すごい！ C：ブロックの図って便利だね。 C：まとまりを見つけるといいんだね。 T：4のまとまりはいくつありますか？ C：10個だ。 　　4＋4＋4＋4＋4＋4＋4＋4＋4＋4だ！ C：今度は4が10個だ。	◎ブロックの図を用いて，図の中に別の数のまとまりが見えないか考えてみるように促す。 **資質・能力育成のポイント2** 答えが分かったことにとどまらず，図を使うと数のまとまりが見つかることや，等分した結果が分かりやすくなることを実感させる。 ◎10の場合も5の場合も図の中に数のまとまりを見いだして解決したことを想起させ，4の場合でも同じようにできないか考えるように促す。 ◇数のまとまりに着目し，一つの数が同じ数のまとまりでできていることを問題場面に即して説明することができる。 （発言，ノートの記述）
④振り返り，発展的な問いを見いだす。 T：40という数はどんな数でしたか？ C：10が4つ。 C：5が8つ。 C：4が10個。 C：まだまだありそう。 C：ほかにもできそうだね。 T：例えばどんな数ならできそうかな？ C：2個ずつでもできそう。 C：8個ずつでもできそう。 C：やってみたいな。 T：ほかにも見つかりそうで，楽しみですね。	◎40を等分した結果を言葉で確認する。 **資質・能力育成のポイント3** 結果を言葉で表すことで一つの数が同じ数のまとまりでできていることを実感させ，さらにほかの表し方もできそうだという発展的な問いを生む。

21　発展的な問題　207

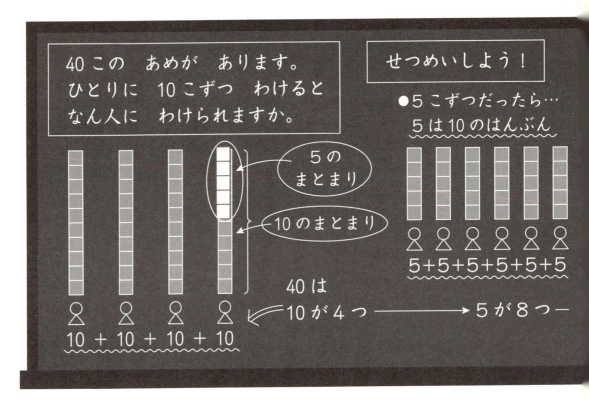

□5□ 実践のまとめと考察

　10のまとまりに着目し，40を10ずつ4人に分けられることは思ったよりも容易に解決することができた。5ずつ分ける場面では，図を用いて10のまとまりの中に5のまとまりを見つけたことは子供たちにととって大きな発見であり，驚いていた。その後，4ずつ分ける場面では10の中に4のまとまりを見つけることができず，苦戦をしていた。しかし，「図を縦ではなく横に見たら見つかった」という発言を基に，4のまとまりに気付くことができ，図が問題解決に有効であることを実感することができた。40という数をいろいろな数のまとまりで表現したことにより，さらにほかの数でも試してみたいという学びに向かう力の育成につなげることができた。

　10のまとまりが解決できた後，5の場合，4の場合とも，教師側から与える展開になってしまった。数のまとまりを図から見いだして解決したことをさらに丁寧に価値付けていくことが必要だと感じた。等分する場面は一見新しい場面に見えるが，これまで2とび，5とびで数を数えた経験を想起させることで，まとまりに着目していることは同じということ気付かせ，考え方の統合がさらに図れる。そのことを強調していきたい。10と5の場合を扱った後に，10の中にまとまりを見いだしやすい2の場合に発展させてもよい。そのようにして，1年生なりにも子供自らが数を変えて試してみたいという意欲を引き出す展開にしていきたいと考える。

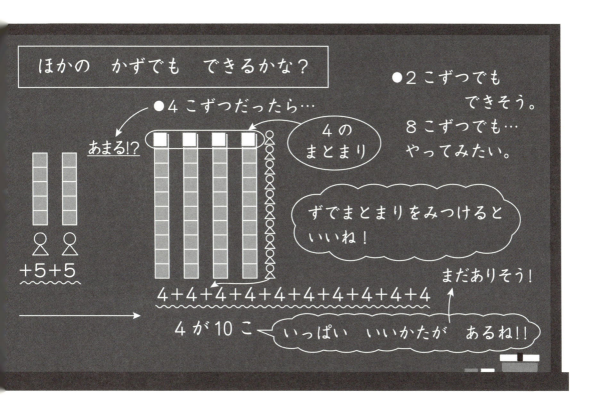

コメント（齊藤 一弥）

　第1学年では，10のまとまりをつくって数える活動などを通して，十を単位として数の大きさをみることができるようにしてきた。40とは「10を4個」としてみたり，「10を単位とすると4個で40になる」と考えたりして，10のまとまりに着目して数の構成についての理解をしてきている。

　本時では，まず導入において全体（40のあめ）を同じ数（10個）ずついくつかに分けるといった包含除の場面を提示した。二つの数量（40と10）に着目して，10を単位として数を構成してきた経験を基に両者の関係を表現する。次に，単位の大きさを5や4とした場合の40の構成の仕方を考え，それらの結果を統合的に比較することで，同じ大きさであってもいろいろな大きさの単位によって乗法的に表現できることを経験することをねらった。

　本学年では，10進数は10を単位として数を構成していることを繰り返し指導してきたことから，40は「10が4つ」という見方は容易であったが，具体物によって可視化されていたにもかかわらず「5が8つ」や「4が10個」という見方は難しいことが実践から読み取れる。

　この学習で身に付けた数学的な見方・考え方は，第2学年での乗法，第3学年での除法の意味の理解や演算決定において有効に働くことになる。このことからも，身の回りにある数の大きさを表す際に，2ずつ数えるとか5のまとまりをつくるなど，10以外の数を用いて多面的に構成する場面を日頃から積極的に用意していくことが大切なことが分かる。

新算数教育研究会
『講座 算数授業の新展開』
編集委員会

委員長

金本 良通　　日本体育大学

副委員長

池田 敏和　　横浜国立大学
齊藤 一弥　　島根県立大学
清水 美憲　　筑波大学

編集委員

二宮 裕之　　埼玉大学
蒔苗 直道　　筑波大学

引用・参考文献

文部科学省（2008），『小学校学習指導要領（平成 20 年告示）解説 算数編』，東洋館出版社.
文部科学省（2018），『小学校学習指導要領（平成 29 年告示）解説 算数編』，日本文教出版.

執筆者一覧

清水 静海	帝京大学	はじめに
清水 美憲	筑波大学	I-1
齊藤 一弥＊	島根県立大学	I-2, 3
中和 渚	関東学院大学	II-1
松尾 七重	千葉大学	II-2
礒部 年晃	筑紫野市教育委員会	II-3
盛山 隆雄	筑波大学附属小学校	II-4

実践事例 / コメント

実践事例			コメント	
大越チエ子	福島県白河市立白河第三小学校	III-1	森本 明	福島大学
江花 洋介	福島県白河市立白河第三小学校			
佐藤 真	岩手大学教育学部附属小学校	III-2	山崎 浩二	岩手大学
水上 洋平	熊本県益城町立広安小学校	III-3	宮脇 真一	熊本大学
細江孝太郎	富山大学人間発達科学部附属小学校	III-4	中川 愼一	前富山県南砺市立福光東部小学校
大山 乃輔	鹿児島県鹿児島市立田上小学校	III-5	山口 武志	鹿児島大学
赤岡 俊輔	千葉県千葉市立宮崎小学校	III-6	小坂 裕皇	千葉県千葉市立都小学校
築城 幸司	大分大学教育学部附属小学校	III-7	川嵜 道広	大分大学
小林 史典	東京都三鷹市立高山小学校	III-8	柳瀬 泰	玉川大学
増本 敦子	東京都杉並区立杉並第七小学校	III-9	白井 一之	東京都荒川区立第三峡田小学校
平井 哲	明星小学校	III-10	細水 保宏	明星大学
関口 泰広	埼玉大学教育学部附属小学校	III-11	二宮 裕之	埼玉大学
松井 大樹	大阪府茨木市立春日小学校	III-12	近藤 裕	奈良教育大学
田端友美子	東京都立川市立第九小学校	III-13	神田 恭司	東京都立川市立上砂川小学校
萩原 良太	東京都目黒区立上目黒小学校	III-14	鈴木みどり	文教学院大学
折田 和宙	東京都大田区立赤松小学校	III-15	茂呂美恵子	東京都大田区立田園調布小学校
秋山 泰孝	埼玉県さいたま市立上小小学校	III-16	内田 宏	埼玉県さいたま市立蓮沼小学校
藤井とし子	茨城大学	III-17	小口 祐一	茨城大学
栁田 健	秋田県大仙市立西仙北小学校	III-18	佐藤 心一	元秋田県仙北市立角館中学校
前川原泉音	青森県八戸市立西白山台小学校	III-19	佐藤 学	秋田大学
廣木 伸幸	福岡教育大学附属久留米小学校	III-20	飯田 慎司	福岡教育大学
三上 顕	神奈川県横浜市立山下みどり台小学校	III-21	齊藤 一弥	島根県立大学

＊は，第1学年責任編集者

改訂新版
講座 算数授業の新展開 1
第 1 学年

2019（令和元）年 6 月 20 日　初版第 1 刷発行

編　者：**新算数教育研究会**
発行者：**錦織圭之介**
発行所：**株式会社 東洋館出版社**
　　　　〒113-0021　東京都文京区本駒込 5-16-7
　　　　営業部　TEL 03-3823-9206／FAX 03-3823-9208
　　　　編集部　TEL 03-3823-9207／FAX 03-3823-9209
　　　　振　替　00180-7-96823
　　　　Ｕ Ｒ Ｌ　http://www.toyokan.co.jp

装　幀：水戸部功
印刷・製本：藤原印刷株式会社

ISBN978-4-491-03685-4／Printed in Japan